全国职工素质建设工程
培训教材系列

全国现代家政服务职业培训专用教材

家庭服务员培训教材

JIATING FUWUYUAN PEIXUN JIAOCAI

主编 邹 震 庞大春 李庆堂
副主编 银玉清 杨 琳 许 远 姚 远

中国工人出版社

图书在版编目(CIP)数据

家庭服务员培训教材/全国现代家政服务职业培训专用教材编写组编.
—北京:中国工人出版社,2011.10

全国现代家政服务职业培训专用教材

ISBN 978-7-5008-5063-2

Ⅰ.①家… Ⅱ.①全… Ⅲ.①家庭服务-技术培训-教材 Ⅳ.①TS976.7

中国版本图书馆CIP数据核字(2011)第210967号

家庭服务员培训教材

出 版 人 李庆堂
责任编辑 张海元 李素素
责任校对 孙乃伟
责任印刷 杜信利
出版发行 中国工人出版社(北京市东城区鼓楼外大街45号 邮编:100120)
网 址 http://www.wp-china.com
电 话 010-62350006(总编室) 010-62382376(职工教育分社)
010-62005038(传真)
发行热线 010-62005996 82075964(传真)
读者服务 010-62382376
经 销 各地书店
印 刷 三河市文通印刷包装有限公司
开 本 700毫米×1000毫米 1/16
印 张 16
字 数 300千
版 次 2011年11月第1版 2018年10月第12次印刷
定 价 30.00元

全国现代家政服务职业培训专用教材

主　编　邹　震　庞大春　李庆堂

副主编　银玉清　杨　琳　许　远　姚　远

成　员　王君伟　张艳玲　袁永宁　李福芝

　　　　朱　雷　蔡淑云

内容简介

《家庭服务员培训教材》是依据全国职工素质建设工程教材开发与规划总体要求，在全总职工素质建设工程领导小组的指导下，由全总保障工作部、中国家庭服务业协会联合北京华夏中青家政连锁总部、西部高级职业培训学院及有关专家，根据国家职业标准，共同编写的“全国现代家政服务职业培训专用教材”之一。

本教材从目前我国家庭结构和社会发展对家庭服务员的需求出发，以专业对象、专业技能为编制单元，从家庭服务员交际礼仪、安全防范、家电使用、清洁卫生、家庭膳食、保健护理、宠物植物的养护以及相关法律法规等几方面分层次介绍，条理清楚、体系完善、内容清晰、实操性强、文字通俗、贴合实际。在技能实操培训方面，以国家职业标准为依据，以达标上岗为培训目标，严格按照国家养老护理员职业资格认证标准，结合现代家政服务业实际的需求和工作实例，使操作步骤和方法更具有科学性、标准化和现实性。

本书执行主编为庞大春、李福芝，副主编为吕玉环、王锦秀。

序 言

中国家庭服务业协会会长　张文范

随着经济社会的发展和收入水平的提高，人们对生产方式和生活质量有了更多更高的追求，消费结构加快由生存型向发展型、享受型转变，花钱买平安、买健康、买知识、买时尚、买休闲成为消费新需求。服务业特别是生活性服务业和公共服务业，为老百姓提供各种精神文化产品和公共服务，与老百姓日常生活密切相关。加快发展服务业，对于满足老百姓多样化的服务需求、推进基本公共服务均等化、提高人民群众生活品质，具有十分重要的意义。从这个意义上说，加快发展家庭服务业，就是保障和改善民生。

家庭服务业是面向老百姓的服务业，具有覆盖面广、劳动密集、便民惠民等特点，在促进消费、吸纳就业等方面具有重要作用。2010 年 9 月，国务院办公厅印发《关于发展家庭服务业的指导意见》（国办发〔2010〕43 号），明确指出“要大力发展家庭服务业，为家庭提供多样化、高质量服务，带动相关产业发展，扩大服务消费”。具体的政策措施有以下五点：“加强统筹规划、规范市场秩序、加强就业服务和职业技能培训、切实维护家庭服务从业人员合法权益、加大财税等政策扶持力度”，文件指出：“从我国实际情况出发，重点发展家政服务、社区服务、养老服务和病患陪护，满足家庭的基本需求；因地制宜地发展家庭用品配送、家庭教育等，满足家庭的特色需求。鼓励各种资本投资创办家庭服务企业，培育家庭服务市场，推进公益性信息服务平台建设。实施社区服务体系建设工程，统筹社区内家庭服务业发展。”

目前，家庭服务业正在成为我国大中城市居民消费的重要部分。但我国居民的最终消费率仍然大大低于国际平均水平。发展家庭服务业不仅会直接带动内需的扩张，还可以促进生活方式的转变和消费热点的形成。发展家庭服务业，以帮助中高收入家庭提高生活质量为新增长点，带动中低收入者提高收入水平和消费能力,重点惠及解决民生问题的薄弱环节和潜力领域,给社会带来双赢。未来家庭服务业的蓬勃发展,将使服务业成为国民经济的主导产业,围绕城镇1.9亿个家庭,将诞生一个庞大的联接城乡的家庭服务产业链。

党和政府强调着力保障和改善民生,发展以家庭为服务对象、向家庭提供劳务、满足家庭生活需求的家庭服务业,是保障和改善民生的重要举措。在政府的眼里,家庭服务业是对家庭运转和发展具有直接、重要的公共影响的服务业,是第三产业中新的经济增长点,千方百计让人民富裕起来,符合我国政府的重要执政理念;在经济学、社会学家看来,家庭服务业作为21世纪的十大朝阳产业之一,必将对经济发展、社会稳定、人民福祉发挥重要作用;在劳动者心目中,家庭服务业是新的就业机会,是实现劳动者就业权益的重要途径;对家庭来讲,家庭服务业意味着家务劳动社会化,人们生活多样化,是人们注重生活品质的必然要求。家庭服务业已成为一个为国分忧、为民解愁,为千万个家庭提高生活质量,提高民族素质的社会需求。未来家庭服务业的市场需求量将不断扩大,家庭服务业的门类将日益宽广,家庭服务业的前景广阔。

据2009年的统计数据,全国已有家庭服务企业和网点50多万家,从业人员1500多万人。我国家庭服务业还存在着劳动力供给总量矛盾,即家庭服务业的"繁荣"景象与专业从业人员不足的矛盾,除传统家政服务,高层次的家庭专业服务还有很大的发展空间。经初步测算,从事家庭服务业的人数不到需求人数的30%,还有1400万左右的潜在就业岗位有待开发。据有些城市调查,家庭服务员被列为市场需求"非常紧缺职业"之一。

因此,我非常高兴地看到由工会系统和行业专家共同组织编写的"全国现代家政服务职业培训专用教材"在广大作者、编辑的艰苦努力下正式出版。教材全面系统地讲解了家庭服务行业的从业环境、法律规章、职业技能和必备知识,是一套较全面的家政服务职业培训教材。希望中国家庭服务业协会的各会员能积极使用本教材,为下一步教材的改进修订提供帮助,以便更好地培养现代服务业技能人才,为增加人民群众生活福祉服务。

2011年10月

目 录

第一章

职业概况

家庭服务职业是一种堂堂正正的社会职业，是一个受到国家主要领导人高度重视的光荣职业，是一个具有巨大发展潜力和良好发展前景的专业技术工种，是一个能为个人勤劳致富提供机会以及进行自我生活磨炼、完善自我修养、提升个人素质、利人利己的高尚职业。

第一节　职业与家庭服务员

一、职业与职业特点

人类要生存，社会要发展首先要解决的是人们的衣、食、住、行等问题。为此，就需要人们从事各种各样的生产活动，有的务农，有的做工，有的行政，有的经商等。如此便形成了各种各样的职业。据统计，我国有1800多种职业，而家庭服务职业就是其中之一。

我们所说的职业，由三个基本要素构成：一是劳动（体力或脑力劳动）；二是有固定的报酬收入；三是要承担一定的职责并得到社会的承认。简单地说，职业就是个人在社会中所从事的作为主要生活来源的那份工作。

职业有三大特点：

第一，谋生性。

从事某种职业，辛辛苦苦地工作，为了什么？就是为了谋生。人不能没有职业，不能没有工作。没有工作，没有职业，就没有经济收入；没有经济收入，人就无法生存下去。所以，每个人都要有职业，都要有工作。

第二，职业与职能的对称性。

每种职业，每项工作，都要有严格的职业标准，即这种职业对知识和技能的要求。所谓“没有金刚钻，不揽瓷器活”，说的就是职业与技能的对称。不具备从事某项职业的知识与能力，又想去从事那项职业，那就是一种职业的悲剧，除了失败，没有别的结果。

第三，责任性与贡献性。

职业是人类文明进步和劳动分工的标准。每种职业每项工作都是对人类社会的物质文明、精神文明建设尽责任，作贡献，所以无论从事何种职业的人，都要有对国家对社会的责任感。无论是做什么工作，都要尽职尽责，因此，你的工作就是对社会的发展作了贡献。

二、什么是家庭服务员职业

家庭服务员职业是根据要求（包括国家规定的职业资格标准，家政公司招聘条件和雇主的家庭需要）为所服务的家庭操持家务、照顾儿童、老人、病人，管理家庭有关事务的一种社会工作。

三、家庭服务员的职业资格

（一）家庭服务员是国家认定的社会职业

早在 1995 年原国家劳动部发布的文件就正式认定了这一社会职业，当时定名为家庭服务员。2000 年 5 月原国家劳动和社会保障部根据《中华人民共和国劳动法》和《中华人民共和国职业分类大典》制定了《家庭服务员国家职业标准》，这标志着国家对这一社会职业的进一步认定。2009 年 5 月 21 日，由中央机构编制委员会以中央编办发〔2009〕14 号《关于建立推动家庭服务业发展促进就业部门协调机制的通知》文件正式界定本行业的名称为家庭服务业，因此，原“家政服务员”的称谓我们认为应相应调整为“家庭服务员”。为了不让学员混淆概念，在以后有关章节中，如出现这两个称谓，我们可以变通理解。

（二）家庭服务员职业的组织管理系统

国家规定了推动家庭服务业发展促进就业部门协调机制，由国家人力资源和社会保障部牵头负责，发展改革委、民政部、财政部、商务部、全国总工会、全国妇联、共青团中央等部门（单位）参加，此外，充分发挥家庭服务行业协会的作用，协会受政府委托，承担行业统计、标准拟定、培训等有关工作，开展行业自律、信息交流等工作。

各省、直辖市、自治区以及其所辖的市县都有相应的机构对家庭服务业及家庭服务员进行管理。

（三）家庭服务员与传统的保姆有何不同

现代家庭服务业是现代社会的新兴产业，对家庭和社会有着重要作用，从事这个行业的家庭服务员再也不是传统意义上的保姆和佣人了，他们有哪些不同之处呢？

1. 社会地位不同

传统的保姆、佣人与雇主的关系是主仆关系，具有人身依附性，在人格和社会地位上都是不平等的，被视为“下人”，年轻的被称为“使唤丫头”，年长的被称为“老妈子”，是奴隶社会制度所遗留下的产物。而现代的家庭服务员是国家认定的正式的社会职业，受到国家法律保护，与雇主的关系是职业上的雇佣关系，没有人身的依附性，两者在人格上，在社会地位上是平等的，这是两者在根本性质上的不同。

2. 工作内容不同

传统的保姆、佣人的工作比较单一，不外乎带孩子、洗衣服、打扫卫生、伺候主人饮食等一些简单的家务劳动，而现代家庭服务的工作内容广泛而且技术含量高，很多工作都需经过专业技能培训，除一般的家务工作外，专业的家庭服务还要看其具体工作内容，要学会家庭保健、护理婴幼儿及孕产妇、家居美化、家庭法律维权、家庭投资理财，会使用各种现代家用电器、计算机，懂得网络知识等等。

3. 工作规范不同

传统的保姆虽然是一份工作，但并不是一个正规职业，没有统一的行业规范，保姆工作怎样，能力怎样，雇主要求是否过分，没有统一标准可依，如果发生纠纷属于主仆间的私事，很难得到公平评判，而现代家庭服务员成为国家正式职业后，国家有统一的职业标准，对工作内容、形式的要求非常规范，工作中有了纠纷可按规范标准进行评估，分清是非，依照有关法律保护双方的正当权益。

（四）从事家庭服务员职业应具备什么条件，提供哪些证件

因国家有统一要求，各个家政机构招聘家庭服务员的条件大体相同，但因各机构情况不一样，而又有所不同。例如，北京华夏中青家政服务有限公司招聘家庭服务员的条件是：

①年龄 18 周岁以上，具有完全民事行为能力的中国公民；

②已完成国家九年义务教育（或受过同等教育），具有初中毕业以上学历；

③智力正常，有一定的学习能力和普通话语言表达能力，有一定的家务劳动技能和良好的卫生习惯；

④五官端正，身高在 1.5 米以上，身体健康，无传染病、精神病、慢性病，经体检合格者；

⑤品德良好，勤劳善良，有一定服务意识和工作责任心；

⑥对于本人父母、爱人或家中老人不同意者，或孩子无人照顾者，对已身怀有孕者，对受过刑事处罚，品德不端正，在本地声誉不好或负案被通缉者，不予招收。

（五）从事家庭服务员应具备哪些基础知识和职业技能

随着社会的进步，家庭服务员在职业地位、工作内容等方面也在不断地变化，对从业人员的要求也有了很大提高，要求每一个家庭服务员在专业知识技能、心理素质和思想观念、职业道德和法纪观念等方面要达到相应的水平。

基础知识包括以下 5 个方面的内容：

1. 职业性质

家庭服务员要了解本职业的性质、社会地位和重要作用，以克服自卑感和盲目性，树立自信心。

2. 职业道德

家庭服务员要了解自己应遵守的职业道德、职业守则，以增强道德意志。

3. 人际关系

提高对正确处理人际关系重要性的认识，并掌握建立良好人际关系的基本原则。

4. 法律常识

主要掌握与本职业有关的法律知识，提高法律意识，遵守法规、法纪，履行法定义务，维护自身与客户的合法权益。

5. 安全卫生

家庭服务员要掌握相关安全卫生知识，以培养讲究卫生、注意安全的良好习惯。

职业技能包括以下 8 个方面：

1. 家庭礼仪方面

做到言谈举止文明，仪表仪态得体，尊重雇主生活习惯，正确处理人际交往关系（中级），组织家庭宴会及派对（高级），能协助雇主进行不同场合的化妆与着装（高级）。

2. 操持家务方面

能够制作家庭餐饮，做好家居保洁，正确处理衣物的洗、熨、晒、放，正确使用家用电器，正确采买记账，正确饲养宠物（中级），进行家庭美化（高级），正确使用家庭办公设备（高级），会家庭理财与家庭保健（高级）。

3. 看护婴幼儿方面

能够正确料理婴幼儿饮食，能正确护理婴幼儿起居，能及时发现和应对婴幼儿的异常情况，会正确护理婴幼儿的生活与卫生保健（中级），正确进行婴幼儿教育（中级），掌握初期的儿童家庭教育（高级）。

4. 照顾老人方面

能正确料（护）理老人的起居与饮食，能及时发现和应对老人的异常情况，掌握老人的生活、卫生和心理护理方法（中级）。

5. 看护病人方面

能够制作病人饮食，护理病人起居，发现和应对病人异常病情，对病人进行生活护理并有一定的医疗护理操作技术（中级）。

6. 孕产妇护理方面

能够做好孕产妇一般的护理工作，正确护理孕产妇和新生儿（中级）。

7. 家庭休闲娱乐方面

正确使用家庭音像设备，组织家庭娱乐活动（高级）。

8. 家庭教育方面

能对学龄前儿童进行家庭教育（高级）。

第二节　家庭服务员的培训与升级

一、家庭服务员的培训与鉴定

根据国家的有关规定和要求切实搞好劳动者就业（再就业）的职业培训。

家庭服务员的培训目前仍以原国家劳动和社会保障部颁发的《家庭服务员国家职业标准》（以下简称标准）和《家庭服务员国家职业资格培训教材》为参考，紧密联系实际工作，突出针对性、实用性和有效性，重在提高家庭服务员的心理素质、工作技能和道德水平。但是，现人力资源和社会保障部等八部委和中国家庭服务业协会正在抓紧制定新的国家标准和培训方案，在不久的将来一定会有更加完善的培训标准和实施方案面世。

家庭服务员职业目前共设三个等级，分为初级（国家职业资格五级），中级（国家职业资格四级），高级（国家职业资格三级）。

家庭服务员培训时间：初级家庭服务员的培训不少于 90 标准学时，中级家庭服务员的培训不少于 120 标准学时，高级家庭服务员的培训不少于 300 标准学时。

《国家职业标准》对家庭服务员的升级鉴定作了明确规定：

1. 申报条件

（1）初级家庭服务员。经本职业初级正规培训达到规定标准学时数并取得毕（结）业证书的，或在本职连续见习工作半年以上的（具备以上条件之一者即可）。

（2）中级家庭服务员。在取得本职业初级资格证书后连续从事本职业工作一年以上，经中级正规培训达到规定标准学时数并取得毕（结）业证书者。或取得本职业初级资格证书后，连续从事本职业工作一年半以上的。或取得劳动保障行政部门审定的，以中级技能为培养目标的中等以上职校的职业证书的。

（3）高级家庭服务员。在取得本职业中级职业资格证书后，连续从事本职业工作两年以上，经本职业高级正规培训达到规定标准学时数，并取得毕（结）业证书的。或取得本职业中级资格证书后，连续从事本职业工作四年以上的。或大专毕业后，经本职业高级正规培训达到规定标准学时数，并取得毕（结）业证书的。

2. 鉴定方式

（1）理论知识考试时间。初、中、高级均为 90 分钟，技能考核初、中级不少于 120 分钟，高级不少于 180 分钟。

（2）合格分数线。初、中、高级理论知识考试满分为 100 分，60 分以上为合格，理论知识考试合格者方能参加技能考核。技能考核分项进行。

（3）申报初级家庭服务员的需考："家庭礼仪"、"操持家务"、"看护婴幼儿"，"照料老人"、"看护病人"、"护理孕、产妇"六个项目。

（4）申报中级家庭服务员的需考："家庭礼仪"、"操持家务"、"护理老人"、"护理孕、产妇与新生儿"为必考项目，"保育婴幼儿"、"护理病人"为选考项目，考核根据自己的特长，选考其中一项。

（5）申报高级家庭服务员需考："社交礼仪"、"家务管理"、"家庭教育"、"家庭休闲与娱乐"四个项目。

二、家庭服务员职业能使人发达致富吗

家庭服务员职业一般都活跃在经济文化比较发达的城市，服务的对象一般是经济收入较高的白领阶层或社会地位较高的人员，家庭服务员就是在这样的环境下工作，因此工作接触的面广人多，只要具备相应的素质和技能，且工作努力，就会获得很好的发展机会和较高的经济收入。

华夏中青家政公司的一些优秀的家庭服务员骨干分别在高级干部、高级知识分子、高收入家庭从事家务劳动、家庭教育、家庭保健、母婴护理、老人护理、病残护理等工作，其中有的客户曾出资供家庭服务员上大学或帮助他们创业办家政公司。现在一部分家庭服务员已经成为家政公司的职业经理。

安徽省界首市小焦，1987 年来京做家庭服务员，两年后，回乡创办了北京

市三八家庭服务输送站和泉阳镇家庭服务职业介绍所，拥有百万资产，并作为“全国创业之星”在人民大会堂受到党和国家领导人的接见。代桥镇小张当了两年家庭服务员后，回乡创业，先后办起了蔬菜脱水加工厂和养鸡厂，年创效益20多万元。顾集镇的李大姐利用在京当家庭服务员的便利条件学会了裁剪技术，回乡后办起了裁剪学校等等。

2005年7月，四川省劳务办组织培训输送到北京工作的661名“川妹子”，被华夏中青在京的20多家连锁机构分配到三高家庭工作，月薪从800元到2000元不等。2009年6月，全国总工会组织四省工会输送进京的千名家庭服务员，由华夏中青连锁机构总部与西部高级职业培训学院进行培训，分别按管家家庭服务员、育婴早教家庭服务员、保健调理家庭服务员、母婴护理家庭服务员等专业进行升级培训，起步月工资在1600元以上，部分家庭服务员的月工资高达近3000元。因此，家庭服务员如掌握了专业技术，在家庭服务行业中就会获得较好的就业机会和较高的工资待遇。

第三节　家庭服务业的广阔前景

家庭服务业是一个有巨大发展潜力和良好发展前景的新兴产业。有着很明确的发展目标：经营行为规范明确，交易活动诚实守信，企业运行安全便捷，可满足不同层次的消费需求。

一、发展服务业是世界经济发展的趋势

从世界范围看，随着生产力和人类生活水平的提高，服务业已经成为国家经济的主导产业。在发达国家第三产业的作业人员占全社会作业人员的60%以上，而我国整个第三产业从业人员只占40%左右，从事家庭服务的比例就更低了，所以这个产业具有很大的发展潜力。

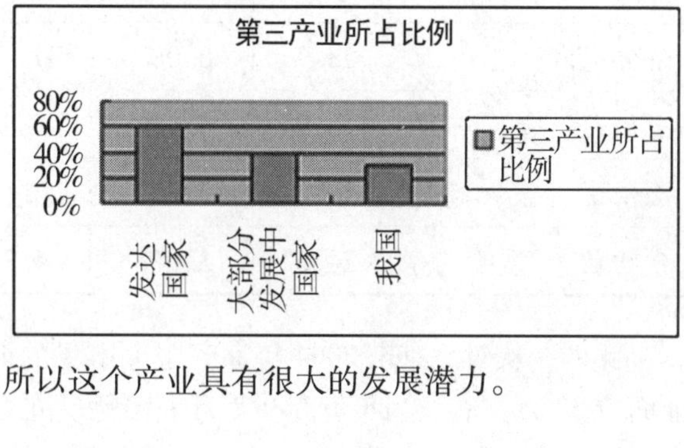

二、国内有广阔的市场

从国内家庭服务的市场看，目前存在着旺盛的需求，在供需之间有很大的缺口。从北京美兰德信息公司对七省市的调查看有86%的被调查家庭需要提供家

庭服务（详见下表）。

七省市居民对家庭服务的需求及服务市场空缺情况调查表　　（单位：万户）

服务项目	需要的户数	占全部家庭的比例	得不到服务的家庭		能得到服务的家庭	
			数量	百分比	数量	百分比
家电维修	350.84	42.8%	240.0	68.4%	110.8	31.6%
上门送报	296.71	36.2%	237.1	79.9%	59.6	20.1%
房屋装修	223.72	27.3%	127.6	57.0%	96.1	43.0%
小时工	202.19	24.7%	120.2	59.4%	82.0	40.6%
家庭教师	142.74	17.4%	87.8	61.5%	55.0	38.5%
净蔬菜定时送货	132.68	16.9%	32.6	23.5%	106.1	76.5%
看护病人（老人）	105.53	12.9%	42.7	40.5%	62.8	59.5%
上门洗衣服	98.31	12.0%	44.0	44.8%	54.3	55.2%
看护小孩	79.66	9.7%	29.7	37.3%	40.0	62.7%
学生饭桌	71.51	8.7%	37.1	51.9%	34.4	48.1%
老年人饭桌	70.09	8.5%	36.6	52.2%	33.5	47.8%
上门送早餐	58.53	7.1%	13.5	23.1%	45.0	76.9%
接送小孩上下学（幼儿园）	55.1	6.7%	32.5	59.0%	22.6	41.0%
陪伴老人	48.95	6.0%	18.7	38.2%	30.2	61.8%
上门送（做）午餐	35.98	4.4%	12.9	35.8%	23.1	64.2%
上门送（做）晚餐	30.02	3.7%	6.1	20.3%	23.9	79.6%
代购物	24.52	3.0%	4.2	17.1%	20.3	82.8%

此外，从对北京市2004年家庭服务市场的调查发现，北京家庭服务业有就业岗位30万左右，当年就存在8万~10万人的供需缺口。据对北京八城区的调查，需要家庭服务的项目达9大类140多项，在9大类中仅日常生活服务就需家庭服务人员10万人左右。

第 二 章
道 德 规 范

百行德为首，做事先做人，待人讲仁义，做事讲诚信。能否做一个合格的家庭服务员，首先要看他有没有良好的思想道德品质，在工作和生活中能不能按照道德规范要求自己。

第一节　职业道德内涵

社会主义职业道德规范的内容是爱岗敬业，诚实守信，办事公道，服务群众，奉献社会。社会主义职业道德体现了公民权利和义务的统一和人人为我、我为人人相互服务的原则。在我们的社会中无论从事什么职业，人人都是被服务对象，人人又都是为他人服务的，每个人在为他人服务的同时，又都享受着他人对自己的服务。

社会主义职业道德的核心是全心全意为人民服务。在我们的社会中各种各样的职业成千上万，各自都有不同的职业道德规范，但是万变不离其宗，都是要维护人民群众的利益。

社会主义职业道德的基本原则是集体主义。集体第一，个人第二，使集体利益与个人利益相结合，当集体利益与个人利益发生矛盾时，个人利益要服从集体利益。

社会主义职业道德的重点是劳动态度问题，这就要求从事各种不同职业的人们都要爱岗敬业，以主人翁的态度从事劳动、努力工作，发挥个人的积极性、创造性，为社会公共利益作贡献。

一、公民基本道德规范

家庭服务员，首先是我们国家的社会公民，因此必须首先要把党和国家规定的社会公民基本道德规范作为自己的基本行为准则。即爱国守法、明礼诚信、团结友善、勤俭自强、敬业奉献。

二、社会公德规范

社会公德是所有社会成员在公共生活领域中所应遵循的各个方面的道德原则和行为规范。即文明礼貌，助人为乐，爱护公物，保护环境，遵守法纪。

三、家庭美德规范

家庭美德是社会道德在家庭中的体现，是调整家庭内外关系，推动家庭生活和谐、幸福、健康、文明的行为规范。家庭服务员要努力维系家庭美德。其内容是尊老爱幼、男女平等、夫妻和睦、勤俭持家、邻里团结。

第二节　家庭服务员的职业操守与道德规范

一、家庭服务员的职业操守

（一）家庭服务员的职业守则

原国家劳动和社会保障部在制定家庭服务员国家职业标准时，明确规定了家庭服务员的职业守则。家庭服务员职业守则是从事家庭服务的工作人员必须遵守的职业道德规范。即：

①遵纪守法，讲文明，讲礼貌，维护社会公德。

②自尊、自爱、自信、自立、自强。

③守时守信，尊老爱幼，勤奋好学，精益求精。

④尊重雇主，热情和蔼，忠诚本分。

（二）家庭服务员的行为准则

家庭服务员的行为准则是国家或集体强制规定的行为要求，是家庭服务员在自己职业活动范围内必须遵守的职业纪律。

①不准乱翻、乱动、乱看雇主的东西。

②保证雇主家的财产安全不受损害。

③雇主家的贵重物品、器具、通信设备等，未经雇主同意或公司指导，不准随意使用。

④不准向雇主借钱借物，或暗示性向雇主索要钱物。

⑤不准盗窃、赌博、泡酒吧、泡网吧及打架斗殴。

⑥不准与异性成、青年人同居一室。

⑦不准与不相识的人乱拉关系。

⑧不准带自己的亲友在雇主家停留或食宿。

⑨不准擅自外出和夜不归宿。

⑩雇主家的私事不要过问，不参与，不传话，不泄露雇主家隐私。

⑪不准虐待（打骂）老、幼、病、残、孕人员，热情周到地为雇主服务，对雇主家的生活习惯要积极主动适应，对他们的不良习惯可予以提示。

⑫工作期间若与雇主发生矛盾，不准肆意哭闹，不准以“我要走”的简单方法处理问题，应及时向所属公司报告，等待单位解决矛盾。

⑬禁止随意毁约、随意终止合同、未经所属公司和雇主同意私自更换用户、私自离开工作岗位、不辞而别。

⑭如果雇主有侵害家庭服务员人身安全及合法权益的事情发生或雇主有违法乱纪行为，应及时向所属公司和地方有关部门（社区组织、公安部门等）报告。

（三）首都市民文明公约

作为在首都北京工作的家庭服务员，要努力提高自身素质，增强首都意识，为加强首都精神文明建设，作出自己的贡献，模范执行首都市民文明公约。

①热爱祖国，热爱北京，民族和睦，维护治安。

②热爱劳动，爱岗敬业，诚实守信，勤俭节约。

③遵守法纪，维护秩序，见义勇为，弘扬正气。

④美化市容，讲究卫生，绿化首都，保护环境。

⑤关心集体，爱护公物，热心公益，保护文物。

⑥崇尚科学，尊重教师，自强不息，提高素质。

⑦尊老爱幼，拥军爱民，尊重妇女，助残济困。

⑧移风易俗，健康生活，计划生育，增强体质。

⑨举止文明，礼待宾客，胸襟大度，助人为乐。

二、家庭服务员的道德规范

（一）家庭服务员应掌握的基本职业道德知识

家庭服务员应掌握的基本职业道德知识，包括两方面的内容，一是有关社会主义道德的基础知识，这是作为一个社会主义国家的公民都应懂得的知识。二是职业道德基本知识。这是作为国家就业准入职业的家庭服务员必须掌握的知识。因为家庭是社会的细胞，家庭生活包括物质生活、精神生活和伦理生活。家庭中人与人的关系是一种特殊的社会关系，因此家庭服务员不仅要掌握本行业的职业道德，还必须学习和了解基本道德知识。

（二）家庭服务员怎样培养自己良好的道德品质

1. 诚实守信

这是做人的基本品质。对于自己的情况，敢于正视，不去掩盖，做到表里如一。对于自己的承诺说到做到。

2. 有正义感

在生活中一身正气，不惧邪恶，不贪，不贱，刚直不阿。

3. 自信大度

自信是对自己的尊重，能产生奋斗的力量和坚韧不拔的品格，大度、宽宏，能容人，能求同存异，不文过饰非。

4. 文明高尚

言行举止，朴实文雅，谦虚谨慎，与人为善，不粗俗虚伪。

（三）家庭服务员道德禁忌

①忌自以为是。

②忌怕吃苦、懒惰。

③忌无尊严。

④忌无目标。

⑤忌斤斤计较或贪小便宜。

⑥忌仪表仪容不整。

⑦忌和经营者、雇主要小聪明。

⑧忌在雇主家经常打电话聊天、乱翻雇主物品。

⑨忌在雇主不在家时，邀请老乡、朋友在雇主家聚会。

⑩忌和他人谈论雇主的隐私。

⑪忌未经经营者和雇主同意就私自离岗。

⑫忌在受到雇主伤害或与雇主发生矛盾时，不通过经营者或法律途径解决，而采取报复手段。

⑬忌随意毁约，不按合同办事，一切以自己的利益为上。

（四）金钱面前的考验——职业道德案例

家庭服务员陈某，16岁，初中毕业，在雇主家的主要工作是看护一个三个月大的小孩，但小孩睡觉以后，她免不了主动帮助打扫卫生。一天，阿姨、叔叔都出去了，她和小宝宝在家。约上午10:30，小宝宝睡觉了，她就收拾起鞋架来，把地上的拖鞋一双一双地往鞋架上摆放，当收拾最后一双的时候，发现鞋架的最底下有一张100元面值的人民币。小陈二话不说，就把这100元钱拾了起来，是一张很新很干净的人民币，怎么办呢？对一个农村女孩来说，这 100 元钱不是个小钱，于是小陈小心地把它折叠好，放到了客厅橱柜的最下面一层，继续干活去了。等阿姨回来后，小陈把那一张 100 元的钱交还了阿姨，阿姨很高兴地表扬了小陈是个拾金不昧的好孩子。从那以后，叔叔阿姨对小陈更信任了，就像关心自己的妹妹一样。

事隔一个月后，小陈对我们说，那次 100 元钱的事是阿姨故意考验她的。

第三章

交际礼仪

文雅的仪表仪容不仅反映着一个人的内在心灵，而且反映着一个人的外在形象，二者都共同体现着一个人的文化素养、思想素养和道德修养。家庭服务员要在日常生活中从一言一行、一装一束做起，培养自己良好的生活习惯。

第一节　交际礼仪的内涵与要求

一、家庭礼仪内涵

交际礼仪是人类最基本的一项社会实践活动。没有交际礼仪，就没有社会，也就没有人类。

所谓交际，就是人与人之间的来往与接触；所谓礼仪，就是在社会生活和家庭生活中，人们必须遵守的行为准则与规范。换而言之，人与人交际来往所遵守的行为准则、规范就是交际礼仪。

礼仪原本是由礼和仪两部分内容组成。所谓礼就是礼貌、礼节，是尊重的意思。孔子说："礼者，敬人也。"用现代的话来说：礼仪，就是对别人的尊重，也是对自己、对事物的尊重。其实，礼就是一种道德行为规范，运用语言和动作，如问候、握手、鞠躬、祝酒、鸣礼炮等，传达对人、对事的尊敬、祝贺或哀悼之类的感情信息。所谓仪，就是仪式，就是典礼，即在正式场合，用来表示礼节的程式或仪式，如宴会、结婚仪式、欢迎仪式、签字仪式、开学典礼、毕业典礼等。

仪式是一种肢体语言或形式语言，是一种思想的程式化。它表达的是一种思想情感上的尊重或谦让，是一种或喜或悲的内心情感的程式化表露，是人际交往中的一种语言、行为规范。就其本质而言，礼仪是人类社会维系正常生活秩序而必须共同遵循的一种最简单、最起码的道德行为规范。

二、家庭服务员的日常文明用语

家庭服务员对外人的称呼代表着优良的传统习惯，既表达了对人的尊敬，又

反映了人们之间的关系。

1. 称呼要得体、要符合自己的身份

对雇主家里人要像对自己的亲人一样，按年龄和辈分称呼家庭成员，对年轻的夫妇可称大哥大姐，年长的可称伯伯、叔叔、姑姑、阿姨，并注意随雇主称呼他们的长辈和亲友。

常用的称呼方式表

社交场合	称呼表达方式	举　例
正式场合	1. 姓名＋职务/职称	徐教授、李主任、张总
	2. 姓名	王—芳、李—胜利、刘—志昌
	3. 泛尊称	同志、先生、女士、小姐
	4. 姓＋泛尊称	张—女士、李—先生
	5. 职业称＋泛尊称	秘书—小姐、司机—同志、护士—小姐
非正式场合	1. 老/小＋姓	老—刘、小—李
	2. 姓＋辈分	赵—伯伯、罗—阿姨、李—叔叔
	3. 辈分称	爷爷、奶奶、姑姑、叔叔
	4. 名或名＋同志	京生、玉梅—同志

上表中第一种为公务性关系，第二种用于亲密者或工作场合。

2. 日常礼貌用语

（1）问候语。用于见面时的问候。如“您好”、“早上好”、“欢迎您”、“好久不见，您好吗?”等，这种问候要亲切、自然。

（2）辞别语。用于分别时的告辞。如“再见”、“一路平安”、“您走好”，“欢迎您再来”等等，这种告别语要真诚、恭敬、笑容可掬。

（3）答谢语。用于向对方的感谢。如“非常感谢”、“劳您费心”、“感谢您的好意”、“多谢您的帮助”等，这种答谢语要诚恳热情。表示向对方的应答，如“不必客气”、“这是我应该做的”、“感谢您的提醒”等。若表示拒绝，如对方给你夹菜时，你又不想吃时可说：“不，谢谢了”，而不能说：“我不要”、“我不爱吃”等。

（4）请托语。用于向别人请教时。如“请问”、“拜托您”、“帮个忙”、“请稍等”、“麻烦您关照一下”等，这种请托语要委婉谦恭，不要强求命令。

（5）道歉语。用于自己做错了事，向对方道歉。如“对不起”、“实在抱歉”、“请多原谅”、“失礼了”、“真过意不去”、“都是我的错”等，这种道歉语态度要真诚，不能虚伪。

（6）征询语。用于向别人询问时。“您有什么事需要我帮忙吗？”“这样做会打扰您吗？”“我能帮您做点什么”等，这种征询语要让人感到关心和体贴。

（7）慰问语。用于表示对别人的关心。如“您辛苦了”、“让您受累了”、“您快歇会儿吧”等等，给人一种善良热心的好感。

（8）祝贺语。用于对别人的成功和喜事的祝贺。如“恭喜”、“祝您节日快乐”、“祝您生日快乐”、“祝您事业有成”等表示深厚友谊和衷心的祝词。

3. 忌用的不礼貌语言

一忌无称呼用语，如“那个穿蓝上衣的”；二忌用“嗨”、“喂”称呼人，如“嗨，靠边点”、“喂，帮个忙”；三忌不用善称叫人，如“老头儿”、“老太太”；四忌蔑视语、烦躁语、斗气语，如“别挡道”、“怎么着，不服？”等等。

三、家庭服务员的日常体态语言

1. 手势语言

手势是体态语言中最常见的，姿势多样，意思丰富。如拍手、挥手、招手、摆手、举手、双手合拢、竖大拇指、伸小指、握手等等。特别要注意的是指方向，指东西可以用一个手指，但千万不能用一个手指头指人，要用整个手掌或手心向下指人。

2. 面部语言

面部语言是体态语言中常用的，变化多端，含义丰富。常用的微笑、大笑、眨眼、瞪眼、努嘴、吐舌、撇嘴、咬牙、抿嘴等等，表达的意思非常复杂。

3. 头部语言

如点头、摇头、低头、抬头等，表达的意思简单、一目了然。

4. 眼睛语言

这在体态语言中占有重要地位，因为眼睛是心灵的窗户，什么意思都可以表达，人们可以通过目光交流、表达各种各样的意念。如对视、凝视、怒视、温和的目光、平静的眼神、悲切的眼神、神采飞扬的高兴眼神等等。

四、家庭服务员的文雅礼貌体态

1. 家庭服务员的举止动作要文雅礼貌、大方得体

如在接待客人说“请进”或“请坐”时手势要舒展大方，不能甩手一指了事。如向别人点头示意时，要根据情况和对象或微微点一下头，或深深点一下

头，或点一下，或点几下头，或边说话边点头，或面带微笑点头多种多样。又如握手时要自然，面带微笑，目光注视对方，身体稍微向前弯曲。另外要握得松紧适度，一般来说握得紧一点，表示更加友好。把一只手搭在对方手背上，或双手握表示更加亲切、尊敬。一般情况下长辈、上级、主人、女士先伸出手时，你再去握手。与女士握手时间要短、手要轻。不要用左手与对方握手，不要戴手套与别人握手，握手时不要心不在焉、目光到处乱看。

2. 家庭服务员的站姿要优美

起立站好，双腿并拢，或分开不过肩约 20 公分左右的宽度距离，两足并立在一起，但不要贴得太近，以站稳为好，收腹挺胸，两肩平行，双臂自然下垂，头正，眼睛平视，双手相握，下颌微收。切忌东倒西歪，驼背凸肚，含胸撅臀，探头歪肩，缩脖耸肩，两手抱在胸前或叉腰或手里玩弄东西。与人交谈时，不要扭动身子，东张西望，晃动腿脚，也不要斜靠门、墙、桌等。

3. 家庭服务员的坐姿要优雅

落座要轻，头正，上身微向前倾，双腿轻轻并拢，并把两个脚后跟微微提起。如果坐在椅子上，基本使身体占据大部分或全部椅子。背要直，双肩自然下垂，双手分开放在膝上。如坐沙发腰要挺直，两腿垂地微内收，前部不要靠沙发，两手自然弯曲，手扶膝部或交叉放于大腿中间或肘部放于沙发扶手。女性切忌风风火火、两腿叉开、跷二郎腿或摇腿、弯腰驼背、手托下巴、露出大腿等。

4. 家庭服务员的走姿要正确

走路时头正、颈直，步子略有弹力，脚步轻快，挺胸收腹，两臂自然前后摆动，显得自信、快乐、富有朝气。不要弯腰驼背晃肩，摇头扭胯，脚步不要拖拖拉拉，若有背包要背好或提好，不要甩来甩去。

五、家庭服务员禁忌的不文雅举止行为

①不要在工作岗位上或他人面前整理自己的衣物，如穿脱衣服、整理内衣、提袜子、放鞋垫等。

②不要在工作岗位上或他人面前梳妆打扮，如梳头、描眉、抹眼、涂口红等。

③不要在工作岗位上或他人面前摸脸、搔头、抠鼻孔、剔牙、挖耳朵、搓泥垢、抠脚、修指甲等。

④不要在工作岗位上或他人面前将一只手或双手插在自己衣服的口袋内，给人一种工作不尽全力、懈怠偷闲之感。

⑤不要在工作岗位上或他人面前摆弄手指、活动关节，或将其捻响，或莫明其妙地攥拳松拳或是手指动来动去，给人一种歇斯底里之感。

⑥不要在工作岗位上或他人面前双手抱头、将单手或双手抱在脑后，这样会给人一种目中无人之感。

⑦不要在工作岗位上或他人面前双臂抱起端在自己身前，这一姿势给人一种孤芳自赏之感。

⑧不要在工作岗位上或他人面前指点对方的面部，尤其是鼻尖，这样会给人一种不恭不敬之感。

六、家庭服务员整洁文明的仪表仪容

人的仪表、仪容主要包括容貌、服装、饰物、个人卫生以及姿态等。家庭服务员必须以整洁文明的仪表、得体大方的着装，使自己的形象符合现代职业的要求。

1. 清洁端庄的仪容

（1）面部清洁、头发整齐光洁、发型大方、不使浓烈气味的发乳。

（2）可化淡妆，不要浓妆艳抹。

（3）经常洗澡，经常更换内衣，并注意随时洗手。

（4）经常洗梳头发，保持整齐光洁。

（5）经常修剪手指甲、脚趾甲，保持短而洁。

2. 得体大方的着装

（1）着装要与工作职业相适应。在雇主家的服饰应体现出轻松和谐、舒适、方便工作，不宜追赶时髦，过分亮丽。

（2）着装要与自身条件相适应，要与自己的年龄相适应，要与自己的经济条件相适应，通过服装的款式色泽，质地等因素使个人形象变缺憾为完美。

（3）着装要与季节温度相适应，如室内外温差较大，外出应注意防寒保暖，入室去掉外衣便于工作，夏季外出应注意消暑防晒。

（4）着装鞋袜要整齐卫生，经常换洗。

3. 根据工作需要，穿戴相应保护用品

例如做清扫工作时，应穿保护服或戴上围裙和工作帽、套袖等。不要穿着有污渍的衣服去厨房操作或进卧室抱小孩；下厨工作最好戴上工作帽和围裙，以维护食品的卫生。

4. 注意手的卫生

为了健康，一定要做到饭前便后洗手。做饭前必须洗手，洗手时一定要用肥皂或香皂，必要时用刷子蘸肥皂水或消毒液，将手彻底洗刷，按照腕部、手掌、手背、指甲、指甲缝等顺序进行刷洗。家庭服务员不宜留长指甲和涂指甲油，这对家庭卫生不利，每周至少剪一次指甲。

5. 每天均应坚持刷牙

家庭服务员应养成良好的个人卫生习惯。每天早、晚必须坚持刷牙，以保持口腔的清洁卫生，无异味，每天以良好的卫生状态面对雇主和工作。

6. 睡前洗脚

每天在睡觉前一定要用温水洗脚，以防止脚汗或脚臭。每周修剪 1 次脚趾甲，否则不但不卫生，还易损坏袜子。

七、家庭服务员必须禁忌的仪表仪容

1. 不得过分裸露

凡是能展示性别特征、个人姿色的身体部分，如胸部、腹部、腋下、大腿，均不得过分暴露。在正式场合，脚趾与脚跟同样不得裸露，平时在屋内穿拖鞋，也要穿袜子。

2. 不得过分透薄

家庭服务员着装不能过于单薄或透亮，不能让内衣和身体的要害部位透露出来。否则，便使人产生错觉，以致受“骚扰”。

3. 不得过分瘦小

家庭服务员的着装大小肥瘦要合身，过分的肥大会显得拖拉不精神，过分瘦小又会捉襟见肘，工作不便利，结果使自己身体凸凹毕现，线条狰狞，甚至连内衣的轮廓也凸显在外，过分招摇，很不文雅。

4. 不要过分艳丽

家庭服务员的服装色彩不宜过多、过艳，图案不宜繁杂、古怪、花哨，否则会令人眼花缭乱，给人以轻薄、浮躁之感。

5. 不得过分脏旧邋遢

不得穿着布满折皱、残破不整（如衣服挂破、扯烂、磨透、烧洞或纽扣丢失等）、带有污渍（油渍、泥渍、汗渍、雨渍、墨渍等）散发异味的衣服下厨房、进卧室、抱小孩、接待客人、外出购物等等。否则给别人一种懒惰、消极、缺乏教养、敷衍了事、精神不振的感觉。

6. 不得面对他人和食物打喷嚏或咳嗽

擦鼻涕、打哈欠可适当的用面纸巾或卫生纸捂住；如果实在控制不住应面向旁边并向别人说“对不起”表示歉意。

7. 不得不注意个人卫生

起床后不得带着眼屎、无精打采地工作。不得在工作期间满嘴散发异味，饭后要漱口，保持口腔清洁卫生。

8. 不得浓妆艳抹

不得留长指甲、重色染指甲、留披肩发、戴耳环、戴戒指等。

9. 在公共场合不得有下列不文明行为

如乱扔果皮纸屑，随地吐痰，损坏公物，乱穿马路，践踏绿地，乱涂乱画公共汽车，在公共场合追逐打闹，在公交车上抢占座位，不主动为老、幼、病、残、孕妇或抱小孩的让座，在名胜古迹处乱写乱刻等。

第二节　家庭服务员应知的交际礼仪

一、家庭服务员怎样接待客人

怎样接待来客，既有学问，也是艺术，这是家庭服务员经常遇到的一件事情。掌握了待客的基本礼仪和一般程序，就掌握了迎宾待客的基本方法。把宾客接待好了，不仅客人高兴，雇主也显得体面，同时还显示了自己的教养，否则会使人感到缺乏现代服务意识，又怎样能接待好宾客呢。

1. 做好准备工作

如果是接待事先预约好的来客，首先要布置好接待环境。因为这是家庭的对外窗口，体现着家庭的情趣与爱好，因此要把房间各个部分打扫得干干净净，收拾得整整齐齐，擦拭得明明亮亮，营造一个美观、温馨的接待环境。要准备好主客交谈时用的椅子或沙发、茶几等，接待房间空气要清新（事先可开窗换气）。根据季节的不同，保证室内温度要适宜。有条件的室内可摆些花卉或盆景等，使室内显得生机盎然。

其次要准备好接待物品。为了方便客人进屋后有放衣服与换鞋的地方，最好备有衣架与干净的拖鞋。要备好招待客人的茶具、茶叶及烟灰缸，另可根据雇主的要求准备些水果、小吃等。如果要宴请来客，要了解清楚地点、时间、人数、费用标准，做好相关的准备工作。如果是招待临时来客，要热情、大方、礼貌；如果室内来不及整理，可做些解释。家庭内部最好随时保持整洁状态，例如客人用过的茶具，每次用完后要立即清洁干净备用。

最后，家庭服务员在接待来客时要注意自己的服饰和仪表，要有充分的思想准备，使客人感到温雅有礼。

2. 做好接待工作

当客人光临时，首先做好迎接客人的工作。门铃一响，迅速答应，待问清来人姓名后开门迎客，并以亲切的态度轻轻致意。先向客人礼貌问候，如“您好”、“请进”、“李阿姨，欢迎您”等，然后引导雇主与客人见面。如果是不认识的人（或事先无准备），可先问明对方姓名，并向雇主报告后，请客人进室与雇主见面。如客人需更衣换拖鞋，应主动协助。如果家中有小孩，要让孩子向客人问好，如果客人有小孩，应主动打招呼，如客人手中有重物（不是礼物），应主动帮助放好，若是礼物，不要主动上前应接。

其次要做招待客人的工作。客人进屋后，随着“请”的接待语和相应的手势把客人让到座位入座。如果是夏天，把客人让到凉爽的座位上，如果是冬天，把客人让到温暖处的座位上。客人入座后，送上茶水（如果是夏天可征求客人用何种饮料），为客人倒茶不能满杯，而要七分满。送茶时最好用托盘或者将茶双手送上，先宾后主，并轻声说：“请用茶”，注意将茶杯放到安全处，而不能对着人，并留心主动为客人续茶。续茶时，要将茶杯盖合上离开茶桌，以免弄湿客人衣服。

宾主谈话期间，尽量不要在室内走动或干零活，在招待过程中可根据雇主的意思，送上水果或小吃等。如客人带着小孩应主动给小孩送上糖果、玩具，并可让与雇主家的小孩一起玩，或经过宾主同意，带小孩去室外玩。

如果收到客人礼物，要把礼物放到上座的地方，然后放到别的房间，如在门厅就收到礼物时，在室内寒暄时要再一次地致谢礼。

如果客人主动与你聊天，要观察客人的心理，找客人感兴趣的话题和事物交谈，避开客人不愿涉及的事物，尽量让客人多说，自己洗耳恭听。

3. 做好礼貌送客的工作

当客人提出告辞时，家庭服务员要等客人离座后，再随同主人相送。“出迎三步，身送七步”是最基本的礼仪，主动帮助客人取下衣服。同时用最合适的语言送别，如“希望您下次再来”等，如客人带着较多、较重的物品时，应帮客人提到电梯口或汽车旁再告别，挥手致意，不要急于返回。

二、家庭服务员的用餐礼仪

①如果在无准备的情况下，雇主要留客人在家用餐，在做准备工作时应将雇主请到另屋商量，了解清楚饭菜特点、丰盛程度等，切忌当着客人的面做上述工作。

②用餐时入座要做到在他人之后入座，自己切勿抢先入座。在适当之处入

座，在就座时最好从座椅的左侧入座，在向周围人致意后入座。如附近坐着熟人，应主动打招呼，若身边是不认识的人，亦应向其点头致意。此外还要注意，在他人面前就座，要背对着自己的座椅入座，不要入座时背对着别人。为了使自己坐得舒适，可在坐下后，调整一下体位，整理一下衣服，这一动作不可与就座同时进行。

③使用筷子时，如果桌上有箸架，应将筷子放在上边，如果无箸架，可将筷子放在小盘上。

④个人盘内所盛的菜、饭要尽量吃净。

⑤碗里的饭未吃完时，不要再去添新饭。

⑥请别人添饭时要双手去接碗。

⑦用筷子无法夹起的菜可用勺去帮助，不可用手帮忙。

⑧要双手去接别人斟满的酒。

⑨不喝酒时，不要将酒杯倒置。

⑩用餐时交谈要轻声，不要影响他人或邻桌。

⑪用完餐离座时应注意先有表示，如向身边在座的人说“请您慢用”，然后起身离座。离座应注意先后，如与他人同时离座，应让客人和主人先走，自己稍后离座。如双方身份相似，可同时离座。应注意起身轻缓，不要拖泥带水，弄响座椅，弄掉椅垫等。注意从左离开座位，因左出是一种礼节。

三、家庭服务员如何文明递接物品

家庭服务员在手持物品或递接他人物品时要做到文雅礼貌，需要注意以下几点：

1. 稳妥

手持物品时，可根据其具体重量、形状以及易碎与否，采取不同的手势。既可以双手，也可以只用一只手。但是，最重要的是确保物品的安全，尽量轻拿轻放，同时也要防止伤人或伤己。

2. 自然

手持物品时，可依据本人的能力与实际需要，酌情以拿、捏、提、握、抓、扛、夹等不同的姿势。不过一定要避免持物的手势夸张、“小题大做”，失之于自然美。

3. 到位

有不少物品，在需要手持时，应当将手置于应放之处，这就是持物到位的含义。例如，箱子应当拎其提手，杯子应当握其杯耳，炒锅应当持其手柄。持物的手部未能到位，不但不方便，而且也很不好看。

4. 卫生

持物之时，卫生问题不可不察。为人取拿食品时，切忌直接下手。敬茶、斟酒、送汤、上菜时，千万不要把手指搭在杯、碗、碟、盘边沿，更不能无意之间使手指浸泡在其中。

5. 双手为宜

有可能时，双手递物于人最佳。不方便双手并用时，也要采用右手。以左手递物，通常被视为失礼之举。

6. 递于手中

递给他人的物品，以直接交到对方手中为好。不到万不得已，最好不要将所递的物品放在别处。

7. 主动上前

若双方相距过远，递物者理当主动走近接物者。假如自己坐着的话，还应尽量在递物时起身站立为好。

8. 方便接拿

家庭服务员在递物于人时，应为对方留出便于接取物品的地方，不要让其感到接物无从下手。将带有文字的物品递交他人时，还须使之正面面对对方。

9. 尖、刃内向

将带尖、带刃或其他易于伤人的物品递于他人时，切勿以尖、刃直指对方。应当使其朝向自己，或是朝向他处。

10. 表情与时机恰当

递接物品时应当目视对方，而不要只顾注视物品。当对方递过物品时，再以手前去接取，切勿急不可待地直接从对方手中抢取物品。

四、家庭服务员如何礼貌打电话

电话是现代家庭通信的手段，家庭服务员接打电话是日常之事，必须掌握一些基本礼仪。

1. 听到铃声快速接听电话

如家中有人让对方等较长时间是对对方的不尊重。如确实不能很快接电话，拿起听筒后应先说“对不起，让您久等了”。

2. 先要问好，礼貌应答

如“您好，这里是王家”，然后再问清对方找谁，及对方的姓名，如“请问您找哪一位”、“请问您怎么称呼”、“请您稍等”，而不能粗鲁地问“喂，找谁”、

“你是谁”、“你等着啊”这些话。这些很不礼貌的话会给雇主和对方不良印象。如果对方问你是谁，你要清楚地告诉对方，“我是他家的服务员”，不能默不做声，不予反应。结束通话时要说告别语“再见”，并在对方挂断电话后再轻轻放下听筒，千万不能在对方还没放下电话你就先用力放下电话听筒。如接到打错的电话，也要心平气和地告诉对方“您打错电话了”而不要抱怨对方。

3. 备好笔纸做好留言

如雇主不在家要清楚地告诉对方他（她）现在不在家，我能帮您记一下留言。要记清对方的姓名、电话号码、来电时间，记下对方找哪一位，记下留言主要事项、是否需要回电话等，待雇主回家后及时传达给主人。

4. 打电话简要明了

先要将打出电话的号码，要找的人的名字，要说的事情，搞清楚，准备好拨叫，接通后应先说“您好”，再询问要找的人是否在。随后如对方要求，可报上自己的姓名，通话内容要简单明了，不要无休止的聊天。

5. 注意事项

要打私人电话（长途电话）或要打收费电话应先向雇主说明，得到允许后再打。

第四章

关系和谐和睦

俗语说天时不如地利，地利不如人和。家庭服务员是一条联系社会生活的纽带，建立一个和睦相处、友情互动的人际关系小天地，营造一个舒心的工作环境，对自己事业的成功至关重要。

第一节　和睦的原则与要求

一、家和万事兴

我们要建立和谐社会，首先要建立和谐家庭。家庭是社会的细胞，是社会的最基本单位，家庭和谐了，社会也自然会走向和谐。所谓“家和万事兴”，说的就是家庭和谐的重要性。家庭和谐了，家事、国事就有了兴旺发达的基础。

家庭服务员走进家庭，进行家庭服务，自然也就承担起了促进家庭和谐的重要责任。这个责任并不要求家庭服务员去做家庭成员的思想工作，而要求家庭服务员认真细致地做好家庭服务工作。这项工作做好了，家庭清洁整齐了，家庭环境优美了，家庭成员的饮食营养可口了，家庭生活质量就会得到提升。家庭成员都称心如意了，家庭自然就和谐了。家庭因和谐而演绎出的兴旺、兴盛的景象也就会自然而然地呈现出来，进而一个幸福温馨的家庭也就应运而生了。

二、建立和睦人际关系的八条原则

1. 加强修养，完善自我

家庭服务员能否与雇主建立起融洽和睦的工作关系，关键是从自身做起，待人处事积极主动，为人热情，态度真诚，开朗自信，切忌冷漠、孤僻、自卑、自傲。要经常主动与家庭成员聊聊家常事，向他们介绍家乡风土人情、生产生活、礼仪风俗，逸闻趣事及个人有关情况，以展示自身价值，消除雇主对你的偏见。要遇事情绪稳定，心胸开朗，能经得起误解和委屈，要尊重家庭成员，遇事主动商量。要有艰苦耐劳的精神，工作勤奋，经得起繁重的家务劳动。要自尊、自爱，不被金钱物质所引诱。

2. 积极主动，讲求信用

对于所属公司领导和雇主对工作的要求，一定要积极主动地去认真完成，尽自己最大努力把事情办好。凡是自己答应别人的事，要说到做到，绝不言而无信。

3. 热情待人，坦诚相见

为人处世切忌口是心非，傲慢无礼，虚情假意，或幸灾乐祸，对周围同志的困难要多些关心，主动热情，力所能及地给予帮助。

4. 尊重他人，注意礼貌

对长辈，对雇主，对单位同志要特别给予尊重，虚心听取别人意见，不要自以为是、固执己见，待人亲切，语言和善。

5. 虚心学习，不耻下问

生活、工作中有不懂的事情和问题不要不懂装懂，要虚心请教别人。

6. 严于律己，宽以待人

在与别人交往中对别人的缺点和不足之处，要有宽容之心，不要背后议论。对自己的不足之处不能不以为然，满不在乎，知道不对，应尽力改正。对于人们之间由于文化水平、生活经历、职业特点、思想修养不同而产生的不同认识，应互相谅解，求同存异，不要非争个是非高低，以致弄得不可开交。

7. 加强交往，密切关系

不论是朋友间、同志间、老乡间，还是雇主家庭、成员间，要主动交往，互相关心，相互帮助，增进友谊。

8. 掌握分寸，坚持原则

当长期得不到休息，超时超范围劳动，或被克扣工资，或当自身人格受到玷污及侵害时，或雇主家人有违法犯罪行为时，要如实向所在单位、当地居委会或公安局、劳动部门报告，请求妥善解决，不要包庇。

三、入乡随俗

家庭服务员离开自己熟悉的热土，进入一个陌生的生活环境，不论在语言交流、饮食爱好、生活习俗等方面都感到非常不习惯，对此不要消极彷徨，要懂得适者自下而上的道理，要积极适应环境的变化，做到入乡随俗。

1. 主动掌握雇主的生活习俗

通过观察、聊天、了解，逐步掌握家庭成员的关系及个人的脾气、爱好、职业性质、作息时间、饮食嗜好、卫生习惯等有何具体要求，以及家庭特殊成员如老人、小孩、病人等有何特殊需要及生活习惯等等。家庭服务员要做到心中有数。

2. 努力适应雇主家的生活习惯

如语言方面，雇主说普通话，家庭服务员就不要说家乡语言，否则影响相互沟通，因此要尽快学会说普通话。再如饮食方面，北方人喜欢以面食为主，菜肴的味道与南方也不尽一样，家庭服务员就要主动寻求雇主的意见，虚心学习他们的制作方法，专心研究，努力实践，做出雇主喜欢吃的饭菜。又如家庭卫生习惯方面，要积极按雇主的要求去做。在人员称呼方面，北京讲究用“您”，而不用“你”，以示尊敬……

3. 尊重少数民族的风俗习惯

家庭服务员一定要了解自己所服务的家庭是否是少数民族，如果是，你要认真学习和了解该民族的饮食习惯、风俗礼仪，使自己的生活工作要符合雇主家民族宗教的要求，但不要以好奇心过多地去盘问。

四、家庭服务员要掌握城市人的生活特点

多数家庭服务员来自农村、乡镇，甚至贫困地区，对大城市的生活了解不多。家庭服务员要与雇主建立起和睦的关系，必须掌握城市人的生活特点，主动适应其生活特点的要求。

1. 讲卫生，爱清洁

家庭服务员必须从个人的整洁卫生做起，尊重雇主的卫生习惯，千万不能马虎，自以为是，特别在购物、烹调做饭、居室保洁、洗涤衣物等方面要清洁卫生，工作到位。

2. 饮食重营养讲风味

城市人饮食比较注重营养成分，如饮食的蛋白质、脂肪、碳水化合物的比例，精细粮的搭配等等。同时还讲食品的风味，尽可能的地道。每餐食物量不要求多但荤素主副食、干稀搭配要适当，一般早餐少而精，中餐正常为主，晚餐易消化。

3. 起居时间比较规范

除节假日外，每天起床、上班（学习）、用餐、休息等时间比较固定，有一定规律，所以家庭服务员在工作安排上要与雇主的生活规律相一致。

4. 经济开支注重节约

生活中的水、电、煤气、电话、主副食等费用开支比较注重节省，不大手大

脚、铺张浪费，家庭服务员在料理家庭生活事务中应注意精打细算。

5. 生活私密性强

属于家庭内部或个人隐私方面的事情或话，雇主一般不愿意让外人知道，一般也不轻易向他人表露个人深层的感情。因此，家庭服务员遇到此类情况应主动回避。雇主放在桌上的笔记本、信件等东西不要翻看。

6. 言谈举止稳重含蓄

语言表达暗示性强。如家庭服务员某件事情做的不当，或对你的语言不满意，一般雇主会用举例或暗示的方法让你从中悟出道理，认识到不对。

7. 注重面子和外人评价

家庭服务员在外人面前要注意自己的形象、气质和表现，如干净、朴素、大方、有礼貌等，不要让雇主在外人面前显得丢面子，特别当你与雇主发生矛盾或有什么误会受到委屈时，注意克制自己的情绪。不要大吵大闹，态度要冷静，采取平和方式解决矛盾，以免对外造成不良影响。

8. 心细

对于雇主家的东西、柜子、抽屉、计算机、箱子等等，不要乱翻乱动，严格按家庭服务员职业行为守则办事，不要偷用偷听雇主电话，不要一人在家时长时间看电视等。

第二节　如何和睦相处

一、家庭服务员怎样正确对待雇主家庭内部矛盾

任何家庭都存在或大或小的内部矛盾，作为身在其中的家庭服务员应保持头脑清醒，谨慎处之，不要介入。

1. 适度劝解

不要因为你的语言或行为引发扩大、激化已有的矛盾，当雇主家庭内部发生争吵时，你只能进行必要的劝解，如不奏效，不要勉强。

2. 不要偏袒一方

当雇主家庭内部发生矛盾时要一视同仁，不要厚此薄彼，不要为双方过激言论作证，要在双方之间做说服工作，以缓和矛盾，特别当夫妻发生争吵时可多劝说男方谦让女方。

3. 坚决劝阻

当雇主家庭内部发生暴力冲突时，应坚决劝阻，当你劝解无效时，应动员家内其他人劝阻，此时你不要借机躲出去，要照顾好老人、儿童。

4. 稳重处事

当雇主家庭内部发生不幸事件时（如伤、病、故去，物品损坏或被盗、学生考试落榜、年轻人失恋等），你应表示同情，好言相劝。更要做好本职工作，不要说笑或进行娱乐活动。

5. 为隐私保密

对于雇主家的经济情况、事务往来、精神生活等方面的家庭内部事务，不外传，严格保密。

二、家庭服务员怎样与雇主家成年男成员相处

①要做到三要，即要落落大方，要礼貌相待，要保持一定距离。

②要做到五不要，即不要超出常规，不要取笑打闹，不要借机单独相处，不要谈论个人私事，特别是异性朋友、配偶恋人的事，不要改变对他的称呼。

③当男方对你表示过分关爱，如送礼物、买东西、单独邀你外出、超范围给“酬金”等，你应态度明朗，坚决拒绝，不要含糊笑纳，搞“下不为例”等。

三、家庭服务员怎样与雇主家成年女成员相处

①应尊重和亲近，根据年龄亲切相称。

②在从事家务劳动中应尽量按她的要求去做。

③在洗涤和保管她的物品时要倍加细心。

④在她做家务时主动帮助她干好下手活。

⑤闲暇时可主动提出陪她逛街，帮她拿东西。

⑥对她的服饰、身体、发型、兴趣等，一般表示肯定的态度或说“如果怎样改动一下就更完美了”。

四、家庭服务员怎样与孩子相处

1. 保持亲切的关系

现在家庭独生子女都是父母的掌上明珠，家庭服务员如果被孩子所喜欢、所接纳，并成为亲密朋友，就为雇主家解决了大问题，从而也就决定了在雇主家的地位和作用。

2. 报以爱心，善待孩子

家庭服务员对孩子好，他（她）就会喜欢你，维护你，尊重你。

3. 多表扬、多鼓励

对于孩子的一点微小的进步或他们做的一件很小的好事，都应及时给予肯定，给予表扬和鼓励。

4. 帮助他（她）寓教于乐

空闲时间多和他（她）一起玩，讲故事、猜谜语、唱儿歌、看连环画、看报等，引导他（她）知道什么叫好、什么叫不好。

5. 祝贺生日和年节

当孩子过生日、过春节、过六一儿童节时，送给他（她）一件小礼物表示祝贺。

6. 正确对待缺点

有的孩子“人来疯”或被大人宠得缺乏礼貌、任性等，对此或态度表情严肃，或置之不理，或婉言说服，不要训斥、吓唬甚至打骂、讽刺等。

7. 正确对待错误

当你知道孩子做了错事，应鼓励他（她）勇敢地向家长承认错误，也可以直接向雇主介绍情况，根据雇主态度，对孩子进行教育，但态度要温和。

五、家庭服务员怎样与老年人相处

老人是家庭中的长辈，要充分敬重他们一生的贡献，要尊重他们多年形成的生活习惯，要倍加照顾好他们的生活和身体。

1. 不让老人孤独

要经常陪伴老人或聊天或外出活动，注意顺着他的话题，谈论事情，让老人笑口常开，心情愉快。

2. 理解老人心态

老人顺心时，精神愉快，即使家中有了问题，大事可以化小；老人不顺心时，心情烦躁，看什么都不顺当，与年轻人相比他们比较保守、固执、爱唠叨，对这些必须给予充分理解。

3. 尊重老人的个性

有的老人个性喜欢静，那就尽量不要去打扰他，不要做出声响大的动作，音响设备不要放大音量。有的老人喜欢热闹，精神头旺盛，那就陪他多聊聊天，做些他喜欢的活动，如逛公园、玩玩宠物等。

4. 关注老人健康

要经常问寒问暖，对于老人的身体健康状况要随时随地特别给予关注，发现病情及时治疗，根据季节变化和本人具体情况做好保健工作。

5. 照顾老人饮食

根据老人的饮食习惯，保持足够的营养需要与科学合理的膳食搭配，尽可能符合他们的口味要求。

6. 妥善解决矛盾

在日常生活中一旦发生矛盾，无论如何不要当面顶撞，要宽容忍耐，必要时通过其他家庭成员的协助解决矛盾。

六、家庭服务员怎样与邻居相处

①要以礼相待，见面主动打招呼，或点头微笑致意，切忌昂头而过，旁若无人。

②按雇主要求行事，尽量融洽相处，一旦遇事可得邻居相助。

③对周围邻居要一视同仁，不要因为职业或职务的不同而态度不同。

④对邻居中的长辈要尊敬，对晚辈要慈祥，邻居遇到困难应主动帮助，与邻居打交道不要斤斤计较，公益工作要主动去做。

⑤一般情况下，不随意串门，更不带孩子串门。

⑥雇主家的事，包括衣、食、住、行，迎来送往客人，电话号码等一概不向外透露，也不要将自己的情况对外讲。

⑦如果邻居对雇主说三道四，你千万不要介入议论，必要时可如实向雇主汇报，但不要因为言行引起矛盾激化。

⑧不要私下与邻居有个人交往，如借钱借物等。

⑨如果雇主与邻居发生矛盾，你不要卷入而要尽量劝解。

⑩当雇主不在家时，邻居来借东西，你不要擅自做主，给以委婉拒绝，待雇主回来后处理。

七、家庭服务员怎样与同行同乡相处

1. 多交流工作经验，不盲目攀比

同行相聚，共用语言很多是自然的，往往会谈起各自所在家庭生活待遇、食宿、条件、雇主习惯等等。但不要用自己所在家庭的不足去比别人家的长处，这样越比心理越不平衡。再加上虚荣心、好面子，这样产生的后果很不好。要明白家与家不同，花有几样红，各家有各家的情况，千差万别是不可比的，也是不能比的。正确的方法还是相互多交流一些工作经验，互相鼓励如何干好工作。

2. 亲热注意分寸，说话留有余地

俗话说亲不亲故乡人，家庭服务员在异地他乡遇到同乡同学、朋友亲戚，格外亲切乃人之常情。但社会是复杂的，特别是多年不见，各自的情况均不甚了解，因此说话应注意分寸，留有余地，不该谈的不要信口开河。近几年在北京、上海、广州等地，都有因家庭服务员无意中透露了雇主家的经济情况，结果引狼入室，发生抢劫杀人案，最后证实作案人就是自己的同乡好友，血的教训要引以为戒。

第五章

安 全 防 范

安全重于泰山。家庭服务员在工作中，不仅要保护好自己的安全，而且要保护好雇主家的安全，要尽可能地防范各种不安全因素的发生，要正确掌握各种安全防卫措施。

第一节　自我安全防范

一、家庭服务员独自在家时的安全防范

①家庭服务员独自在家时，要先锁好门窗，认真检查门窗的防盗设备是否好用、到位。一般常用的锁是圆筒状的，这种锁当它有空隙时，很容易用螺丝起子撬开，小偷容易破门而入。因此当你单独在家时务必检查门窗的锁是否锁好。

②如果有人敲门，必须先问清情况，在你认为安全时，方可让其入内。

③问话时，不要让陌生的敲门者感到你是单独在家。可以大声而清楚地喊：“关上电视（收音）机，有人敲门”，或者说：“明明，你别管，我来开”等等。

④有传呼电话找你，出门时一定要把门锁好，并检查一下其他安全设备，以免在短暂时间内发生意外。

⑤晚间独处一室，要拉好窗帘，尤其是从外面容易看到你家里的情况时，更须注意，以免外人看见你单独在家，突发歹心，闯进门来。

⑥入睡前，要细心地检查一下门锁、窗户插销，如果较长时间地独处一室，最好在床边预备一件防身的武器。

二、家庭服务员如何处理陌生人叫门

上门探访的人大多是家里人认识的，但陌生人也常常上门，其中可能有盗贼或骗子，所以应该提高警惕。

①有人敲门，先从窥孔看看是谁；如不认识，切勿解下门链。

②不速之客到访时，要先查明其身份才开门。查问时，如果对方表现得不耐

烦，可能表示有不轨企图。

③如访客说出其电话号码供查证身份，不可轻信。要亲自查阅电话簿，再打电话，以防他跟同谋弄假。打电话之前，叫访客在门外稍等，关上门，并扣上门链。

④如住在大厦里，有陌生人通过对话机要求开门，无论其借口多么像样，也不要轻率打开楼下大门。

⑤走到楼下大门时，如碰巧有陌生人站在门口，就暂勿开门，以免他闯进来。

三、家庭服务员外出时家庭防盗措施

如果出外或离家一段日子，最重要的是勿让陌生人知道无人在家。可采取以下措施：

①暂停送报纸及送牛奶的服务。

②为了不让人知道家里空无一人，可考虑利用一部电话录音机接到电话机上。既能录下亲友的口信，也能利用特别灌录的磁带播出说话。

③利用定时开关器，每晚定时亮灯，早上自关灯。

④请邻居照看一下房子，帮助代收邮件，要使房子看似有人在家。

⑤如果出门时间较长，门窗的锁要加上保险档以锁得更牢。

四、家庭服务员需防范的几种事故

①擦室外玻璃不小心跌倒。

②高空擦拭梯子不稳。

③工作不慎跌倒或滑倒。

④搬运重物用力不当扭伤。

⑤尘灰入眼。

⑥工作时动作急猛碰撞。

⑦手握利器失手划伤。

⑧瓷器、玻璃器破损，割破划伤手部。

⑨使用煤气炉时，点火操作不当。

五、家庭服务员怎样对付性骚扰

性骚扰是一种违反道德规范的违背接受者意愿的有性意味的议论和行为。性骚扰形式多种多样：半夜三更打电话给女性，说些下流话；在家庭中伺机对女性动手动脚；在公共场合故意触碰女性的身体、进行违反妇女意愿的抚摸；偷看女性更衣洗澡。

家庭服务员要避免性骚扰，要自尊、自强、自重、自立。作为女性，不必为名利而失去做人的尊严。建议在着装上要朴素、大方，不可过紧、过短，尽量不要袒胸露背。言行举止要稳重端庄。有时候女性自己举止轻佻或言事随便，站没站相，坐没坐相，也会导致男性想入非非。

对于男性的性骚扰，可以采取以下诸种方式：

①衡量处境，别把自己推入险境。比如在夜晚、在小巷深处，应该赶快逃离。

②晓之以理，动之以情，提醒对方也有母亲、姐妹。他也许会不安，至少令他下次侵犯别的女性时有所顾虑。

③制造场面，吸引众人注意。例如大声指责，这样做要令侵犯者处于众目睽睽之下，无地自容。有许多女子在受到性骚扰时，恐惧心理占了上风，羞羞答答，不敢声张，这是很愚蠢的。

④“以其人之道，还治其人之身。”一名女工和姐妹们在电影院看电影时，身边一个40多岁的瘦小男人竟然把手放在她的手上，还令人作呕地抚摸起来。她吃了一惊，接着便飞快地把手反转过来在对方手背上用指甲狠狠地掐了一下。只听那男人叫了一声，便老老实实地把手缩了回去。

⑤顾左右而言他。如果被人用下流话调侃，就假装看表，然后说出时间，令对方不明所以，接不下话来。因为故意误解对方说话，会使调戏者的满足感大打折扣。

六、家庭服务员怎样不被坏人拉拢和引诱

坏人引诱和拉拢少女上当有三种情况，可归纳出其中的一般特点，应该及时加以识破并采取预防措施：

①利用少女的好奇心。在好奇心不强的女孩面前，他们往往不能得逞。但是，不能说少女的好奇心强了不好。好奇心强，要得到正确的引导健康发展，才会转变为努力学习知识，探索自然和社会的动力。如果好奇心，变成猎奇心事情就难办了。

②利用少女对性萌芽的渴望。性的发育，带来了少女对异性和两性交往的新奇感与渴望。这种渴望也许是朦胧的，也许是清晰的，它很容易演化为缺乏道德的盲目追求，也能够升华为正常的男女交往、美好情操的陶冶。这一切要取决于少女所处的环境和其自身的控制力，两者当中，环境往往起到关键作用。因此，家庭服务员应掌握一些性方面的知识，为自己的正常发展创造良好的条件。

③利用少女的天真、幼稚和软弱。一方面，少女们缺乏社会经验，在利诱面

前，往往自制力很差。另一方面，少女的性格一般比较软弱，威胁、恐吓都能使某些少女胆怯与屈从，这很容易使一些不法分子钻空子。

七、受骗之后如何处理

假如你不幸被坏人欺侮或诱骗，要尽量使自己冷静，保持平静。要想清楚眼前所发生的事情，总结教训：

①对于欺侮你的坏人，你要大胆揭发，不能因害羞或胆怯而让坏人逍遥法外。

②常言道：没有不透风的墙，你被坏人欺骗上当的事，也许会被其他人或邻居们知道，有人也许由于误解鄙视你，说风凉话。你要正确对待，仔细想想自己的经验教训，不理睬那些误解的话，踏踏实实地工作、生活，不能因为外界一些议论就失去理智，思想上背上很重的包袱，甚至产生轻生念头。你要切记，自己的年龄还小，道路漫长，世界上还有许多事你不知道，还有许多事要你去做，随便地放弃生活的勇气是最无知、最软弱的表现。

③雇主家里人也可能因为外界的压力，对你比较冷淡，或者一时误解了你，你也不能就此灰心丧气。要坚强起来，认真地把心里话告诉他们，在他们之中，总是会有人能理解你的，你要争取他们的帮助。千万不要一气之下离家出走，或是让自己的纯洁感情就此泯灭。

总之，受骗上当是一件严重的事情，既为你带来痛苦也为你带来教训，你应当及时脱身，正确处理，总结教训，放宽心怀，让自己更加成熟起来。

第二节　安全事故的防范

一、工伤事故救护法

1. 中暑的救护

由于长时间在日光下暴晒、高温作业或在闷热的环境中劳动，过多热量不能散出，致使皮肤、肌肉的血管扩张，加上劳动增加了循环负荷，容易引起血压下降、脑贫血、晕倒或虚脱。主要表现为全身明显乏力、头昏、胸闷、心跳过速、口渴、大量出汗、四肢发麻、恶心等。发生上述情况应速到阴凉处，仰卧，解脱衣服冷水擦身或口服十滴水、仁丹等，严重者到医院抢救。

2. 擦伤或扭伤的救护

擦伤就是擦破了皮肤。被擦皮肤红肿或有少量渗血。对擦伤处只要用冷开水洗净，涂点红药水，一般不用包扎，一周后可自愈。扭伤指由躯干或肢体用力不当而引起的手脚扭伤和闪腰岔气等。当扭伤部位疼痛肿胀，关节活动受限，甚至出现强迫性体位歪斜时，应及时请医生处理，不要让不懂医的人乱抻乱拽。

3. 挫伤的救护

挫伤是指人体某部位忽然受到钝器碰撞或打击后，皮肤未破，但肌肉、血管等皮下组织受到损伤，受伤部位疼痛肿胀，常因内出血而致皮肤青紫。轻的挫伤可用热毛巾热敷，也可轻轻按摩，促其消肿；重挫伤者，应立即到医院治疗。

4. 切割伤的救护

切割伤是指被锐器划破皮肤或皮下组织。处理较浅、较小的切割伤，首先是止血，可采用手指压近割伤部位，直到不出血为止。然后先上碘酒，伤口周围再用酒精或碘酒消毒，并上消炎粉包扎便可。极小切割伤可直接用创可贴等。如伤口较大较深，创面污染较重，出血较多时，应先行包扎，然后急送医院处理。

二、家中灭火的三项措施

1. 积极采取自救措施

（1）一般小火可自己使用水浇，如果火势较猛可使用灭火器，如果火势自己控制不住，越燃越大，应立即打“119”电话报警。

（2）应当将门关着，同时向窗外呼救。门挡着火，十有八九可以等到人来施救。

（3）住在楼上的要沉着冷静，寻找安全通路，不要随便跳楼。救火时，从火的外围逐步向内推进，可用水、沙、厚毯子、地毯或灭火器灭火。如门、楼梯被火封住时，可用棉被、毯子裹护头和身体冲出或用绳索从窗口下滑，或利用水管下滑。因此，一旦发生火灾，首先确保人身安全，然后考虑救火。

2. 正确使用灭火工具

（1）简单灭火工具，毯子和水是家中最实用的简单灭火工具。

（2）若是木头、纸张或布起火，可用水剂灭火器扑灭。以下物品着火则不可用：未截断电源的电器、汽油、酒精、油或食用脂肪等易燃液体。电视机失火，即使已关掉，也不要用水剂灭火器。

（3）干粉剂灭火器。用来扑灭易燃液体或电器用具失火。

（4）一氧化碳灭火器。用来扑灭各种物件失火，包括电器用具失火，但不适用于油炉失火或小火。

（5）泡沫式灭火器。用来扑灭易燃液体失火。

（6）灭火时，需视何物失火而选择合用的灭火器。若电器用具着火，应先截断电源。俯身避开浓烟，以灭火筒左右横扫。瞄准火焰底部，从外向内喷射。

(7) 使用泡沫式灭火器时，应使泡沫盖住着火的液体。如果把泡沫直接压射入液体中，泡沫便会穿到液体内，火就无法扑灭。

(8) 平时就应学会使用灭火器。到失火时才阅读说明书会浪费宝贵时间。

(9) 定期保护灭火器，以免毁坏。向供应商查询要多久检查一次。

3. 正确处理家具的失火

(1) 地毯失火

如火头不大，用脚去踏或用湿布、席子弄熄；火头较大时，则泼水浇熄。

(2) 电毯失火

拔掉插头，但切勿揭起床单，否则进入空气，冒烟的床就会着火。通知消防队，并向床泼水。

(3) 沙发或椅子失火

现代家具大多以泡沫塑料、塑料或其他合成物为材料，易于燃烧，燃烧时且产生浓烟及有毒气体，迅速令人昏迷，甚至死亡。切勿尝试救火，应通知各人迅速离开，随手关上大门。

不论是哪种家具，着火后切勿拿出屋外。即使家具只是冒烟，也不宜搬动，因为外面的新鲜空气有助燃作用。

(4) 电视机或计算机失火

即使关掉电视机，甚至拔下了插头，机内的元件仍然很热，可能着火、迸出烈焰及产生毒气，荧光屏显像管也可能爆炸。家庭计算机也有同样危险，应付的办法是：

①电视机或计算机若散发像燃烧橡胶或塑料的气味，甚至冒出白烟，应马上拔掉插头，必须经专业技师检查才可再用。

②电视机开始冒烟或起火时，马上拔掉插头或关掉总开关然后用灭火毯或湿地毯、毛巾等盖住电视机，这样既能阻止烟火蔓延，一旦爆炸，也可挡住荧光屏玻璃碎片。立即通知消防队。

③切勿向失火电视机或计算机泼水，或使用任何灭火器。即使已关掉的电视机或计算机亦然，因为温度突然降低会使炽热的显像管爆裂。此外，电视机或计算机内仍有剩余电流，泼水可能引起触电。

④切勿揭起灭火毯查看，勿近为妙，等候消防员到场处理。

三、如何处理厨房意外事故

1. 如何处理厨房油锅失火

锅内的油过热，会迸出火焰引致失火。若油面冒起白烟，锅子很快就会着火。灭火时应注意以下几点：

（1）马上关掉炉火。

（2）切勿挪开锅子。如果把锅子迅速拿出屋外，反而会助长火势。

（3）用随手拿的物件灭火，最好用灭火毯或厚湿布。盖子、盘子、砧板等只要比锅子大，都可用来灭火。

（4）用布或锅盖挡住脸部，然后罩在锅子上。

（5）火熄灭后应盖着锅子至少三十分钟，待油冷却才拿走，以免再次起火。

（6）如果无法灭火，应关上所有门窗，离开失火的房间，打电话报警。

2. 怎样防止在厨房烫伤

做菜时每天要接触各种热源，烧伤和烫伤时有发生。着装衣袖必须放下，围裙的位置也要佩戴适当。拿热食物或热器具时，必须用厚布垫着；端热锅或热盆时必须用双手；向热的汁、油、汤、水中加入东西时要特别小心，以免因油起造成烫伤；开蒸锅时，要先关蒸汽，过数分钟后再开，以免蒸汽烫伤人。另外，地板上严禁放锅或其他装有热食品的用具，以免烫伤。搬运的物品不得过高，保持平衡，不能将汤、汁、油、水放在高架上，以免发生事故。

3. 怎样使用厨房刀具

刀是每天必用的工具。要保持刀具的清洁和锋利，用钝刀不但影响工作，而且一旦用力不当便会受伤；要经常对刀柄进行清洗，以便不会打滑；走路拿刀时，刀锋应指向地下；放刀时要平放，不要刀锋向上，也不要将刀和其他锋利器具放在水盆里；如果刀不慎滑落，切勿用手去接。

另外使用绞肉机、搅拌机时，必须用专用的填料器推压食品，切勿将手放在搅拌器中，以防里面的刀刃伤手。

四、安全使用燃气

1. 煤气防漏

（1）使用燃气要防漏气，如发现漏气应立即打开门窗，切勿开启电灯或点火照明。

（2）使用液化石油气的，在用毕后应随手关闭阀门，天冷时不要用明火烘烤气瓶。气瓶不要放在住人的房间，使用液化石油气的厨房不要同时使用其他明火。

（3）如发生恶心、呕吐、嗜睡、异常气味，甚至嘴唇樱红、口吐白沫等症状，应立即到医院抢救。

（4）煤气表与煤气灶如果垂直安放，应在煤气表的底部装一块 30×30 厘米隔板，以防止煤气灶发出的热量熏坏煤气表。

2. 漏气后的处理

以下是煤气泄漏的应变方法：这些方法也适用于石油气或天然气泄漏。

(1) 切勿点火：弄熄所有火种，如香烟、蜡烛等。

(2) 切勿开、关任何电器开关，不要按门铃。开或关电器开关都会产生火花，燃着煤气。

(3) 打开门窗，让煤气散出室外，到停止泄漏时才可关上。

(4) 检查煤气用具上的开关是否无意中打开了。如果没有打开，但嗅到煤气味，很可能有煤气泄漏，应马上关掉煤气总阀。

(5) 打电话给煤气公司的紧急服务部。

(6) 切勿自行修理任何煤气用具或管道，也不要让旁人修理。应请受过训练的煤气公司技师修理。

(7) 离开现场，待修理妥当、气味散尽才可走回屋内。

(8) 如在街上嗅到煤气味，应立刻通知煤气公司或消防队。

(9) 待修理员修理妥当后，检查所有煤气用具的开关是否都已关上。

3. 煤气供应中断的处理

(1) 如果煤气压力锐减，以致炉灶和热水炉的火焰比平时小；又如完全没有煤气供应，以致火焰熄灭，应该立即关掉所有煤气用具、煤气总阀或者紧急阀，并且马上通知煤气公司。

(2) 在煤气公司人员到达之前，切勿再使用煤气。

五、安全用电措施

①电熨斗、电炉等家用电器使用完毕，必须切断电源。

②收音机、电视机、录音机不宜使用时间过长，防止发热起火，不用时要切断电源。电视机、收音机的天线，在雷雨季节应拔掉，防止引雷入室。

③不能用纸做灯罩。

④不能用灯泡烘烤服装。

⑤电线的识别，给软线装配插头时，应检查一下各电线是否接到正确的接线头。一条软线内通常有三条小电线：火线、中线、地线。三线的颜色组合有下面三种：棕蓝黄与绿、红黑铜（裸铜线）、红黑绿。

⑥切勿经常把多个插头插在同一插座上。如果插座不够用，应该多装几个。

⑦不要把电线直接插入插座，须先连接插头。扯着电线拔插头，会拉松接头。

⑧插座不可过载。几件用具共用一个插座时，加起来的功率不可超过插座的负载能力。否则不但会烧坏插座和插头，更可能酿成火灾。

⑨对于经常搬动或容易发热的电器，如电水锅之类，其软线和凹接头须定期检查。凹接头螺丝屡屡受热、冷却，可能松脱。

⑩常用电器如冰箱、洗衣机、电饭锅、洗碗碟机等，应定期检查插头和引线。

⑪使用吊灯时，悬垂引线会发热，绝缘层日久变脆，甚至破裂，应及早更换。

⑫检查引线或用湿布把它揩干净前须关掉总开关，以防有水渗入隙缝，有触电之虞。

⑬暖炉、冷气机、熨斗等大功率电器用具插头不可插在照明用的插座上，以免电流过载，烧断保险丝。

⑭插头内通常有一块硬胶，就在软线进入插头的小孔内，称为塞绳夹，用来夹紧软线的外皮。如果软线内的小电线外露，应重新安装好。

⑮修理、调校电器用具前及电器用品使用完毕，都要拔出插头。换灯泡、给电火锅注水前也应拔掉插头。

⑯用交流电的吹风机、暖炉及其他电器用具，不要拿进浴室使用。

⑰常受碰撞的电器要装上橡胶插头。橡胶插头不像塑胶插头那么容易破裂。

⑱沾水电线的处理：因水能导电，如电线已沾了水或可能沾水，马上截断电源。开关通常在总保险丝盒附近。另一方法是只拔去该条电路的保险丝。沾了水的电线或电器，须干透才可再通电流使用。

⑲要加强厨房用电安全。要定期检查电源和用电设备，所有电器都要有接地线，手湿时切勿接触电源，以免触电。易燃易爆危险品如酒精、汽油、煤气瓶、火柴等不可放在炉具或电源插座附近。用电锅煮食物时，要防止水分烧干起火。

六、注意交通安全

①讲究交通公德，遵守交通法规，注意交通信号，听从交警指挥。

②行人要走人行道，在没有人行道的地方，要靠路边走。

③横过马路时，必须走人行横道或地下通道或过街天桥。在没有人行横道的地方，要按照信号指示灯行走，同时要看清左右来往车辆，不要斜穿猛跑。

④不要在路上聚集、打闹、追车、扒车、强行搭车，从车内往外吐痰、抛物或做有碍交通安全的活动。

⑤不得损坏、拆移交通和市政设施，不得钻跨倚坐交通护栏及隔离礅等。

七、乘电梯时被困怎么办

①保持镇定，并且安慰困在一起的人。

②向大家解释不会有危险，电梯不会掉下电梯槽，而且有几种方法求援。

③一般电梯装有防护安全装置（通常就在电梯底），会牢牢夹住电梯槽两旁的钢轨，使电梯不至于掉下。就算停电，电灯熄灭，安全装置也不会失灵。

④利用警铃或对话机求援。

⑤如无警铃，可拍门叫喊。如怕手痛，可用鞋子敲门。

⑥外面有人回应，就说出发生什么事，并请示立刻找人来援救。

⑦如不能立刻找到电梯技工，可请外面的人打电话叫消防员。消防员通常会把电梯绞上或绞下到最接近的一层楼，然后打开门。就算停电，消防员也能用手动器械把电梯绞上绞下。

⑧如果外面没有受过训练的救援人员，不要自行爬出电梯。

⑨千万不要尝试强行扳开电梯内门，即使能打开，也未必够得着外门。

⑩电梯天花板如有紧急出口，不要随意爬出，因为出口板一打开，安全开关就使电梯刹住不动了，即使爬出，也容易从电梯顶上掉下来。

八、火警、报警和急救电话

火警电话：119

报警电话：110

急救电话：120

第六章
清洁卫生

努力营造一个整洁优雅的家庭环境对于人们的身心健康，生活的文明愉快是非常重要的，家庭服务员要认真履行职责，切实搞好家庭的清洁卫生工作。

第一节 居室保洁

一、如何搞好居室的清洁卫生

房间的清洁与否与人的身心健康密切相关。保持室内空气新鲜，是身体健康的条件，经常开窗换气是保持室内空气新鲜的主要方法。在寒冷的冬季，许多家庭为保持室内温度，常把门窗紧闭，甚至用密封条封堵门窗缝，这是不利于保持室内空气新鲜的，对人的身心健康是很不利的。每天应至少开窗换气两到三次，每次三十分钟左右，但若家中有病人、老人或婴幼儿，要注意通风门窗不要直对着他们，以免引起其他疾病。另外，房间的干净、整齐、舒适、美观对人的身心健康也是很关键的。要使房间干净舒适、整齐、美观应注意如下几点：

1. 要减少室内灰尘的产生

收拾房间，一般应先整理摆放，后扫地，再擦桌椅家具，最后清洁地面。整理房间时要轻扫轻擦，轻拿轻放，以免尘土飞扬。

2. 摆放物品要整齐

在收拾房间时，对物品的摆放应有一定规律，什么物品都要有固定的摆放地方（作为家庭服务员在收拾房间时要注意尊重雇主的生活习惯）。不要今天放一个地方，明天放另一个地方，用起来就很不方便了。

3. 清洁房间应从卫生、科学的角度出发

收拾物品要小心，不要手忙脚乱，避免损坏物品。室内物品清洁时最好不要用鸡毛掸子掸灰，应用潮湿的抹布轻轻擦拭。抹布应经常洗涤，否则只会越擦越脏。

二、如何搞好地面的清洁卫生

清扫地面时若不注意顺序、不科学及不正确的方法也不会起到良好的效果。清扫地面时应注意：

①掌握正确的清扫顺序，做到从里到外，由角边到中间，由小处到大处，由床下桌底到房间大块地面，依顺序进行，才不至出现遗漏。

②清扫地面时，笤帚要轻拿轻放，但不要轻轻一带，扬起老高，弄得尘土飞扬而污染它处；若地面尘土较多，可先在地面洒点水或蘸湿笤帚以后再扫。

不同的地面有不同的清洁方法，现简单介绍一些家庭常见的地面清洁方法：

①水泥地面：按前面提到的地面清洁的注意事项的要求进行清洁便可，先用笤帚扫净地面杂物，然后用湿拖布擦净。

②木板地面：应防水、防潮、经常打蜡磨光，经常通风保持室内干燥。

③油漆地面：可先用笤帚扫净地面杂物，经常用地板蜡打磨，但切忌用水擦洗。

④水磨石地面：清洁方法和水泥地面的清洁方法相同。

⑤塑料地板：先用笤帚扫净地面杂物，然后用水擦或打蜡均可，但忌油和化学药水。

⑥纯毛地毯：应用吸尘器除尘，忌用水擦。为了防止霉变，应定期将地毯挂在绳上晾晒，并用木棍轻轻抽打，以除去内部灰尘。

⑦化纤地毯、地毡：可直接用笤帚清扫，然后用潮湿拖布擦净。要避免黏性脏物、香蕉水或酸碱溶液等化学溶剂洒在地毡、地毯上，万一洒落上，应立即用清水擦净，以免腐蚀地毯。

三、如何搞好住宅墙壁的清洁卫生

对于用白灰粉刷的墙壁若沾有灰尘或网状物，可用干净的长把笤帚扫，但忌用水擦刀刮；若沾上污迹，可用砂纸轻轻磨去。现代家庭不少墙壁是用涂料装饰的，可用湿抹布轻轻擦除，或使用少量洗涤灵擦净，但不能用碱水类带有腐蚀性的去污剂擦洗，以免将涂料擦掉。油漆墙面若沾有油污，可用清水、面汤、米汤或洗涤剂清洁，但不宜用碱水洗刷，若是墙布、挂毯之类的装饰物，就不能用水洗，只能用吸尘器除尘。

四、如何搞好家庭水池、浴盆、便池的清洁卫生

家用水池、浴盆、便池多是瓷制品，若不经常清洗便会存积许多污物及水锈。最常用的清洁方法是用刷子或海绵蘸上洗涤灵、去污粉或碱粉擦拭。另外也

可用浓盐水（以盐全部被溶解为好）直接倒入洗涤池的排水管内，便可保持清洁，防止发臭或油渍。

五、如何清除室内异味

厕所臭味，可将一盒清凉油开盖放在便池水箱盖上，半月左右再刮去上面一层，如此反复使用便可除去厕所臭味，另外也可用专门的厕所防臭剂喷洒。房间中霉味的清除方法，可将一块香皂放在有霉味的地方，或放置樟脑丸，便可消除霉味。房间中香烟味的清除方法：首先在抽烟时应开窗通风，抽完的烟蒂应及时扔出室外，另外可用专门的消烟尘来清除，即在抽烟前后在烟雾飘过处喷撒消烟尘，既可去除烟味，又可保持室内清香。

六、如何擦拭玻璃

家庭中以门窗处使用玻璃较多，故在保洁时首先应注意安全。厨房玻璃常常被油烟弄黑，不易清洗，可用抹布蘸些温热的食醋擦拭，或用抹布蘸些洗涤灵、米汤、面汤去除油污，然后用报纸反复擦拭，便可除污物。居室的玻璃主要是尘土及雨水浇淋的泥点，可先用湿抹布擦拭，将表面污物擦去，然后用报纸或棉纱反复擦拭，即可清洁。在寒冷的冬季，不要用热水擦玻璃，以免玻璃炸裂。

七、如何做好木制家具的清洁工作

木制家具怕烫、怕潮、怕磕碰，因此在清洁时应加以注意。家庭常用木制家具以衣柜、书柜、桌、椅、板凳等为主，此类物品时常会受到油类物质的污染，其去油污的方法是：用抹布蘸茶叶水或少量洗涤灵擦拭，然后用清水反复擦拭便可，但切忌用开水或碱水洗烫，以免掉漆。木制家具若滴上水，应立即擦干，否则易泛起水渍痕迹。若一旦出现水印，应用湿布盖在水印上然后用熨斗小心地按压湿布数次，直到水痕印的水蒸发出来为止。陈旧的木制家具，因使用时间较长，表面油漆易积垢、变黄、变黑，给人以不卫生的感觉。此类木制家具可先用湿抹布擦一遍，然后在家具表面倒些洗涤灵，用湿抹布反复均匀擦拭，便可除去表面积垢，然后将抹布洗干净反复擦拭家具表面，家具便会洁白如新。清洁后的家具应放在阴凉、通风干燥处晾干，切忌放在阳光下暴晒，以免变形而不利于使用。

八、如何做好钢制家具的清洁工作

钢制家具最易脱漆、生锈，另外钢制家具使用久了，表面易形成积垢而不易除去。对其保洁应掌握以下原则：首先应防潮，钢制家具最好不用水冲洗，可用潮湿或干软的布擦去表面灰尘污物。注意保持干燥，不能有水迹。其次是防碰，使用钢制家具要注意不被硬物碰撞以免漆皮脱落而生锈。钢制家具若锈蚀不重，可用软布擦拭，不要用砂纸类硬物摩擦。软布若擦不掉，可用醋涂抹，再用温水擦掉，然后在其表面涂抹石蜡溶液，可起到防止生锈的作用。对于使用较久、表面有积垢的钢制家具，其清洁方法同前面的木制家具。

九、如何做好沙发的清洁工作

皮面的沙发可用掸子将其表面灰尘掸掉，或用潮湿软布擦拭，仿皮沙发的清洁方法与真皮沙发基本相同。布面沙发可按布面织物的清洁方法去处理。绒面沙发可用吸尘器除尘，若没有吸尘器，可用潮湿的毛巾铺在沙发上轻轻敲打，然后清洗毛巾。如此反复多次，就可除去沙发绒面上的尘土，但不宜干掸，以免弄得满室灰尘。

十、如何搞好厨房的清洁卫生

家庭清洁中，厨房的清洁卫生占主导地位。厨房的清洁卫生包括：食品卫生、炊餐具卫生、存储卫生、个人卫生、厨房环境卫生和厨具卫生。厨房的卫生与否和人的健康有很大关系，俗话说“病从口入”，这里的“病”就是指被污染了的食品对人的健康造成的影响。做好厨房卫生应从以下几方面着手：

①经常保持厨房内外的环境卫生清洁，注意通风换气，及时清扫污物垃圾。若厨房门窗直接通向户外，要注意随时关好门窗及纱门和纱窗，保障卫生。

②厨房家具、炊具、餐具要经常清洗、消毒。

③各种调料、鲜菜、鲜肉要妥善存放，防止串味变质。米袋、面袋要注意防潮、防霉、防虫。

④剩饭、剩菜应放在通风阴凉处，存放时间不要过长，食用前要重新加热烧透。

十一、如何做好煤气灶具的清洁工作

煤气灶具是极易被油类等杂物污染的，应做到随用随擦，这是最简便省力的，不然每日做饭所溢出的糊汁，油污的痕迹会硬结黏在灶具上，而不易清洁。做饭菜时若有糊汁、油点、汤汁黏到灶具上，可随手用抹布或废旧报纸类及时擦拭，若煤气灶具上已积有许多污垢，可用面汤、淘米水等泡洗。

家庭服务员所要掌握的相关保洁知识还很多，如何全面而合理地做好家庭清洁工作，还要以所服务家庭的卫生、工作、生活习惯为准绳，严格遵守雇主协调之原则，做到不懂就问，不懂不动，弄懂再动。

十二、如何做好餐饮用具清洁工作

作为一个家庭，一日三餐的制作是避免不了的，那么合理收拾、摆放、洗涤餐具就显得很重要。收拾、摆放餐具应做到随用随收拾，收拾餐具应本着用时拿取，用后收放，不乱堆砌，不拖时间，省时又省力。

1. 餐具的摆放应分门别类

盘与盘放在一起，碗与碗放在一起，同类型的餐具要按照大小及形状的不同，顺序放好，以免磕碰、摔坏。根据餐具的用途不同，应分别摆放，经常用的放在橱柜外面，伸手就能拿到，不经常用的放在里面，随用随拿。另外在摆放餐具时还应尊重雇主家的摆放习惯，避免你不在时，别人不容易拿取使用。

2. 餐具用后的洗涤顺序

对于无油腻的，可以直接用清水冲洗，油腻较多的餐具可用去油剂浸泡洗净。餐具上的油腻使用洗涤剂清洗往往很难洗净，可用去污粉反复擦洗。对于婴幼儿、病人、客人用过的碗筷，应煮沸消毒。洗涤的顺序应遵循：小孩用的餐具单独洗，随后先洗不带油的，后洗带油的；先洗小件的，后洗大件的；先洗碗筷，后洗锅盆。

3. 不同材质餐具的洗涤方法

家庭餐具多以瓷、铁、铝、不锈钢为主，对于瓷制餐具的洗涤一般用洗涤剂或去污粉便可将污物清洗干净。铁制餐具因其容易生锈，因此要用完马上清洗，可直接在水龙头下用炊帚刷洗；如果铁锅有腥味，可以在锅内放些菜叶加水煮开，倒掉水冲净即可除腥，铁锅洗净后要用净布擦干以免生锈。不锈钢炊餐具，用过后要及时洗净、擦干，放在通风干燥处晾干，不要使其受潮，更不宜用水长时间浸泡；对有水迹的餐具，最好不要让其自行干透，应及时用软布擦去水迹；不要用硬物擦洗餐具，以免划伤餐具。铝制炊餐具脏了，可在煮饭后及时擦洗，操作时应注意防止烫伤，可用报纸或温布擦去表面污物，经常擦可使铝制品明亮如新，但切忌用盐水或碱水擦洗。

4. 油锅的清洗方法

油锅的清洗方法是：将油锅直接用淘米水、碱水或洗涤灵之类的去油剂浸泡刷洗，再用清水冲洗干净即可；也可以用些清水放在锅内煮开趁热冲洗；若是刚炒完菜的油锅也可以直接放在水龙头下，趁锅热放清水冲洗干净。

5. 菜刀的洗涤和保养方法

刀在用完后必须用洁净的布擦净，长期不用的刀应涂一层油，外面用报纸或牛皮纸等物包裹存放，以避免生锈；若刀生了锈可以将其浸泡在淘米水中，然后擦净除锈；也可以用萝卜或土豆片、葱头片反复在生锈处摩擦除锈；刀上如沾有鱼腥味或羊腥味，可用生姜片、葱头片或蒜擦，即可除去腥味。切忌用菜刀来砍骨头之类的硬物，应另备一把专用砍刀。

6. 菜板的洗涤和保养方法

菜板一般为木制的，由于木制的菜板有拼缝或虫蛀孔，容易滋生病菌，所以要经常洗刷或用开水浇烫，以保持菜板清洁卫生。炎热的夏季因空气潮湿，菜板很容易生霉，所以每次用完菜板，应用洁布擦净，将其放置在通风处晾干；若菜板已生霉，可把菜板放在淘米水中或放洗涤灵等擦洗，然后用清水洗干净，放在通风处晾干即可，但不要轻易将湿菜板放在阳光下面暴晒，以防其变形，而影响使用。

第二节　衣物的保洁与护理

一、如何做好各类衣服的洗涤工作

1. 坚持洗涤六个分开

（1）内衣与外衣分开洗涤：因为内衣一般均贴身穿着，而外衣是在外面穿着的，一般比较脏，很容易带有脏物或病菌，若相互混合洗涤，则容易污染内衣，穿着后会危害人的健康。其次是一般内衣的牢固程度较差，若与外衣混合洗涤，易减少内衣的使用寿命；同时由于内衣在洗涤时会掉落许多毛屑，若和外衣一起洗涤，这些毛屑便会粘在外衣上，不易刷掉，从而影响外衣的美观。另外，因为内衣多带有汗液，汗液中的蛋白质一般不溶于水，若和外衣混合洗涤，水中的不溶性蛋白质便吸附到外衣上，从而使外衣变黄。

（2）大人与幼儿衣物分开洗涤：因为大人的衣物穿着到处走动，容易粘上许多脏物和病菌，其中一些病菌是不能被洗涤剂所杀死的，若将大人与幼儿的衣物混合洗涤，幼儿的衣物就容易被污染从而危害幼儿的身体健康；同时由于幼儿的皮肤细嫩，皮下毛细血管丰富，容易受损伤而引发诸多疾病。因此幼儿的衣物、尿布之类都应勤洗勤换，保持清洁。另外幼儿的衣物一般均是采用细软的棉麻织品缝制，不耐长久洗涤，而成人的衣物一般耐洗，若混合洗涤，时间短了，成人衣物洗不净；时间长了，孩子的衣物易洗破；且幼儿的衣物多易掉毛屑，成人的衣物粘上了也不易刷净，影响美观，因此成人与幼儿的衣物不宜混合洗涤。

（3）病人与健康人的衣物应分开洗涤：因为病人的衣物一般易带有许多病菌，且一部分病菌不易被洗涤剂所杀死，若病人与健康人的衣物混合洗涤，病菌就极易污染到健康人衣物上，从而将部分疾病传染给健康人。另外，由于健康人

多在户外活动行走，其衣物极易带有污物和病菌，若健康人的衣物与病人的衣物混合洗涤，部分病菌便会污染病人衣物，由于病人的肌体免疫力和抵抗力较弱，在穿着受到污染的衣物时，便会染上其他疾病，而不利于康复。

（4）自己的衣物与雇主家人的衣物应分开洗涤：首先是从卫生的角度考虑，作为家庭服务员新到雇主处服务，双方都有互不了解的一面，也许主人家里有病人，也许家庭服务员本身有潜在的疾病，为了避免互相感染，应分开洗涤。另外为了避免认错、穿错、拿错，从礼貌的角度考虑也应分开洗涤。

（5）按照衣服新旧程度和织物牢固程度分开洗：用洗衣机洗涤衣物，不同程度的衣物不要混在一起洗涤。棉毛物结构疏松，容易损伤，掉毛屑，易粘在其他衣服上，若用洗过棉毛物的水再洗深色衣物，掉下的毛屑就会粘在深色衣物上，干后很难刷掉。洗衣时，应先洗浅色衣物，再洗深色衣物；先洗牢度强的，再洗牢度差的衣物；先洗新衣物，再洗旧衣物。

（6）应根据衣物的不同质料分开洗：为了减轻洗衣机对衣物的磨损，一般情况下丝绸类和毛料类衣物可放在一起“弱”洗，一次洗涤时间在 8 分钟左右。帆布类、线毯类及水洗布、劳动布之类较硬的织物，可放在一起“强”洗，洗涤时间在 10 ~ 15 分钟，衣物在投入洗衣桶之前要仔细检查，掏出衣袋里的硬币、别针、小刀等坚硬杂物，以免损伤洗衣机。有长带子的衣物，应将带子系好和扎紧，以免相互缠绕，扯坏衣物。另外，洗衣桶内放水要适量，一般水应没过衣物最高处 3 厘米左右，衣物少时水不应少于洗衣桶的三分之一。

2. 做到衣物勤洗勤换

脏衣服应用温水浸泡，若直接泡在洗涤剂中，会降低洗涤剂的作用，衣物也不易洗净。正确的方法是先用温水浸泡脏衣物，让衣物充分湿透，但不宜浸泡时间过长，尤其是特别脏的衣物，泡的时间越长，越难洗净，一般浸泡的时间为 15 分钟左右，水温不超过 40 摄氏度为最佳状态。另外洗衣物要有重点。衣物的袖口、领口一般较其他部位脏，应多加些洗涤剂，重点揉搓。用此法洗净后，还要将衣物的洗涤剂用清水冲洗干净，不能有沫，其方法是洗去一遍，将衣物的水挤压掉以后再洗下一遍，如此重复清洗 3 次左右衣物便会干净，达到省力、省时、省水。

3. 使用洗衣机洗涤衣物时的注意事项

（1）要按顺序操作：在使用洗衣机前要详细阅读使用说明书，严格按照程序操作。

（2）要注意不超重和水温：洗衣物不能超过重量，应按洗衣机说明书的重量规定去洗，以免损坏电动机；洗衣物的水温不能超过 50 摄氏度，更不能往空桶内注入开水，以免材料变形，影响使用。

（3）防硬物损伤并保持清洁、干燥：洗衣前应掏尽衣袋内的物品。不要用酒精、汽油或化学消毒液（有腐蚀性的）清洁洗衣桶，可用抹布及时擦去污垢，洗衣桶内外应保持干燥，每次用完后要用干布擦净，避免锈蚀。

（4）在洗涤床单、被罩时，应先放在冷水或温水中浸透，然后再浸在洗涤液中，但不能用开水烫泡，以免褪色。一般的床单、被罩都可以用洗衣机洗涤，但绒面的被罩切忌用洗衣机洗涤，以免脱绒掉毛使罩单变形，新买的印花罩单第一次洗涤时不要用浓洗涤液搓洗，以免印花被浸洗掉。在晾晒时要避免阳光暴晒，最好反面朝外晾晒，以免褪色、脆化。

（5）各类织物洗涤、晾晒及熨烫方法：对于棉、麻类织物，可用各种洗涤剂、海鲜衣粉洗涤，先用冷水或温水浸泡，漂去灰尘，然后用洗涤剂清洗干净。晾晒时，可直接将其挂在日光下晾干，最好反面朝外，以免褪色；晾晒时应趁湿将衣物拉直抻平，使衣物平整；麻织物要注意不要用力揉搓，应轻洗轻拧，以免起皱。此类衣物若褶皱较严重，在晾晒至八成干时，在其表面铺一层净布，用电熨斗或蒸汽熨斗均匀熨烫平整即可。

丝绸、锦缎类一般应用高级合成洗涤剂清洗，不宜用热水洗涤，对于高级的丝绸最好干洗，各类丝绸均不宜日光暴晒，应置于阴凉通风干燥处晾干，晾到八成干时，用净白布包上，用蒸汽熨斗熨烫。呢绒类织物及高级纯毛织物，一般宜用干洗剂干洗为好；若用水洗应先将衣物放在水中浸透，再用高级洗涤剂清洗；细薄毛料应轻刷、轻拧、轻压、轻漂，不宜用力揉搓、拧挤。呢绒及纯毛衣物应晾在阴凉通风干燥处，不宜在阳光下暴晒，熨烫方法同棉麻类衣物。各种丝绸织物都有怕碱、怕高温、怕摩擦及浸湿时强度降低的特点。若用一般洗涤剂进行水洗，常会产生损伤质地的情况，尤其是高档丝绸制作的服装，一般均不宜常下水洗涤。这类衣物一旦有污渍时，应及时用干洗涤、汽油或高纯度酒精将污渍擦掉，以免日久污物渗入织物内部，既难以洗净，又容易损伤质地。如衣物确已脏了，应尽量用干洗法清洁。

现代衣物的面料种类繁多，其清洁方法也较复杂，本章节主要阐述一些常见织物的清洁和保养方法。

4. 干洗衣物时应注意的问题

（1）须用专门的干洗剂、无色优质酒精与溶剂汽油。

（2）要从污迹外围向中心擦，而切勿从中心向外擦，以防污迹渗化、扩大。

（3）擦拭时手法要轻巧，不宜用力过猛，以免损伤织物质地。

（4）擦拭干净后，将衣物挂于通风处晾干即可，切忌放在烈日下暴晒，以免褪色。

5. 白色丝绸织物的洗涤

洗涤时要用高级增白洗衣粉轻轻揉搓，再用清水漂清。白色丝绸织物存放时很容易发黄，为了防止这种情况，存放时可用蓝布或蓝纸将衣服包起来，忌用白布或白纸包，同时不要将衣服放入樟木箱或有樟脑丸的地方。

6. 黑色丝绸织物的洗涤

洗涤时不能用任何皂液或洗衣粉，尤其是忌用肥皂，否则很难将皂液洗涤，往往在晾干后泛出灰白色的花痕迹。穿用后一般只要用清水大把漂洗即可，如衣服比较脏，用清水无法洗干净，可用洗过灰白丝绸衣物的皂液浸洗，但皂液中不能有皂渣，浸洗后须迅速过清。

7. 绸缎被面的洗涤

现代家庭中有许多被面是用绸缎制作的，许多家庭的被面由于洗涤不当，出现褪色、走样和抽丝的情况。目前市场上所出售的绸缎被面种类繁多，常见的有线绨、人造丝、真丝、软缎、织锦缎和古香缎。若洗涤不当就会缩短其使用寿命。为了避免上述情况的出现，我们洗涤时应注意以下几点：

（1）要坚持用中性洗涤剂或皂片洗涤。洗涤时，先用 20 ~ 30 摄氏度的温水将洗涤剂溶解在洗衣盆中，接着将被面放在另一盆凉水中浸泡 3 分钟左右，再放到洗涤液盆中淋洗或用手搓洗，操作时一定要迅速，以防止褪色。

（2）浅色的线绨被面如较脏，可用洗衣机或搓板轻轻搓洗。但用搓板时手要放松，只能用大把浮搓，不能用力揉搓；用洗衣机时，只能用弱洗档洗 5 分钟左右，不能长时间强洗；其他各种绸缎被面，只能用手轻轻揉洗，脏处可放平板上用软毛刷顺着被面的纵向纹理轻轻刷洗，不能横向纹理刷洗，以免并丝起毛。

（3）已用洗涤剂洗干净的被面，先用 30 摄氏度的温水清洗两次，再用冷水洗涮两次，最后一次清洗，可在水中加入食醋，将基本洗干净的被面放在里面浸泡 3 分钟左右，食醋会中和洗涤剂的碱性，使被面保持原有的色泽和质地。清水洗净后，不要直接用手拧绞，以免使绸面变形，可将被面包好后再轻轻拧干。

（4）如果被面不太脏，或者只有少数地方脏，尽量不用水洗，可用干洗剂干洗，然后将其挂在通风干燥处晾干即可。

8. 冬季服装的洗涤

洗涤羽绒服装时应注意：一忌碱性物；二忌用洗衣机搅动或用手揉搓；三忌拧绞；四忌火烧。可根据衣服脏的程度采取以下的洗涤方法：

（1）如果羽绒衣不太脏，尽量不要水洗。可用毛巾蘸汽油或干洗剂在衣服领口、袖口、前襟等处轻轻擦拭，去除油污后，再用汽油或干洗剂重新擦拭，待汽油或干洗剂挥发干净后即可穿用。

（2）如果羽绒服比较脏，只好采用整体水洗的方法，其洗涤步骤为：

①先将羽绒服放入冷水中浸泡20分钟左右。

②每件羽绒服用2汤匙左右的中性洗衣粉，倒入水温为30摄氏度左右的温水中搅匀。

③将已浸泡好的羽绒服取出，平压去水分（不可拧绞），放入兑好的洗涤液中，浸泡10分钟左右。

④将衣服从洗涤液中取出，平铺于干净平板上，用软毛刷蘸取洗涤液轻轻洗刷，洗刷时先刷里，后刷面，最后刷两个袖子的正反面（即越是脏的地方放在后面刷），特别脏的地方可撒上少量洗衣粉刷几下。

⑤刷洗干净后，将衣服放在原洗涤液中上下拎涮几下，然后放在30摄氏度左右的温水中漂洗2次，再放入清水中漂洗3次左右，以彻底清除洗涤剂残液。漂洗时切忌揉搓，以免羽绒堆积。

⑥将漂洗干净的衣服轻轻挤压出水分，然后放在日光下晾晒或挂在通风干燥处晾干即可，晾晒时应勤加翻动，使其充分干透，其后用光滑的小木棒轻轻拍打衣服反面，即可使羽绒服恢复蓬松柔软。

羽绒被一般不直接水洗，因为这样会损坏羽绒，所以使用羽绒被一定要套上被罩。一旦需要洗涤羽绒被的某一部位，可使用高纯度酒精、干洗剂或汽油擦洗，然后自然晾干便可。若已达到很脏的程度，可依照羽绒服的清洗方法。

9. 毛绒衣的洗涤

“整洗”毛衣的方法是：先将毛衣挂在室外，用光滑的小木棍里外抽打，除去灰尘；接着用30摄氏度左右的温水浸透，用双手不断地轻轻揉挤；然后捞出毛衣，将水挤去。

10. 衣服上污物的清除方法

（1）汗渍：是由汗液中所含的蛋白质凝固和氧化变黄而形成的。洗涤汗渍时忌用热水，以防蛋白质进一步凝固。一般汗渍可用5% ~10%食盐水浸泡10分钟，再擦上肥皂洗涤。陈旧的汗渍可用氨水10份、食盐1份、水100份配成的混合液浸泡搓洗，然后用清水漂洗干净；白色织物的陈旧小渍，用5%大苏打溶液去除；毛线衣物的汗渍可用柠檬酸液擦拭。

（2）呕吐渍：用10%氨水将污渍润湿，擦拭即能除去，如再有痕迹，可用酒精肥皂液擦拭。

（3）尿渍：尿中所含成分与汗液相似，故亦可用食盐溶液浸泡的方法进行洗涤。白色织物上的尿渍，可用10%柠檬酸液润湿，1小时后用清水洗涤；有色织物上的尿渍，用15% ~20%的醋酸溶液润湿，1小时后再用水清洗干净。

（4）血渍：新鲜血迹中的蛋白质尚未凝固，可用冷水（不能用热水）加高级洗衣粉或肥皂洗涤。陈旧的血渍可用10%氨水擦拭，再用冷水洗涤。如还不能除去，可用10%的草酸溶液洗涤。

（5）油漆：新迹可用松节油、香蕉水、苯、四氯化碳等溶剂擦拭；陈迹可将污渍处浸在10%~20%的氨水或硼砂溶液中使油漆溶解，亦可将污渍处浸入1∶1的乙醚和松节油的混合液中，将污渍浸软，然后用汽油擦拭除去。

（6）油墨渍：用汽油、松节油、四氯化碳浸泡或擦拭，最后用水漂洗，如果还有痕迹，可用10%氨水或10%大苏打溶液擦拭。

（7）印泥油渍：用汽油润湿，然后用10%氨水洗，再用酒精擦拭。

（8）万能胶渍：可将丙酮或香蕉水滴在斑迹上，然后用刷子将斑迹刷除，再用清水洗净。如有陈迹要重复擦洗几次，直至洗净为止。但此法醋酸纤维织物和混纺织物忌用。

（9）红药水渍：红药水是汞溴红的2%水溶液，呈樱红色或暗红色，汞溴红轻氧化即可褪色。可用洗涤剂洗涤后，再用2%高锰酸钾液擦拭，然后用10%草酸液擦拭即可。

（10）碘酒渍：用维生素C 1粒浸湿，放于污迹处擦拭。或用60%酒精液浸污迹。也可将污迹浸入15%的大苏打液中，2小时后，再用水清洗干净即可。

（11）红墨水、蓝墨水、红圆珠笔油和蓝圆珠笔油：都是由各种染料配成，它们所造成的污渍都可以尝试用2%的高锰酸钾液褪掉，因为高锰酸钾液能够把这些染料氧化而使之褪色。

（12）墨汁：可先将墨汁处润湿，用米饭粒、薯类和洗衣粉调匀的糊状物涂在污渍处搓擦，再用清水洗净即可。

（13）酱油渍：衣服上刚沾上酱油渍时，可先用冷水洗后再用洗涤剂洗净除去。陈旧酱油渍，可在洗涤剂溶液中加入氨水（以5份洗涤剂溶液加1份氨水）浸洗，也可用2%硼砂溶液洗涤。但须注意，毛织品与丝织品不能用氨水洗涤，应用10%柠檬酸液擦拭，或者用白萝卜汁、白糖水、酒精洗刷。

（14）茶渍：衣服上刚沾了茶渍，可用70~80摄氏度的热水搓洗，陈旧茶渍可用浓食盐水浸洗，或者用氨水与甘油（1份氨水与10份甘油）的混合液搓洗。

（15）铁锈渍：衣服上沾上了铁锈渍以后，可用2%草酸溶液在50~60摄氏度的温水中洗涤除去，然后用清水漂净。如无草酸，亦可用5粒左右维生素C药片碾成粉末后，撒在预先浸湿的衣服锈渍处，然后用水搓洗几次，即可除去。此外，也可用15%醋酸或酒石酸溶液擦拭。如果是铁锈陈渍，可用草酸、柠檬酸的混合水溶液（10%的草酸和柠檬酸各1份，加水20份混合）将锈渍处浸湿，然后浸于浓盐水中1天后用水洗。

上述洗涤污物的药剂有的在家庭中很少准备，可到专业洗涤用品商店购买，必要时可将衣物送到专门的洗染店清洗。

11. 衣服的熨烫

人们在洗烫衣物时，经常会出现由于熨斗温度过高，使熨烫的衣服发黄变色，黏结发硬，影响外观和牢度。尤其是一些轻纤织品，因耐热性差，一遇高温就破损。因此熨烫时必须根据不同纤维的含量和热性能掌握适宜的熨烫温度和熨烫方法。例如纯棉、纯毛、毛涤、棉丝、棉麻等面料。在熨烫时根据不同面料将熨斗的调温器调到适当的位置。氯纶织品，不宜熨烫。

日常熨烫衣物时，由于不小心将衣服烫黄，轻者可用牙刷蘸水轻轻刷除，然后拿到太阳下晒，可减轻黄变。黄变严重的毛料或布料衣服在用牙刷刷洗后，再用锅炉热气蒸一下，可使黄变减轻或褪尽。棉织品也可撒些细盐，轻轻揉搓，黄变可减轻。如系丝绸织物，可用少许苏打粉，调成稀糊，涂在焦痕处，待水分干后，焦痕便会消失。

12. 衣服的放置

衣服长期折叠受压，就会留下折痕，尤其是合成纤维织品，由于大多是热塑性材料，其皱褶往往比棉、麻、丝、毛织品更明显，因此，在存放时，衣服要放平，且不宜重压，如果有了折痕，可在折痕处涂醋，再用适宜的温度用熨斗烫一下，一般均可除去。织物洗涤、熨烫标记如下图。

织物洗涤、熨烫标记

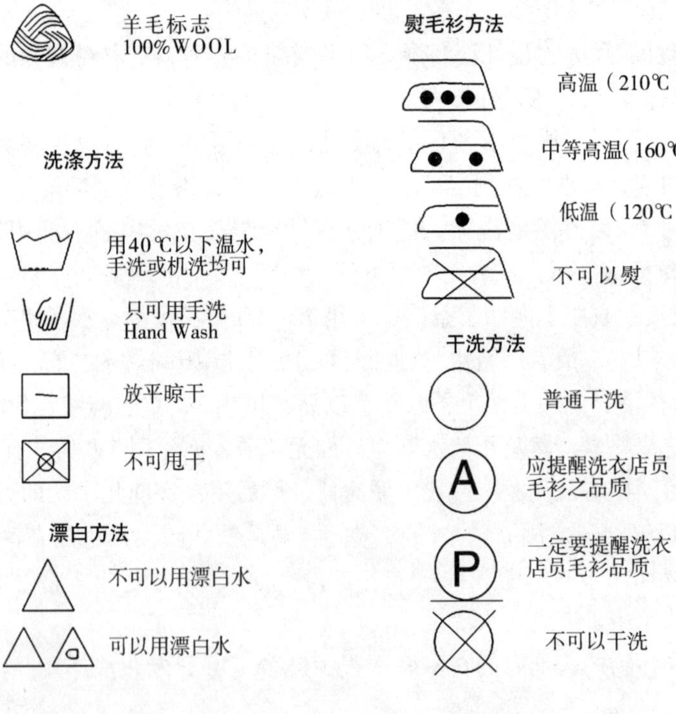

二、如何做好鞋、帽的清洁、保管工作

皮靴的清洁：先用布把表面的尘土擦去，再根据不同鞋面用不同的鞋油，用软布反复擦，皮鞋会清洁光亮。

皮鞋的保管：穿过的皮鞋收藏时要先把鞋上的泥土污物擦净，在鞋面上涂上鞋油，并用刷子擦匀，然后放在阴凉通风处充分晾干，最后装入鞋盒。

帽子的清洗：用海绵或毛刷将清洗液均匀涂在帽子上，轻轻擦拭后将帽子晾干即可。

第七章
家电使用

现代家庭都拥有各种电器设备，大到电冰箱、洗衣机、电视机，小到电熨斗、电风扇……这些家用电器若使用不当或不及时维护保养都会影响其使用寿命。家庭服务员应充分了解家用电器的正确使用方法和日常保养，掌握一些简单的故障维修处理方法。

第一节　居室家电使用

一、电视机的使用与维护

电视机的普及率很广，正确的安放、使用、保养对电视机的使用年限有着极其重要的影响。

1. 电视机的安放

（1）忌受阳光直射；

（2）忌高温。不能把电视放在有供暖设备的地方；

（3）忌灰尘积聚。灰尘过多会影响器件热量的散发，还会破坏元件与电路的绝缘性；

（4）忌潮湿。空气湿度大，电视机元件极易受潮，从而引起锈蚀造成元件之间的绝缘性变差，出现漏电现象；

（5）忌磁性物质。电视机的显像管对外力磁场的干扰十分敏感，因此不能将电视机放在可能产生磁场的地方，以免干扰显像管电子束扫描，破坏彩色电视机的观看效果，造成大面积色斑。

因此，电视机应放在无阳光直射，通风散热良好，环境清洁，无化学气体腐蚀，没有磁力干扰，不宜受震动和碰撞的地方。收看电视的最佳位置是 2 ~ 3 公尺。眼睛的高度应略高于电视机屏幕。要有适当的环境亮度，这样不容易感到疲劳。

2. 电视机的使用

在温度变化较大的夏季和冬季，正确使用电视机，对延长使用年限有着重要的影响。

（1）夏季室内温度较高，加上电视机工作时产生的正常温度，其工作温度相对其他季节高得多，而电视机内元件的耐高温能力有一定的限度，尤其在气温高、湿度大的环境中使用更容易出毛病，所以在夏季使用电视机时应注意以下几点：

①保证电视机有良好的通风散热条件。天气过于闷热时，可以用电扇吹风散热，最好看 2 小时左右闭机片刻。闭机后不要立即盖上电视或将电视柜门关上，否则会不利于散热。

②夏天空气湿度较大，如长时间不使用电视机，机体元件极易受潮，引起锈蚀，造成元件间绝缘性差，出现漏电现象，一旦开机，往往会发生故障。因此最好每天开机半小时，以驱除机内湿气，保持机内干燥，延长其使用寿命。

③夏季多雷雨，使用室外天线的电视机，如没有避雷装置，在雷电来临前不但不能收看电视，还要及时断开天线开关，并将天线与地线相连，以防雷电击坏电视机。

（2）冬季气候寒冷，使用电视机时，一定要先预热，要防止电视机骤冷骤热，对于新购买的或由室外搬入室内的电视机，应将其在室内多放置一段时间，待机内温度上升至室温相近后，将对比度、音量、亮度调至最小位置，在开机预热几分钟后，才可正常调节收看，否则容易损坏机件，甚至发生爆炸事故。

（3）电视机关闭后，机内尚有一定的热量，这时不宜将机罩马上套上，否则机内热量不易散失。但等机内热量全部散失后，又容易将灰尘带入机内，时间一长，灰尘就会积聚引起元件间的短路等故障。所以最佳时间应是在电视机尚有余热的情况下罩上机罩。

（4）收看电视时，要求在图像清晰的前提下，把亮度调得稍微偏暗一些为好，如果亮度太大，就会带来三种损害：

①加速电视机荧光物质的老化，促使荧光物质过早耗尽，缩短电视机使用寿命。

②增加耗电量，造成浪费。

③刺激眼睛，致使视力减弱。

（5）遥控器的使用有一定范围，一般的有效范围是 5 米左右，在这个范围内可利用遥控器选择频道，开启或关闭电视，还可调整亮度、对比度等，使用遥控器关闭电视后，仍应拔掉电源开头，以切断电源。

3. 电视机的保养和维护

（1）电视机使用久后，机内就会积上一层灰尘，灰尘过多会影响元件热量的散发，破坏元件与电路的绝缘性，甚至产生高压放电打火现象，严重损坏电视机，因而防尘和除尘是保养电视机不能忽视的工作。

电视机积尘，可用吸尘器或打气筒吹气去除：小心地拆下盖板，用拔下金属出气嘴的打气筒边打气边向机内有灰尘的部分吹去，直到吹尽为止。但应注意不可碰着电气元件。不易去尘的地方还可用毛刷消除。但切忌用湿布擦洗，清洗干净后，后盖按原位置装好。

（2）电视机万一出现以下故障预兆，应立即关机断电，通知专业人员检修，以免发生事故。

①开机后或使用时，听到啪啪的响声，甚至有臭味，此时如不立即关机，就有可能损坏元件或使显像管炸裂。这是由于电视机高压部分在打火，使空气中的氧气在电火花作用下生成少许臭氧。

②使用过程中电视机突然冒烟或有焦煳味，严重的出现明火，应立即关机切断电源，清除周围可燃物品，用细砂或湿棉被、毛毯等纺织物包住电视机，以隔绝空气流通，扑灭火苗，同时防止因燃烧而引起显像管爆炸伤人，千万不可用水泼火，以免显像管骤冷爆裂。

③电视机亮度突然变暗，整幅画面缩小，这是因电源故障所致，要及时关机，以免故障扩大。

④开机后，屏幕上出现不规则的黑点或黑线，较长时间的跳动，可将频道选择钮拨到空挡观察，如仍不消失，应立即关机。

二、洗衣机的使用与维护

洗衣机是家庭日常生活用的电器，正确的使用和保养会延长它的使用期限。

1. 洗衣机的安放

（1）洗衣机应放置在室内干燥、通风、地面平整处，不要置于露天、阳光暴晒及阳光直射处；

（2）不要将洗衣机靠近火炉、暖气或其他热源；

（3）洗衣机的排水软管管口不应高于地面 20 厘米；

（4）洗衣机经常在潮湿环境中使用，为避免漏电伤人，应接地线；

（5）洗衣机放置时用木架垫高，以防锈蚀。

2. 洗衣机的使用

（1）装入衣物。衣物要根据质地、颜色、不同需求区分开放入洗衣机中。

（2）选择程序。参照不同型号的洗衣机的程序说明表选好程序，将程控器

旋钮顺时针旋转（不允许逆时针转动），指向你所选择好的程序，切不要将程控器旋钮指到两个程序之间。

（3）温度选择。旋转温度控制器旋钮，指向需要的温度（调节范围 30 ~ 60 摄氏度）。注意：所示温度是指洗涤水温的最高上限。

（4）加洗涤剂。将洗涤剂和添加剂分别放入不同的格内，洗涤剂的用量，预洗 12 克/公斤，主洗 15 克/公斤，按经验加入，洗衣机应使用高效低泡或超浓缩低泡不含磷的洗涤剂。

（5）供水。启动洗衣机。打开水龙头检查有无漏水现象，按下启动/停机按钮，洗衣机开始工作直至漂洗脱水。

（6）漂洗—脱水。如使用的不是全自动洗衣机则还需将洗涤的衣物放入洗衣机的脱水桶内脱水。

（7）取出衣物。洗衣机使用完毕，应拔下插头，切断电源，关闭自来水龙头，擦净洗衣机外表面的残留水滴。

3. 洗衣机的日常保养和维护

（1）洗衣机的保养方法

①如果洗衣机放在厨房，应经常开窗，使空气流通，以免电动机潮湿。

②洗衣机使用完毕，将潮湿部位擦净，切不可用酸碱溶剂或硬质物等擦洗。

③经常检查地线是否完好可靠。

④经常清除过滤器上阻塞的布毛，保证排水畅通。

（2）洗衣机如出现下列情况应及时处理

①排水慢：检查排水阀是否有异物。

②使用中如发现运转声音不正常：应立即切断电流，排除故障或让专业维修人员检修。

③电压异常下降（如荧光灯坏掉）：马上切断电源，停止停用，以防损坏电器元件。

三、空调的使用与维护

1. 空调器的使用

在使用前应仔细阅读说明书，空调器电源应设专门导线和插座。有老人、小孩、病人的家庭中，在开空调时切忌气流直接对着人。出风口切勿被衣物窗帘等阻挡。这样不但影响使用效果，严重的可出现事故。长期使用时，空气过滤器要经常清洗。空气过滤器中灰尘过多会减弱气流，降低效果。在清洗时，用真空吸尘器或水洗去尘土，水洗后要晾干。

2. 维护和保养

在停止使用前，要在天气干燥时运转 2～3 小时，使空调器内部保持干燥，然后拔出电源插头，从遥控器中取出干电池。在开始使用时，要确认出气口和进气口没有被堵塞。检查整机安装是否良好，电源插头是否牢固，在遥控器中装入电池。

3. 注意事项

切勿拉扯电源线拔出插头，否则易损伤电源线导致触电危险。勿将空调器用于其他用途，如干燥衣物等，切勿在空调器附近使用加热器具，过度的热辐射可导致塑胶部件融化。

四、电熨斗的使用与维护

电熨斗是家庭中常用的工具，在使用前应详细阅读说明书，尤其要注意使用安全。如操作不当则易损坏衣物，使用不慎，极易引发火灾。

①电熨斗功率较大，应设专用电源线。

②使用电熨斗时，首先要了解衣服的质地及所需温度，以免损坏衣物，必要时在衣物上放干净湿布再熨烫。

③在熨烫操作间隙，应将电熨斗竖立放置或平放在专用镀铬铁架上，必要时调到低温或关闭电源，切忌放在烫衣板或其他物品上，为保证安全，在操作过程中，千万不要中途离开。

④电熨斗温度过高时，拔掉电源插头，自然降温，切忌浸水降温，这样不但易损坏也容易造成触电事故。

⑤电熨斗使用后，千万不要忘记拔掉插头，自然降温后再放好。

五、吸尘器的使用与维护

吸尘器有立式、卧式和手提式三种，在使用前仔细阅读使用说明书，按要求安装使用。

①每次使用前检查集尘袋（箱）是否干净。

②每次使用时间不宜过长，最好不超过 1 小时，以免电机过热而烧毁。

③有集尘批示器的，不能在满点上工作，若发现接近满点应立即停机进行清灰。

④在使用过程中，不允许吸入潮湿的泥土、泥浆、燃着的烟灰和金属碎屑。

⑤吸尘器工作时应有人看管，以防损坏吸尘器电机和出现其他危险。

为确保吸尘器的性能和延长其使用寿命，每次使用完后应按以下的方法进行维护和保养：

（1）将吸尘器及附件用抹布擦拭干净，晾干。

（2）将清灰后的集尘袋（箱）用水洗涤干净，干燥后以备后用。

（3）使用后将刷上的毛发杂物清除干净，检查刷子磨损情况，如发现磨损、掉毛严重，则应更换新刷子。

（4）使用过程如发现声音异常，应立即关机，检查各坚固部件，如有松动应立即坚固之（检查时切断电源）。

（5）电机产生过热现象时，应立即关机，并检查集尘袋（箱）灰尘是否已满。满时将影响吸力，妨碍电机散热，只需将集尘袋（箱）中的灰尘清理干净，即可解决。

（6）在使用过程中若吸力下降，应查清原因，采取相应措施。

①吸尘器的吸入口被堵塞，将堵塞物清除即能恢复吸力。

②集尘袋（箱）中灰尘已满，应停机清灰。

③集尘袋（箱）潮湿，应将它干燥并清理干净。

④如发现电刷磨损，应送维修点更换新电刷。

⑤电机本身故障，应送维修点检查、修理。

第二节　厨房电器使用

一、电冰箱的使用与维护

正确使用电冰箱，有利于食物的冷藏保鲜，合理地保养维护电冰箱，可以延长其使用寿命，减少耗电量。现在的电冰箱有各种不同型号、规格，结构也有所不同，各项功能和使用方法也有所区别，因此在使用前应先熟读说明书。

1. 电冰箱的安放

（1）电冰箱应放置在室内通风良好的地方。通风不良，冰箱制冷效果会降低，耗电量增加。冰箱四周还必须留有一定的空间，距墙壁10厘米以上，以便及时散热。

（2）电冰箱周围忌热源。切勿把冰箱放在发热物体旁边（如炉灶）或阳光直接照射的地方。

（3）电冰箱放置要平稳。避免震动、碰撞。如地面不平，可调整前脚螺钉使箱体平稳，当冰箱放在地毯上时，应在冰箱下加垫木板。

（4）远离室内潮湿点。环境潮湿易引起箱体生锈和影响电气绝缘，造成电路断路，甚至会烧坏电机。

（5）电源应用三芯安全插头和插座，并安装安全保护接地线以确保安全。

2. 电冰箱的使用

电冰箱分冷藏室和冷冻室。冷藏室供不需要冷冻的食品和饮料的冷藏，冷藏室下部的果菜盒供冷藏水果蔬菜使用。冷冻室供冻结食品，制作食用冰块及冷冻食品的储藏。

（1）初次使用时

①参考电冰箱各部分名称图，把附件安装好。

②把温控器旋钮旋到“3”挡或“4”挡，温控器一般是装在冷藏室的右壁上或右上角，温控器旋钮上的数字不代表具体的温度值。数字越大，箱内温度越低，“0”位表示待机，“7”位表示不停机挡，将插头插入插座。

③要使压缩机连续运转数小时，待箱内温度降到稳定温度后，压缩机才能自动开停。

（2）制冰

将冷开水注入干净的制冰盒3/4高度位置，然后放入冷冻室内。想要迅速制冰，可将温度调至不停机挡。冰制成后，要及时将温控器调回原位，以免冷藏的食品冻结，取冰块时，只需将冰盒稍加扭转，冰决便会自行脱落。

（3）冰冻食品的储藏

①存放生肉，首先要把肉洗净，然后将整块肉分切成小块，用保鲜膜或塑料袋包好放入冷冻室内。根据每次食用量拿取，避免反复冷冻。鱼禽类应开膛洗净后用保鲜袋装好存放。

②冰激凌、雪糕等冷食要用保鲜袋包好，放入冷冻室，要注意和生肉、生鱼分开，以免受到污染。

③速冻食品（如水饺、馄饨等）一时不食用，要及时放入冷冻室。

（4）食品的冷藏

①熟肉类食品不宜放在冷冻室而应放在冷藏室，存放期一般不宜超过3天，食用前必须加热。糕点类加封塑料袋可冷藏一周左右。

②热食品应待其完全冷却后再放入冰箱。

③放置在冷藏室内的食品应装在保鲜袋内或有盖容器内，既可防止食品内水分蒸发，又可避免不同食品相互串味。

④水果蔬菜上附着的细菌较多，应洗擦干净再储藏，瓶装的或已包好的食品应擦净外表后再放入冰箱。

⑤啤酒、汽水等饮料不要放入冷冻室，以免冻裂，若想让其快速冷却，可在外面浇上水，放入冰箱40分钟左右便可冰好。

⑥搁放食品要留有适当间隙，不要放置与搁架大小相等的容器或将纸板、塑

料袋铺在搁架上，以免影响冷气流通。

3. 电冰箱的清洁与保养

为保障食品的卫生，电冰箱在使用过程要注意保持箱内的清洁卫生，及时清除残物，每隔一定时间应清理冰箱内部（最好趁冰箱霜融化时），可先用清洁的软布沾上温水加中性洗涤剂擦一遍，然后用干布擦净，切勿用热水和粗糙有腐蚀性的清洁剂。如果由于存放物品不当或食物腐败变质，箱内出现异味或臭味，可用下列方法消除：

（1）用浸有发酵粉或清洁剂温水的软布擦洗箱内 1 ~2 遍。然后再用干布擦净，发酵粉的用量是每公斤温水中放入 2 汤匙。清洁剂应按说明书适当降低浓度。

（2）如有鱼腥臭味，可用浸有食醋或白酒的软布擦拭箱内，既可除味又可消毒杀菌。

（3）冰箱内沾有油迹或污垢而产生异味，可用中性洗涤剂擦洗，然后用干布擦净。切忌使用强碱性洗衣粉、去污粉、汽油等，以免损坏箱体。

（4）可将去臭剂（活性炭等）放入平盘内置于冰箱内上层搁架上，活性炭对许多有毒及有刺激性的气体有很强的吸附能力。

（5）还可放入香味较强的食物（柠檬片等）有利于消除异味。定期适当保养可以延长冰箱寿命，保养冰箱前务必要拔下电源插头。注意以下方法：

①经常清理冰箱背面或底部冷凝器和压缩机上的灰尘。可使用吸尘器或毛刷。

②冰箱长期停用时，应先切断电源，取出箱内一切食品，将箱内外清理干净，敞开箱门数日，使箱内充分干燥并散掉异味。

③检查排水管，如果排水管堵塞，水就会漏到冰箱内。要用铁丝等通一通排水管，除去积在排水管里的东西。

④不要忽略门封胶条的清洗，将漂白剂用 10 倍的水稀释后用牙刷蘸湿清洗，最后，用水将漂白剂冲去。胶条脏污易老化，会影响冰箱的密封性，增加耗电量。

⑤检查振动、噪声以及压缩机的温度，运行中手摸压缩机外壳不应有明显的振动感，白天不应明显听到压缩机启动的声音。

⑥注意检查电源线上是否有裂缝或划伤，防止漏电。

⑦用温水或中性洗涤剂将冰箱内外清洗并擦干，开门干燥一天。

4. 电冰箱故障的排除

若电冰箱出现问题，不要着急，先检查下列事项：

（1）完全不制冷

①检查电源插头是否接触良好；

②是否停电；

③查看屋内保险丝或电流断路器是否断开；

④温控器旋钮是否位于“0”位。

（2）制冷温度不够

①检查冰箱门能不能关严；

②温控器旋钮是否在适当位置；

③冰箱是否受阳光直射或距离发热物体太近；

④食品是否装得太多；

⑤结霜是否过厚。

（3）冷藏室食品冻结

①温控器旋钮是否在合适的刻度上；

②电冰箱的安放处温度是否低于5摄氏度；

③是否把水分过多易冻结的食品放在靠近蒸发器处。

（4）噪声大

①地面是否平坦坚固，冰箱是否安放平稳；

②蒸发盘是否脱离了应有的位置；

③冰箱背面是否与墙壁等相碰触。

（5）冰箱内电灯不亮

检查是否停电，如非停电，应先切断电源，除去灯罩，检查灯泡是否安装好，若要更换灯泡，换一个同样大小而功率不超过15瓦的即可。

如果以上情况仍不能解决故障时，要及时通知专业维修人员进行检修。

二、微波炉的使用与维护

1. 微波炉放置

微波炉必须放置在高于地面85厘米的地方，使用时炉周围必须保持空气流通，炉顶端须留15厘米的空隙，左右两壁须留5厘米，后壁须留10厘米的空隙。不可将微波炉放置于高温潮湿的地方，室内温度过高则不宜使用微波炉。微波炉放置不要接近电视、收音机。否则会干扰图像，产生噪声。微波炉电源插座应专用，并接好地线。

2. 微波炉使用

使用前应详细阅读说明书，微波炉具有高效、便捷、无污染、应用广泛等优点。在使用时应注意：

（1）切勿损坏炉门安全锁，当微波炉运转时，切勿放入任何物品特别是金属物品，否则会引起微波外泄。

（2）生鸡蛋及密封盒之类的东西（如密封玻璃瓶）容易引起爆裂，故不能放入微波炉内加热。

（3）当微波炉操作不正常或受损及碰撞时应停止使用。

（4）不可用于室外。

（5）不可将电线插头浸入水中，不可将电线接近高温处。

（6）老人或小孩使用微波炉时必须注意看管。

（7）为避免微波炉起火不可过分烹煮食物，注意切勿放入炉内的材料，如纸、塑料、铁、铝、搪瓷或其他易燃物品等。将食物放入微波炉时要撤去金属包装袋，万一炉内物品着火，要保持关紧炉门，按下停止键，然后拔出电源插头或关掉屋内电源总开关，切勿拆开炉身。

3. 微波炉保养

微波炉要经常清洗。清洗微波炉时，需关闭微波炉，并拔出插头。清洗炉内要用柔软的湿布，炉内相当脏时，可用软性洗涤剂。不可用粗糙、磨损性的洗涤剂。洗涤微波炉表面时，为防止损伤炉内操作部分，注意不要让水分渗入通风口。

三、电饭锅的使用与维护

在使用电饭锅前要详细阅读说明书，煮饭时将米在其他盆中洗净后放入锅内，不宜直接在锅内洗米，以避免碰撞变形，影响使用性能。在接通电源后，将饭锅放入里层，左右旋转几次，使其与电热板紧密接触，电饭锅使用寿命长短其关键在于此。电源按下后，指示灯亮表示正常工作。饭熟时，电源自动跳上，指示灯也同时熄灭，表示饭已熟，但仍要把饭在锅内焖几分钟才能熟透。

在使用电饭锅时应注意以下事项：

（1）内煲和外煲边缘应避免碰撞变形，内煲底及电热板表面要保持干净，不能沾有水点、尘埃、饭粒等杂物。

（2）在使用过程中切忌内煲和电热板接触不完全吻合，否则会导致电热板和温控器烧毁。

（3）使用时，锅内的米分布要均匀，不可一边高一边低。

（4）电饭锅外壳切忌浸水，沾污时，可用柔软湿布抹净，内煲可用水洗涤。

（5）饭煲不宜煮酸、碱等食物，不要放在易腐蚀或潮湿的地方。

（6）放入内煲后，才能接通电源，取出内煲时，先将电源插头拔出，以保证安全。

四、燃气、热水器的使用与维护

1. 燃气热水器的使用

使用热水器之前应仔细阅读使用说明书。具体操作如下：

首先关闭水截门，将煤气阀旋钮扭转到“关”位置，打开煤气截门。然后将煤气阀旋钮向里推，逆时针方向旋至“点火”位置，当听到“咔嗒”声后，点火燃烧器被点燃。

当确认点火燃烧器被点燃（可通过观察孔确认），持续20秒钟后再放开煤气阀旋钮，并继续逆时针方向旋至“开”位置。打开水阀，主燃烧器自动点燃，出水口即流出热水。转动水温调节旋钮，将水温调到你所需要的温度，当你不需要高温热水时，可将煤气阀旋钮旋到“半开”位置，这样可以经济地得到适量、适温的用水。当你间歇使用热水时，你可用冷水进口截门或热水出口截门的开关来控制热水器的运行和暂停（这时主燃烧器随之点燃、熄灭，而点火燃烧器不会熄灭）。

夜间或长时间不使用热水器时，要将煤气阀旋钮先旋至“关”位置，再关断煤气阀门和水阀门，对于第一次使用或长时间不使用的热水器因为在管道中积存有空气，点火燃烧器不易点燃或火焰较小，点燃主燃烧器困难，所以初次点火时要重复几次点火操作，将空气排出后才可点着火。

热水器应安放在具有良好通风的场所，绝对不能安装在浴室内，更不能把热水器安装在尘土多的地方、风口处、灶具上方、周边半米内有可燃物的地方、空调器附近、配电装置附近，以及存放或使用易挥发、强腐蚀性物品的场所，以防意外。如果安装热水器的场所温度较低，有结冰的可能，要注意防冻（详细阅读相关说明）。热水器上部烟道口处切忌放任何物品。在间歇使用时，最初水流的温度较高，要注意防烫伤。当使用热水器时不要在几处同时使用热水，以免造成水温、水量的相互影响。若水质较硬，为了避免结垢现象，最好在热水器使用完毕后，先将煤气阀旋钮旋到“关”位置，待热水出口流出冷水时，再关闭进水截门，以免内部结垢和长期积压。当你外出或就寝前，一定要关闭煤气阀门和燃气阀门。如发现有煤气泄漏，应立即关闭煤气阀门和燃气阀门，打开门窗换气，严禁在现场点火，并报有关单位检修。

2. 燃气热水器的日常保养

要经常检查供气管道（橡胶软管）是否完好，有无老化、裂纹、渗漏等现象，发现有不良现象时要及时处理。经常注意有无漏水、漏气现象，以便及时处理。经常留意火种口的火焰是否变小，并及时处理；使用中应留意火焰是否属正常燃烧。经常用湿布把外壳表面的脏物、污垢等擦净，然后用干布抹干，不易清除的污物要用中性洗涤剂擦除。对于塑料制品、印刷面、喷涂面等不宜用强力洗涤剂、汽油等来清洗。点火电极部位有脏物时应用干布擦拭干净，以保证点火质量。

五、高压锅的使用与维护

高压锅的使用说明及注意事项：

①要仔细阅读高压锅的使用说明书，切实按照说明书的要求、程序等操作使用。

②在使用前要仔细查看阀座中心和安全塞是否畅通，若发现堵塞，应及时疏通或更换。

③掌握好压阀时间，应等蒸汽从排气孔稳定排出时才可压阀。当蒸汽冲出限压阀时，可以改小火降温。

④掌握好取阀时间，应等锅内气压消失方可取下压力阀和打开锅盖（应注意脸不要对着排气孔），以免汤汁喷出伤人。若要急用，可将高压锅放入自来水龙头下，用凉水冲，待温度降下时，方可取下压阀，打开锅盖。

⑤在煮大块排骨或整鸡、整鸭时，应在上面压放一个干净的铁网，以免食物漂起堵住排气孔。

⑥要掌握好食物煮熟时间，及时关火。

⑦高压锅每次用完后要将排气孔降压阀橡皮圈及安全阀座下的小孔清洗干净，防止堵塞。

六、煤气灶具的使用与维护

煤气有毒，又易爆炸，使用不当可能发生人身伤亡事故和火灾，要十分注意安全。

①要经常检查灶具气的管路（气罐）连接处有无漏气的地方，可用肥皂水涂抹重要部位，若有气泡，说明漏气，应及时修理。

②要先点火后放气，然后再坐锅；室内要通风，不要长时间关闭厨房门窗。

③如用气罐要直立放在易于搬动的地方，严禁平放或倒放，放罐处应阴凉、干燥、通风，离明火、暖气片要有一定距离。

④使用煤气时，人不可长时间离开，以免风吹灭火苗或汤汁溢出浇灭火苗，发生事故。如出现漏气，切不可点火，以免爆炸，只能长时间通风并修理好后方可使用。

第八章

家庭膳食

民以食为天。合理膳食关系到人们的身体健康，家庭服务员必须努力学习掌握家庭膳食方面的基本知识，刻苦钻研，练就一套制作家庭膳食的基本技能，为雇主提供满意的服务。

第一节　科学的膳食结构

一、坚持科学合理的膳食结构

现代家庭服务员要树立合理膳食保健康的新观念，实践证明，吃得“好”不一定身体健康，只有吃得科学，吃得合理，才能真正“吃出”健康。

什么样的膳食结构比较科学合理呢？营养专家们认为，应以植物性食物为主，动物性食物占一定比例的结构更趋于合理。因此粮谷类食物一定不可缺少；豆类及豆制品是健康的保证；畜肉是蛋白质的主要来源；水产品具有优质蛋白；奶及奶制品天天吃终身受益；蔬菜、水果是不可缺少的重要食品；菌藻类（蘑菇、木耳、海带等）是天然的保健食品；硬果类（花生、芝麻、核桃等）健脑益智。

二、基础营养知识

（一）蛋白质

1. 蛋白质的功能

蛋白质的功能概括起来主要有三个方面，即是人体组织的构成成分，构成体内各种重要物质和提供能量。

2. 蛋白质的消化、吸收和代谢

蛋白质消化的主要场所在小肠。由胰腺分泌的胰蛋白酶和糜蛋白酶使蛋白质在小肠中被分解为氨基酸和部分 2 肽和 3 肽，再被小肠黏膜细胞吸收、代谢。肌体每天由于皮肤、毛发和黏膜的脱落，妇女月经期的失血等，以及肠道菌体死亡排出，损失约20克蛋白质。蛋白质平均含氮量约16%，这种蛋白质的损失是机体不可避免的氮消耗，称为必要的氮损失。理论上只要从膳食中获得相当于必要的氮损失的量，即可满足人体对蛋白质的需要，维持机体的氮平衡。当摄入氮和排出氮相等时，为零氮平衡。如摄入氮多于排出氮，则为正氮平衡。而摄入氮少于排出氮时，为负氮平衡。

3. 蛋白质参考摄入量及食物来源

蛋白质广泛存在于动植物性食物中。动物性蛋白质质量好，植物性蛋白质利用率较低。因此，注意蛋白质互补，适当进行搭配是非常重要的。我国由于以植物性食物为主，所以我们推荐的RNI值在1.0～1.2克/千克体重，按热能计算，蛋白质摄入占膳食总热能的10%～14%。

（注释：RNI的主要用途是作为个体每日摄入该营养素的目标值。）

（二）脂类

1. 脂类的分类及功能

（1）甘油三酯

①甘油三酯：甘油三酯也称脂肪或中性脂肪。每个脂肪分子由一个甘油分子和三个脂肪酸化合而成。人体内的甘油三酯不仅是肌体重要的构成成分、体内的能量储存形式，也具有保护体温、保护内脏器官免受外力伤害等作用。食物中的甘油三酯除了给人体提供热能和脂肪酸以外，还有增加饱腹感、改善食物的感官性状、提供脂溶性维生素等作用。

②脂肪酸：脂肪酸因其所含的脂肪酸的碳链的长短、饱和程度和空间结构不同，而呈现不同的特性和功能。按其碳链长短可分为长链脂肪酸（14碳以上），中链脂肪酸（6～12碳）和短链脂肪酸（5碳以下）。按其饱和度可分为饱和脂肪酸，单不饱和脂肪酸，多不饱和脂肪酸。按其空间结构不同，可分为顺式脂肪酸和反式脂肪酸。各种脂肪酸的结构不同，功能也不一样。目前认为，营养学上最具有价值的脂肪酸有两类，即n－3系列和n－6系列不饱和脂肪酸。

③必需脂肪酸：亚油酸和α－亚麻酸是人体必需的两种脂肪酸。事实上，n－3和n－6系列中许多脂肪酸如花生四烯酸、二十碳五烯酸、二十二碳六烯酸等都是人体不可缺少的脂肪酸，但人体可以利用亚油酸和α－亚麻酸来合成这些脂肪酸。必需脂肪酸之所以是人体不可缺少的营养素，主要有以下功能：

●是磷脂的重要组成成分：磷脂是细胞膜的主要构成成分，所以必需脂肪酸与细胞膜的结构和功能直接相关。

●亚油酸是合成前列腺素的前体：后者具有多种生理功能，如使血管扩张和收缩、神经刺激的传导等等。

●与胆固醇的代谢有关：体内约70%的胆固醇与必需脂肪酸酯化成酯，被转运和代谢。

必需脂肪酸缺乏，可引起生长迟缓，生殖障碍，皮肤损伤以及肾脏、肝脏、神经和视觉方面的多种疾病。而过多的多不饱和脂肪酸的摄入，可使体内有害的氧化物、过氧化物等增加，同样可对身体产生多种慢性危害。

（2）磷脂

磷脂，是指甘油三酯中一个或两个脂肪酸被含磷的其他基团所取代的一类脂类物质。其中最重要的磷脂是卵磷脂。磷脂的主要功能是细胞膜的构成成分。

（3）固醇类

最重要的固醇是胆固醇，它是细胞膜和许多活性物质的重要成分及材料。

2. 脂类的消化、吸收及转运

脂类消化的主要场所是小肠。吸收后的脂类由脂蛋白参与转运代谢。

3. 脂类的食物来源及参考摄入量

人类膳食脂肪主要来源于动物的脂肪组织和肉类以及植物的种子。动物脂肪相对含饱和脂肪酸和单不饱和脂肪酸多。植物油主要含不饱和脂肪酸。亚油酸普遍存在于植物油中，亚麻酸在豆油和紫苏油中较多，鱼贝类食物含二十碳五烯酸、二十二碳六烯酸较多。含磷脂较多的食物为蛋黄、肝脏、大豆、麦胚和花生等。脂肪的摄入量应占总热能的30%以下。

（三）碳水化合物

1. 碳水化合物的功能

体内碳水化合物有葡萄糖、糖原和含糖复合物三种存在形式，其功能与其存在形式有关。碳水化合物的主要功能有以下几点：

①提供肌体热能。碳水化合物是人类从膳食中取得热能的最经济最主要的来源。碳水化合物在体内氧化的最终产物为二氧化碳和水。当碳水化合物提供的能量充足时，可发挥对蛋白质的节约作用和对脂肪的抗生酮作用。中枢神经、红细胞只能靠葡萄糖提供能量，故碳水化合物对维持神经组织和红细胞功能有重要意义。糖原是肌肉和肝脏中碳水化合物的储存形式。肝脏中的糖原在肌体需要时，分解为葡萄糖进入血循环，为肌体提供能量，肌肉中的糖原只供自身的能量需要。

②肌体的重要组成成分。碳水化合物以含糖复合物的形式参与肌体成分的构成。如结缔组织中黏蛋白、神经组织中的糖脂等都是一些寡糖复合物；DNA 和 RNA 中含大量核糖，在遗传物质中起着重要的作用。

③提供膳食纤维发挥以下生理功能：

●增强肠蠕动，利于粪便排出。具有吸水膨胀功能，增加粪便体积，从而稀释肠道内有害物质的浓度。

●维持肠道正常菌群，有利于益生菌的生长，不利于厌氧菌的生长。具有：控制体重及降低血糖、血胆固醇等保健功能；预防结肠癌的发生。

2. 碳水化合物的消化吸收

碳水化合物的消化吸收主要在小肠进行。在肠道中，一些膳食纤维可与肠道细菌发生作用，产生水分、气体和短链脂肪酸，可被吸收产生热能；有一部分人为乳糖不耐受症：他们不能或少量地分解吸收乳糖，大量乳糖因未被吸收而进入大肠，在肠道细菌作用下产酸、产气，引起胃肠不适、胀气、痉挛和腹泻等。

3. 碳水化合物的供给

膳食蛋白质、脂肪、碳水化合物均能提供热能，但膳食碳水化合物供热比例最高，以占总热能的60% ~70%为宜。

碳水化合物的主要食物来源有：谷类、薯类、根茎类、蔬菜、豆类，含淀粉多的坚果提供淀粉类碳水化合物，食糖等提供单糖、双糖类碳水化合物；蔬菜、水果及粗糙的粮谷类是膳食纤维的主要来源。

（四）热能

1. 基本概念

（1）基础代谢：是指维持生命的最低热能消耗，即人体在安静和恒温条件下，禁食12小时后，静卧、放松而又清醒时的热能消耗。

（2）基础代谢率：是指人体处于基础代谢状态下，每小时每平方米体表面积（或每公斤体重）的热能消耗。

（3）食物热效应：人体在摄食过程中，由于要对食物中的营养素进行消化、吸收、代谢转化等，需要额外消耗能量，同时引起体温升高和散发热能。这种因摄食而引起的热能的额外消耗称为食物热效应。

2. 基本功能

（1）概述

热能包括热和能两种。在体内，热量维持体温的恒定并不断地向环境散发，能量可维持各种生理和体力活动的正常进行。

（2）人体的热能消耗

①基础代谢

基础代谢消耗的热能是维持生命的最低热能消耗。可利用身高、体重等指标计算出每天的基础代谢的热能消耗。人体的基础代谢不仅存在着个体之间的差异，自身的基础代谢也常有变化。影响人体基础代谢的因素主要有：

●体格的影响：体表面积大者，散发热能也多，所以同等体重者，瘦高者基础代谢高于矮胖者。

●不同生理、病理状况的影响：儿童和孕妇的基础代谢相对较高。成年后，随年龄增长，基础代谢水平不断下降。生病发热时，甲状腺等有关激素水平异常时，也能改变基础代谢的热能消耗。

●环境条件的影响：炎热或寒冷，过多摄食，精神紧张等都可使基础代谢水平升高。

●尼古丁和咖啡因可以刺激基础代谢水平升高。

②体力活动

体力活动所消耗的热能约占人体总热能消耗的15%～30%，是人体热能消耗变化最大，也是人体控制热能消耗、保持能量平衡、维持健康最重要的部分。体力活动消耗热能多少与肌肉发达程度、体重和活动时间、强度等因素有关。

③食物特殊动力作用

不同的成分其食物的热效应不等。含蛋白质多的食物热效应最大，含脂肪多的食物热效应最少。这与营养素消化吸收后转变成ATP的量，以及转变成组织成分时消耗的能量有关。

3. 热能供给

人体的能量来源于食物中蛋白质、脂肪和碳水化合物三大热能营养素。中国营养学会推荐，蛋白质、脂肪和碳水化合物占总热能的适宜比例分别为10%～14%、20%～25%和60%～70%。

（五）矿物质

1. 基本概念

（1）矿物质：除碳、氢、氧和氮主要以有机化合物形式存在外，其余存在人体内的元素统称为矿物质（或无机盐）。

（2）常量元素：体内的元素其含量大于体重0.01%者为常量元素。

（3）微量元素：体内的元素其含量小于体重0.01%者为微量元素。

2. 基本功能

已经发现有20种左右的元素是构成人体组织、维持生理功能、生化代谢所必需的。其中常量元素有7种，即钙、磷、钠、钾、氯、镁与硫。微量元素有10种，即铜、钴、铬、铁、氟、碘、锰、钼、硒和锌；硅、镍、硼、钒为可能必需元素。

矿物质与其他营养素不同，不能在体内生成，且除非被排出体外，不可能在体内消失。因此必须通过膳食补充。在体内，矿物质的特点是：

①分布极不均匀；

②其含量随年龄增加而增加，但元素间比例变动不大；

③元素之间尚存在拮抗与协同作用；

④元素特别是微量元素的摄入量具有明显的剂量反应关系。根据矿物质在食物中的分布及其吸收、人体需要特点，在我国人群中比较容易缺乏的有钙、铁、锌。在特殊地理环境或其他特殊条件下，也可能有碘、硒及其他元素缺乏问题。

（1）钙

成年时人体内钙含量达850～1200克，是人体内含量最高的一种无机元素。人体内的钙99%集中在骨骼和牙齿中，1%存在于软组织、细胞外液和血液中。

①生理功能

钙不仅是构成骨骼和牙齿的成分，还有维持神经与肌肉活动、促进体内某些酶的活性以及参与血凝过程、激素分泌、维持体液酸碱平衡等作用。

②吸收与代谢

钙在小肠通过主动转运与被动转运被吸收，吸收率一般为20%～60%不等。钙吸收受膳食中草酸盐、植酸盐、膳食纤维的影响。脂肪消化不良，可使未被吸收的脂酸与钙形成皂钙，而影响钙的吸收。膳食中如维生素D、乳糖、蛋白质有促进钙吸收的作用。此外，钙的吸收还与肌体状况有关。

钙在体内代谢后主要经肠道排出，钙从尿中的排出量约为摄入量的20%左右。钙在高温作业条件下或在哺乳期可通过汗和乳汁排出。

钙在体内的贮留受膳食供给水平及人体对钙需要程度等所左右。

③参考摄入量

中国营养学会推荐钙的AI值为0岁300毫克，0.5岁400毫克，4岁800毫克，11岁1000毫克，18岁800毫克，50岁1000毫克，孕妇1000毫克，乳母1200毫克。

（注释：AI值的主要用途是作为个体每日适宜摄入量。）

④食物来源

钙的食物来源应考虑钙含量及利用率。含钙较高的食物有奶与奶制品、小虾皮、海带、发菜和豆与豆制品等。

（2）磷

磷在成人体内含量为650克，85%～90%存在于骨骼和牙齿中。

①生理作用

磷是构成骨骼、牙齿及软组织的重要成分，也是许多维持生命物质如核酸、酶、磷蛋白等的重要成分。

②吸收、排泄

磷主要在小肠吸收，摄入混合膳食时，吸收率达60%～70%。磷主要从肾脏排出。

③参考摄入量

中国营养学会推荐磷 AI 值，成人 700 毫克。

（3）铁

铁是人体必需微量元素中含量最多的一种，总量为 4 ~ 5 克。人体内的铁 60% ~75% 存在于血红蛋白中，3% 在肌红蛋白中，1% 为含铁酶类。上述铁的存在形式又称为功能性铁；其余 25% 为储存铁。

①生理作用

铁为血红蛋白与肌红蛋白、细胞色素 A 以及某些呼吸酶的成分，参与体内氧与二氧化碳的转运、交换和组织呼吸过程。

②吸收与代谢

植物性食物中铁吸收率较动物性食物（除蛋类）为低。铁在食物中主要以三价铁（非血色素铁）形式存在，少数食物中为还原铁（血色素铁）形式。非血色素铁在体内的吸收过程受膳食因素的影响，如粮谷和蔬菜中的植酸盐、草酸盐以及存在于茶叶及咖啡中的多酚类物质等均可影响铁的吸收。此外，无机锌与无机铁之间有较强的竞争作用，互有干扰吸收作用。但维生素 C、某些单糖、有机酸以及动物肉类有促进非血色素铁吸收的作用。核黄素对铁的吸收、转运与储存均有良好影响。

③铁缺乏及缺铁性贫血

当体内缺铁时，铁损耗可分三个阶段，即铁减少期、红细胞生成缺铁期和缺铁性贫血期。铁缺乏对人体的影响：工作效率降低、学习能力下降、冷漠呆板；儿童表现为易烦躁，抗感染能力下降。

④参考摄入量与食物来源

婴幼儿由于生长较快，需要量相对较高，需从食物中获得铁的比例大于成人；妇女月经期铁损失较多；孕期铁需要量增加，为此摄入量应适当增加。中国营养学会推荐铁的 AI 值为成年男子 15 毫克，成年女子 20 毫克，孕妇、乳母 25 毫克。铁的良好来源为动物肝脏、动物全血、畜禽肉类、鱼类。

（4）碘

人体内含碘 20 ~ 50 克。甲状腺组织含碘最多，约占人体内碘总量的 20% 左右。

①生理作用

碘是合成甲状腺素的原料，故其生理作用也通过甲状腺素的作用表现出来。

②吸收与代谢

食物中碘离子极易被吸收，进入胃肠道后 1 小时内大部分被吸收，3 小时完全吸收。吸收后的碘，迅速转运至血液，与血液中蛋白质结合，并遍布各组织中。

③碘缺乏

碘缺乏可引起甲状腺肿大。碘缺乏多由于环境、食物缺碘造成，常为地区性，称为地方性甲状腺肿大。孕妇严重缺碘，可殃及胎儿发育，造成新生儿生长损伤，产生呆小病。采用碘化食盐（也有采用碘化油）方法，可以预防碘缺乏。

④碘过量

碘摄入过量可造成高碘甲状腺肿大，常见于摄入含碘高的饮水、食物，以及在治疗甲状腺肿大等疾病中使用过量的碘制剂等情况。对此，只要限制高碘食物，即可防治。

⑤参考摄入量与食物来源

中国营养学会推荐的RNI值为成人150微克，孕妇、乳母200微克。含碘较高的食物有海产品，如海带、紫菜、淡菜、海参等。

（5）锌

人体含锌2～2.5克，主要存在于肌肉、骨骼、皮肤。

①生理作用

锌的生理作用表现在多方面：

是酶的组成成分或酶的激活剂。人体中有80多种酶的活性与锌有关，如碳酸酐酶、碱性磷酸酶、乳酸脱氢酶、羧肽酶、RNA聚合酶、DNA聚合酶等。

促进生长发育与组织再生。锌与蛋白质和核酸的合成，细胞生长、分裂和分化等过程都有关。

促进食欲。锌参与构成唾液蛋白而对味觉与食欲发生作用。

促进维生素A代谢和生理作用。

参与免疫功能。

②吸收与代谢

锌在小肠吸收后，与血浆白蛋白或运铁蛋白结合，分布于各器官组织。

③缺乏与过量

锌缺乏表现为：生长迟缓、食欲不振、味觉迟钝甚至丧失、皮肤创伤不易愈合、易感染、性成熟延迟等。

锌过量常可引起铜的继发性缺乏，使肌体的免疫功能下降。

④参考摄入量与食物来源

中国营养学会推荐锌的RNI值为成年男子15毫克，成年女子11.5毫克，50岁11.5毫克，孕妇16.5毫克，乳母21.5毫克。

锌的食物来源广泛，但动植物性食物的锌含量与吸收率有很大差别。牡蛎含锌量最高，每100克含锌高达100毫克以上。

（6）硒

人体中含硒14~20毫克，广泛分布于组织和器官中。

①生理作用

硒是谷胱甘肽过氧化物酶的重要组成成分。硒在人体内能特异地催化还原型谷胱甘肽，与过氧化物发生氧化还原反应，从而保护生物膜免受损害，维持细胞正常功能。

硒与金属有很强的亲和力。在人体内硒与金属如汞、镉和铅等结合，形成金属硒蛋白复合物，使金属排出体外，进而起到解毒的作用。

硒可以保护心血管、维护心肌的健康。在我国以心肌损害为特征的克山病，缺硒是一个重要因素。

硒还有促进生长、保护视觉器官以及抗肿瘤的作用。

②吸收与代谢

硒在小肠吸收，无机硒与有机硒都易于被吸收，其吸收率大都在50%以上。

③硒缺乏与过量

硒缺乏已被证实是发生克山病的重要原因。临床主要症状为心脏扩大、心功能失代偿、心力衰竭或心源性休克、心率失常、心动过速或过缓等。生化检查可见血浆硒浓度下降，红细胞谷胱甘肽过氧化物酶活性下降。此外，缺硒与大骨节病也有关。

硒摄入过量可致中毒，主要表现为头发变干、变脆、易断裂及脱落。

④参考摄入量与食物来源

中国营养学会RNI值为成人50微克。动物性食品肝、肾、肉类及海产品是硒的良好来源。

（7）铜

人体内含铜50~120毫克，分布于体内各组织器官中，肝和脑中铜的浓度最高。

①生理作用

铜在体内与十余种氧化酶的活性有关，因此也以这些酶的形式参与许多作用。

铁代谢参与铜蓝蛋白催化二价铁氧化为三价铁，对于形成运铁蛋白促进铁的转运与储存有重要作用。

蛋白交联参与赖氨酰氧化酶的作用而形成醛赖氨酸，有利于胶原的合成。

超氧化物转化铜是超氧化物歧化酶的成分。它们催化超阳离子成为氧和过氧化氢，从而保护活细胞免受毒性很强的超氧离子的毒害。

与多巴胺－β羟化酶、酪氨酸酶等含铜酶与儿茶酚胺的生物合成、维持中枢神经系统正常功能、酪氨酸转化为多巴以及黑色素都有关。

②吸收与代谢

铜主要在胃和小肠上部吸收，吸收率约为40%。吸收后的铜，被运送至组织器官，用以合成铜蓝蛋白和含铜酶。

③缺乏与过量

在某些情况下如长期完全肠外营养、消化系统功能失调、早产儿可能发生铜缺乏，主要表现为皮肤、毛发脱色、精神性运动障碍、骨质疏松等。铜缺乏还会引起低色素性小红细胞性贫血。

过量的铜摄入可致急性中毒，引起恶心、呕吐、上腹疼痛、腹泻以及头痛、眩晕等。

④参考摄入量与食物来源

中国营养学会推荐铜的RNI值为成人2.0毫克。含铜丰富的食物有动物肝、肾，鱼，坚果与干豆类，牡蛎含量特别高。

（8）锰

人体内锰总量为200～400微摩尔。锰是精氨酸酶的组成成分，也是羧化酶的激活剂，参与体内脂类、碳水化合物的代谢。锰还是Mn－SOD的重要成分。

锰缺乏可致动物生长停滞、骨骼畸形、生殖功能紊乱，抽搐和运动失调等。含锰较多的食物为坚果、原粮。

（注释：Mn【化】元素锰的符号；SOD超氧化歧解铸，有抗衰老作用。）

（9）钴

人体内钴含量在1.0毫克左右。钴在体内主要以维生素B_{12}的成分存在，表现为维生素B_{12}的作用，即与红细胞的正常成熟有关。人类需要的是活性型的钴，即维生素B_{12}，主要存在动物性食品中。

（10）钼

人体内钼含量约为9毫克。钼作为黄素依赖酶的辅助因子，在嘌呤代谢和铁的转运过程中发挥其作用。

（11）铬

人体内铬含量为5～10毫克。铬在体内主要起潜在性胰岛素作用。现在已知的铬是葡萄糖耐量因子的重要组成成分。葡萄糖耐量因子可能是胰岛素的辅助因素，有增强葡萄糖的利用以及使葡萄糖转变成脂肪的作用。当铬摄入不足时，会导致生长迟缓、葡萄糖耐量损害、高葡萄糖血症。

铬的良好来源为肉类及整粒粮食、豆类。啤酒酵母、畜肝含铬量高，且铬活性也大。

（12）镍

人体内镍含量为6～10毫克。镍在人体内，可构成某些金属酶的辅基，增强胰岛素的作用，刺激造血功能和维持膜结构。

（六）维生素

1. 基本概念

（1）维生素

维生素是维持肌体正常生理功能所必需的一类微量低分子有机化合物。它在人体内不能合成或合成量不足，每天必须从食物中摄取，不参与肌体构成也不提供能量。肌体长期缺乏某种维生素时会出现相应的缺乏症。

（2）维生素A原与暗适应

维生素A原：凡在体内能形成维生素A的类胡萝卜素统称为维生素A原。

暗适应：人若进入暗处，因视紫红质消失，故不能见物，当足够的视紫红质再生后才能在一定照度下见物，这一过程称为暗适应。

2. 维生素的共同特点

以本体或前体形式存在于天然食物中。

不能在体内合成，也不能大量储存，必须由食物提供。

肌体需要量甚微，但在调节肌体代谢方面起重要作用。

不构成组织，也不提供能量。

多以辅酶或辅基的形式发挥功能。

有的具有几种结构相近、活性相同的化合物。

3. 维生素的分类

根据溶解性维生素可分为两大类。

脂溶性维生素：包括维生素A、D、E、K，溶于脂肪及有机溶剂；在食物中常与脂类共存；摄取多时可在肝脏储存，如摄取过多可引起中毒。

水溶性维生素：包括B族维生素（B_1、B_2、B_6、PP、B_{12}、叶酸、泛酸、生物素等）和维生素C；溶于水，体内不能储存；水溶性维生素及其代谢产物较易从尿中排出，因此可通过尿中维生素的检测而了解肌体代谢情况。

另外，有些化合物具有生物活性，有人称之为“类维生素”，如类黄酮、肉碱、牛磺酸等。

4. 维生素缺乏

当某种维生素长期摄入过低时会发生维生素缺乏症。在营养素缺乏中以维生素缺乏最为多见，维生素缺乏是一个渐进的过程。

维生素缺乏的原因：维生素摄入不足，吸收利用障碍，需要量相对增加。

维生素缺乏的分类：原发性维生素缺乏、继发性维生素缺乏；临床缺乏、亚临床缺乏。

三、各类食品的营养价值

（一）谷类的营养价值

1. 谷类结构和营养素分布

谷类有相似的结构，最外层是谷皮，谷皮内是糊粉层，再内为占谷粒绝大部分的胚乳和一端的胚芽。

谷皮主要由纤维素、半纤维素等组成，含较高的矿物质和脂肪。

糊粉层含较多的磷和丰富的B族维生素及无机盐。

胚乳含大量淀粉和一定量蛋白质。

胚芽中富含脂肪、蛋白质、无机盐、B族维生素和维生素E。

2. 谷类的营养成分

（1）蛋白质

含量一般在7.5%～15%，主要由谷蛋白、白蛋白、醇溶蛋白和球蛋白组成。

一般谷类蛋白质必需氨基酸组成不平衡，普遍的赖氨酸含量少，苏氨酸、色氨酸也不高。

为提高谷类蛋白质的营养价值，常采用赖氨酸强化和蛋白质互补的方法。此外，种植高赖氨酸玉米等高科技品种也是一好方法。

（2）碳水化合物

主要为淀粉，含量在70%以上，此外为糊精、果糖和葡萄糖等。淀粉分为直链淀粉和支链淀粉。一般直链淀粉为20%～25%，糯米几乎全为支链淀粉。研究认为，直链淀粉使血糖升高的幅度较小。目前高科技农业已培育出直链淀粉达70%的玉米品种。

（3）脂肪

含量为1%～4%。从米糠中可提取米糠油、谷维素和谷固醇。从玉米和小麦胚芽中可提取玉米和麦胚油，80%为不饱和脂肪酸，其中亚油酸占60%，有良好的保健功能。

（4）矿物质

含量为1.5%～3%。主要是磷、钙，多以植酸盐形式存在，消化吸收差。

（5）维生素

是B族维生素重要来源，如硫胺素、核黄素、烟酸、泛酸和吡哆醇等。玉米和小米含少量胡萝卜素。过度加工的谷物其维生素大量损失。

我国20世纪50年代初的标准米（95米）和标准粉（85面）比精白米、面保留了较多的B族维生素、维生素和无机盐，在节约粮食和预防某些营养缺乏病方面收到了良好的效果。目前应对居民普遍食用的精白米、面进行营养强化，克服其缺陷。

（二）豆类及其制品的营养价值

1. 豆的营养价值

（1）大豆的营养成分

大豆含有35%～40%的蛋白质，是天然食物中含蛋白质最高的食品。其氨基酸组成接近人体需要，且富含谷类蛋白较为缺乏的赖氨酸，是谷类蛋白互补的天然理想食品。大豆蛋白是优质蛋白。

大豆含脂肪15%～20%，其中不饱和脂肪酸占85%，以亚油酸为最多，达50%以上。大豆油含1.6%的磷脂，并含有维生素E。

大豆含碳水化合物25%～30%，其中一半为可供利用的淀粉、阿拉伯糖、半乳聚糖和蔗糖，另一半为人体不能消化吸收的棉子糖和水苏糖，可引起腹胀，但有保健作用。

大豆含有丰富的钙、硫胺素和核黄素。

（2）大豆中的抗营养因子

①生豆粉中含有蛋白酶抑制剂（PI）因子。此种因子对人体胰蛋白酶活性有部分抑制作用，对动物生长可产生一定影响。我国食品卫生标准中明确规定，含有豆粉的婴幼儿代乳品，尿酶实验必须是阴性。

②豆腥味主要是脂肪酶的作用。95摄氏度以上加热10～15分钟等方法可脱去部分豆腥味。

③胀气因子主要是大豆低聚糖的作用，是生产浓缩和分离大豆蛋白时的副产品。大豆低聚糖可不经消化直接进入大肠，可为双歧杆菌所利用并有促进双歧杆菌繁殖的作用，可对人体产生有利影响。

④植酸影响矿物质吸收。

⑤皂甙和异黄酮有抗氧化、降低血脂和血胆固醇的作用。近年来的研究发现了其更多的保健功能。

⑥植物红细胞凝集素为一种蛋白质，可影响动物生长，加热即被破坏。

综上所述，大豆的营养价值很高，但也存在诸多抗营养因子。大豆蛋白的消化率为65%，但经加工制成豆制品后，其消化率明显提高。近年来的多项研究表明，大豆中的多种抗营养因子有良好的保健功能，这使得大豆研究成为营养领域的研究热点之一。

2. 豆制品的营养价值

豆制品除去了大豆内的有害成分，使大豆蛋白质消化率增加，从而提高了大豆的营养价值。如大豆制成豆芽后，可产生一定量抗坏血酸。

目前的大豆蛋白制品主要有4种：（1）分离蛋白质；（2）浓缩蛋白质；（3）组织化蛋白质；（4）油料粕粉。如豆腐、豆皮、腐竹等。

（三）蔬菜、水果的营养价值

蔬菜水果的营养成分主要有：

（1）碳水化合物

包括糖、淀粉、纤维素和果胶物质。其所含种类及数量，因食物的种类和品种有很大差别。

（2）维生素

新鲜蔬菜水果是提供抗坏血酸、胡萝卜素、核黄素和叶酸的重要来源。

（3）无机盐

其含量丰富，如钙、磷、铁、钾、钠、镁、铜等，是无机盐的重要来源，对维持肌体酸碱平衡起重要作用。绿叶蔬菜一般含钙在100 毫克/100 克以上，含铁1 ~2毫克/100 克。但要注意在烹调时去除部分草酸，可有利于无机盐的吸收。

（4）芳香物质、有机酸和色素

蔬菜、水果中常含有各种芳香物质和色素，使食品具有特殊的香味和颜色，可赋予蔬菜水果良好的感官性状。

芳香物质为油状挥发性物质，称油精。

水果中的有机酸以苹果酸、柠檬酸和酒石酸为主，此外还有乳酸、琥珀酸等。有机酸因水果种类、品种和成熟度不同而异。有机酸可以促进食欲，有利于食物的消化。同时有机酸可使食物保持一定酸度，对维生素C的稳定性具有保护作用。

此外，蔬菜水果中还含有一些酶类、杀菌物质和具有特殊功能的生理活性成分。

（四）畜、禽肉及鱼类的营养价值

1. 肉类的营养价值

（1）蛋白质

畜肉类蛋白质含量为10% ~20%，其中肌浆中蛋白质占20% ~30%，肌原纤维中蛋白质占40% ~60%，间质蛋白占10% ~20%。

畜肉蛋白必需氨基酸充足，在种类和比例上接近人体需要，利于消化吸收，是优质蛋白质。但间质蛋白必需氨基酸构成不平衡，主要是胶原蛋白和弹性蛋白，其中色氨酸、酪氨酸、蛋氨酸含量少，蛋白质利用率低。

畜肉中含有能溶于水的含氮浸出物，使肉汤具有鲜味。

（2）脂肪

一般畜肉的脂肪含量为10% ~36%，肥肉的脂肪含量高达90%，其在动物体内的分布，随肥瘦程度、部位有很大差异。

畜肉类脂肪以饱和脂肪为主，熔点较高，主要成分为甘油三酯，含少量卵磷脂、胆固醇和游离脂肪酸。胆固醇在肥肉中为109毫克/100克，在瘦肉中为81毫克/100克，内脏约为200毫克/100克，脑中最高，约为2571毫克/100克。

(3) 碳水化合物

主要以糖原形式存在于肝脏和肌肉中。

(4) 矿物质

含量为0.8%~1.2%，其中钙含量7.9毫克/克，含铁、磷较高，铁以血红素形式存在，不受食物其他因素影响，利用率高，是膳食铁的良好来源。

(5) 维生素

畜肉中B族维生素含量丰富，内脏如肝脏中富含维生素A、核黄素。

2. 禽肉的营养价值

禽肉的营养价值与畜肉相似，不同之处在于脂肪含量少，熔点低（20~40摄氏度），含有20%的亚油酸，易于消化吸收。禽肉蛋白质含量约为20%，其氨基酸组成接近人体需要，禽肉含氮浸出物较多。

3. 鱼类的营养价值

(1) 蛋白质

鱼类蛋白质含量一般为15%~25%，易于消化吸收，其营养价值与畜肉、禽肉相似。氨基酸组成中，色氨酸偏低。

(2) 脂肪

鱼类脂肪含量一般为1%~3%，主要分布在皮下和内脏周围。

鱼类脂肪多由不饱和脂肪酸组成，占80%，熔点低，消化吸收率达95%。鱼类脂肪中的二十碳五烯酸（EPA）和二十二碳六烯酸（DHA）具有降血脂、防止动脉粥样硬化的作用。

鱼类胆固醇含量一般为100毫克/100克，但鱼子含量高，约为354~934毫克/100克。

(3) 矿物质

鱼类矿物质含量为1%~2%，稍高于肉类，磷、钙、钠、钾、镁、氯丰富，是钙的良好来源。虾皮中含钙量很高，为991毫克/克，且含碘丰富。

(4) 维生素

鱼类是良好来源，如黄鳝含维生素B_2 2.08毫克/100克。海鱼的肝脏是维生素A和维生素D富集的食物。

(五) 奶及奶制品的营养价值

奶类是营养成分齐全、组成比例适宜、容易消化吸收的理想的天然食物。奶类能满足出生幼儿生长发育的全部需要，也是体弱、年老和病人的较理想食物。奶类主要提供优质蛋白质、维生素 A、核黄素和钙。

1. 奶的营养价值

奶是由蛋白质、乳糖、脂肪、矿物质、维生素、水等组成的复合乳胶体。奶呈乳白色，味道温和，稍有甜味，具有特有的香味与滋味。牛奶的比重与奶中固体物质有关，牛奶的各种成分除脂肪外，含量均较稳定，因此脂肪含量和比重可作为评定鲜奶质量的指标。

（1）蛋白质

平均含量为3%，由 79.6% 的酪蛋白、11.5% 的乳清蛋白和 3.3% 的乳球蛋白组成，其消化吸收率高（87% ~89%），生物学价值为 85，必需氨基酸含量及构成与鸡蛋近似，属优质蛋白。

由于牛奶中蛋白质含量较人乳高三倍，且酪蛋白与乳清蛋白的构成比与人乳蛋白正好相反，可利用乳清蛋白改变其构成比，调制成近似人乳的婴儿食品。

（2）脂肪

牛奶脂肪含量约为3%，呈较小的微粒分散于乳浆中，易消化吸收。乳脂中油酸含量占30%，亚油酸和亚麻酸分别占5.3%和2.1%。

（3）碳水化合物

奶中所含的碳水化合物为乳糖，其含量（3.4%）比母乳（7.4%）低。乳糖有调节胃酸、促进胃肠蠕动、有利于钙吸收和消化液分泌的作用；还可促进肠道乳酸菌的繁殖而抑制腐败菌的繁殖生长。用牛奶喂养婴儿时，除调整蛋白质含量和构成外，还应注意适当增加甜度。有的人喝牛奶后发生腹胀、腹泻等，是因为肠道缺乏乳糖酶所致，称为乳糖不耐受症。

（4）无机盐

牛奶中矿物质含量为0.6% ~0.7%，富含钙、磷、钾。其中钙含量尤为丰富，容易消化吸收。牛奶中铁含量很低，仅为0.003 毫克，如以牛奶喂养婴儿，应注意铁的补充。

（5）维生素

牛奶中含维生素较多的为维生素 A，但维生素 B_1 和维生素 C 很少，每 100 毫升分别为0.03 毫克和1 毫克，但奶中维生素含量随季节有一定变化。

2. 奶制品的营养价值

鲜奶经过加工，可制成许多产品，主要包括炼乳、奶粉、调制奶粉、奶油和奶酪等。

（1）消毒鲜奶

是鲜牛奶经过过滤、加热杀菌后，分装出售的饮用奶。其营养价值与鲜牛奶差别不大。市售消毒牛奶常强化维生素D等。

（2）奶粉

根据食用要求又分为全脂奶粉、脱脂奶粉、调制奶粉。

全脂奶粉：鲜奶消毒后，除去70%～80%的水分，采用喷雾干燥法，将奶粉制成雾状微粒。全脂奶粉溶解性好，对蛋白质的性质、奶的色香味及其他营养成分影响很小。

脱脂奶粉：生产工艺同全脂奶粉，但原料奶经过脱脂的过程，由于脱脂使脂溶性维生素损失。此种奶粉适合于腹泻的婴儿及要求少油膳食的患者。

调制奶粉：又称母乳化奶粉，是以牛奶为基础，按照母乳组成的模式和特点，加以调制而成，各种营养成分的含量、种类、比例接近母乳。如改变牛奶中酪蛋白的含量和酪蛋白与乳清蛋白的比例，补充乳糖的不足，以适当比例强化维生素A、D、B_1、C、叶酸和微量元素等。

（3）酸奶

酸奶是将鲜奶加热消毒后接种嗜酸乳酸菌，在30摄氏度左右环境中培养，经4～6小时发酵制成。该制品营养丰富，容易消化吸收，还可刺激胃酸分泌。乳酸菌在肠道繁殖，可抑制一些腐败菌的繁殖，调整肠道菌丛，防止腐败胺类对人体产生不利的影响。此外，牛奶中的乳糖已被发酵成乳酸，对“乳糖不耐受症”的人，不会出现腹痛、腹泻的现象。因此，酸奶是适宜消化道功能不良、婴幼儿和老年人食用的食品。

（六）蛋类的营养价值

常见的蛋类有鸡、鸭、鹅和鹌鹑蛋等。其中产量最大，食用最普遍，食品加工工业中使用最广泛的是鸡蛋。

1. 蛋的结构

各种禽蛋的结构都很相似，主要由蛋壳、蛋清、蛋黄三部分组成。以鸡蛋为例，每只蛋平均重约50克，蛋壳重量占11%，其主要成分是碳酸钙，其余为碳酸镁和蛋白质。蛋壳的颜色与蛋的营养价值无关。蛋清包括两部分，外层为中等黏度的稀蛋清，内层包围在蛋黄周围的为角质冻样的稠蛋清。蛋黄表面包有蛋黄膜，有两条韧带将蛋黄固定在蛋的中央。

2. 蛋的组成成分及营养价值

蛋清和蛋黄分别约占总可食部分的2/3和1/3。蛋清中营养素主要是蛋白质，不但含有人体所需要的必需氨基酸，且氨基酸组成与人体组成模式接近，生物学价值达95以上。全蛋蛋白质几乎能被人体完全吸收利用，是食物中最理想的优质蛋白质。在进行各种食物蛋白质的营养质量评价时，常以全蛋蛋白质作为参考蛋白。蛋清也是核黄素的良好来源。

蛋黄比蛋清含有较多的营养成分。钙、磷和铁等无机盐多集中于蛋黄中。蛋黄还含有较多的维生素 A、D、B_1 和 B_2。维生素 D 的含量随季节、饲料组成和鸡受光照的时间不同而有一定变化。

蛋黄中含磷脂较多，还含有较多的胆固醇，每 100 克约含 1500 千克。蛋类的铁含量较多，但因有卵黄高磷蛋白的干扰，其吸收率只有 3%。

生蛋清中含有抗生物素和抗胰蛋白酶，前者妨碍生物素的吸收，后者抑制胰蛋白酶的活力，但当蛋煮熟时，即被破坏。

3. 加工烹调对营养价值的影响

一般烹调方法，温度不超过 100 摄氏度，对蛋的营养价值影响很小，仅 B 族维生素有一些损失。如维生素 B_2 不同烹调方法的损失率为（%）：荷包 13、油炸 16、炒 10。煮蛋时蛋白质变得软且松散，容易消化吸收，利用率较高。

烹调过程中的加热不仅具有杀菌作用，而且具有提高其消化吸收率的作用，因为生蛋清中存在的抗生物素和抗胰蛋白酶经加热后被破坏。

皮蛋制作过程中加入烧碱产生一系列化学变化，使蛋清呈暗褐色透明体，蛋黄呈褐绿色。由于烧碱的作用，使 B 族维生素被破坏，但维生素 A、D 保存尚好。

四、不同人群的营养需求

（一）孕妇营养

1. 孕期营养生理特点

（1）代谢改变

孕期合成代谢增加、基础代谢升高，对碳水化合物、脂肪和蛋白质的利用也有改变。

（2）消化系统功能改变

消化液分泌减少，胃肠蠕动减慢，常出现胃肠胀气及便秘，孕早期常有恶心、呕吐，对某些营养素如钙、铁、维生素 B_{12} 和叶酸的吸收能力增强。

（3）肾功能改变

肾脏负担加重。

（4）血容量及血液动力学变化

孕期血容量增加幅度大于红细胞的幅度，使血液相对稀释，可出现生理性贫血。孕早期既有血清总蛋白的降低，孕期除血脂及维生素 E 以外，几乎血浆中所有营养素均降低。血浆营养素水平的降低可能与将营养素转运至胎儿有关，其中胎盘起着生化阀而有利于胎儿的作用。

（5）体重增长

健康妇女若不限制饮食，孕期一般增加体重 10 ~ 12. 5 千克。孕早期（1 ~ 3

个月）增重较少，而孕中期（4~6个月）和孕后期（7~9个月）则每周稳定地增加350~400克。

2. 孕期的营养需要

（1）热能

总热能需要量增加。孕期的额外能量需要量包括胎儿体内各区室中的蛋白质和脂肪等的能量需要量，加上母儿增加这些组织需要增加的能量消耗量。我国的RNI为在平衡膳食的基础上每天增加0.84千焦。

（2）蛋白质

孕期对蛋白质的需要量增加，以满足母体、胎盘和胎儿生长的需要。推荐增加量为第一孕期5克/天，第二孕期15克/天，第三孕期为20克/天。

（3）矿物质

由于孕期的生理变化、血浆容量和肾小球滤过率的增加，使得血浆中矿物质的含量随妊娠的进展逐步降低。孕期膳食中可能缺乏的主要是钙、铁、锌、碘。

①妊娠期间钙的吸收率增加，以保证胎儿对钙的需求，而不须动用母体的钙。推荐量在第一孕期800毫克/天，第二孕期1000毫克/天，第三孕期为1200毫克/天。

②铁推荐量为第一孕期15毫克/天，第二孕期25毫克/天，第三孕期为35毫克/天。

③锌推荐量为第一孕期11.5毫克/天，第二和第三孕期16.5毫克/天。

④孕妇碘缺乏可致胎儿甲状腺功能低下，从而引起以严重智力发育迟缓和生长发育迟缓为主要表现的呆小症。推荐量整个孕期为200微克/天。

（4）维生素

许多维生素在血液中的浓度在孕期是降低的，这与孕期的正常生理调整有关，并不一定反应明显地增加需要量。孕期特别需考虑的维生素为维生素A、维生素D及B族维生素。

①维生素A：摄入足够的维生素A可维持母体健康及胎儿的正常生长，并可在肝脏中有一定量的储存。RNI：在第一孕期为800微克视黄醇当量/天，第二和第三孕期为900微克视黄醇当量/天。

②维生素D：孕期缺乏维生素D将影响胎儿的骨骼发育，也能导致新生儿的低钙血症、手足抽搐、婴儿牙釉质发育不良及母亲骨质软化症。RNI：在第一孕期为5微克/天，第二和第三孕期10微克/天。

③维生素B_1：由于维生素B_1参与体内碳水化合物代谢，且不能在体内长期储存，因此足够的摄入量十分重要。RNI整个孕期为1.5毫克/天。

④维生素B_2：RNI整个孕期为1.7毫克/天。

⑤烟酸：RNI 整个孕期为 15 毫克/天。

⑥维生素 B_6：对核酸代谢及蛋白质合成有重要作用。RNI 整个孕期为 1.9 毫克/天。

⑦叶酸：为满足快速生长胎儿的 DNA 合成，胎盘、母体组织和红细胞增加等。孕妇对叶酸的需要量大大增加。孕早期叶酸缺乏已被证实是导致胎儿神经管畸形的主要原因。孕期叶酸缺乏可引起胎盘早剥或新生儿低出生体重。RNI 为：整个孕期 600 微克/天。

⑧维生素 B_{12}：当维生素 B_{12} 缺乏时，同型半胱氨酸转变成蛋氨酸障碍而在血中蓄积，形成同型半胱氨酸血症，还可致使四氢叶酸形成障碍而诱发巨幼红细胞贫血，同时可引起神经损害。其 RNI 为：2.6 微克/天。

⑨维生素 C：孕期母血维生素 C 下降 50% 左右，为保证胎儿的需要，会消耗母体的维生素 C 含量。其 RNI 为：第一孕期 100 毫克/天，第二和第三孕期 130 毫克/天。

3. 孕期营养不良对胎儿的影响

（1）低出生体重

新生儿出生体重小于 2500 克。

（2）早产儿及小于胎龄儿

早产儿及小于胎龄儿分别指：妊娠期小于 37 周即出生的婴儿；胎儿大小小于妊娠月份，即新生儿体重低于平均体重 2 个标准差。

（3）围产期新生儿死亡率增高

（4）脑发育受损

胎儿脑细胞数的快速增殖期是从孕 30 周至出生后 1 年，随后至 2 岁左右脑细胞数量不再增加而体积增大、重量增加。因此，妊娠期间的营养状况特别是孕后期母亲蛋白质的摄入量是否充足，关系到胎儿脑细胞的增殖数量和大脑发育，并影响到以后的智力发育。

（5）先天畸形

（二）母乳喂养

1. 泌乳生理

（1）内分泌因素

怀孕期间，雌激素增加对乳腺导管刺激，促使乳腺腺泡和导管发育。乳汁分泌是在乳腺腺泡细胞，而腺泡又连接许多导管。导管、腺泡周围是脂肪、结缔组织和血管。妊娠期间乳房较正常增大 2～3 倍，同时乳腺腺泡、导管处于分泌乳汁准备状态。

（2）营养对泌乳量的影响

泌乳量少是母亲营养不良的一个指征。正常情况下，产后 3 个月每日泌乳量约为750～850毫升。营养较差的乳母产后6个月每日泌乳量为500～700毫升，后6个月每日为400～600毫升。通常以婴儿体重的增长率作为奶量是否足够的较好指标。

2. 乳母的营养需要

(1) 热能

需要量增加。每天需在平衡膳食的基础上增加2.09千焦。

(2) 蛋白质

为保证母体的需要及乳汁中蛋白质的含量，每日须额外增加蛋白质20克。

(3) 脂肪

脂肪占总热能的20%～30%，不额外增加。

(4) 钙

母乳中钙含量稳定，一般为34毫克/100毫升。当膳食摄入钙不足时不会影响乳汁的分泌量及乳汁中的钙含量，但可消耗母体的钙储存，母体骨骼中的钙将被动用。

(5) 铁

铁不能通过乳腺输送到乳汁，母乳中铁含量极少。其RNI为：25毫克/天。

(6) 维生素

脂溶性维生素：维生素A和维生素D的需要量增加。维生素A推荐的RNI为1200微克视黄醇当量/天；维生素D的RNI为10微克/天。

水溶性维生素：维生素C、硫胺素、叶酸的需要量明显增加，其RNI分别为：130毫克/天、1.8毫克/天和500微克/天。

(三) 婴幼儿营养

1. 婴儿生长发育特点

婴儿期是人类生命生长发育的第一高峰期。12月龄时婴儿体重将增加至出生时的3倍；身长增加至出生时的1.5倍。婴儿期的头6个月，脑细胞数目持续增加，至6个月龄时脑重增加至出生的2倍（600～700克），后6个月脑部发育以细胞体积增大及树突增多和延长为主，神经髓鞘形成并进一步发育，至1岁时，脑重达900～1000克，接近成人脑重的2/3。婴儿消化器官幼稚，功能亦不完善，不恰当的喂养易致功能紊乱和营养不良。

2. 母乳喂养

母乳喂养的优点很多。

对人类而言，母乳是世界上唯一的营养最全面的食物，是婴儿的最佳食物。

(1) 母乳中含有最适合婴儿生长发育的各种营养素，充足的母乳喂养所提供的热能及各种营养素的种类、数量、比例优于任何代乳品，能满足婴儿生长发育的需要。易于消化和吸收，是婴儿最理想的食物和饮料。如母乳中所含白蛋白为乳清蛋白，易于消化吸收，亦不增加婴儿肾脏负担，是婴儿的最佳食物。含不饱和脂肪酸较多，有利于脑发育。

（2）增强免疫，降低婴儿死亡率及患病率。母乳中含有丰富的抗体、活性细胞和其他免疫活性物质，可发挥抑制细菌生长的作用，增强婴儿抗感染能力。

（3）喂哺简便。母乳温度及泌乳速度适宜，新鲜无细菌污染，直接喂哺，省时省力，十分经济。

（4）哺乳行为可增进母子的情感交流。促进婴儿智力发育，母乳喂养的婴儿频繁地与母亲肌肤相亲，接受母亲的爱抚，有利于促进婴儿心理与社会适应性的发育，又便于观察小儿变化，随时照料护理，是一个有益于母子双方身心健康的活动。

（5）母亲产后哺乳可产生催乳激素，促进子宫收缩复原，母乳喂养还能减少乳母患乳腺癌或卵巢肿瘤的可能性，同时有利于母亲子宫的收缩和恢复。

3. 开奶与母乳喂养的程序

（1）开奶。

新生儿娩出之后，应将其置于母亲身边，给予爱抚，不应分室而另居于婴儿室。吸吮乳头可反射性地促进泌乳，故应尽早开乳，开乳时间一般应在产后 15 分钟至 1 ~2 小时之内。

（2）母乳喂养的操作程序，主要分为三个步骤：喂奶前的准备、喂奶的姿势、喂奶后的工作。

①喂奶前的准备

在母乳喂养前，先给新生儿换清洁尿布，避免在哺乳时或哺乳后给新生儿换尿布。若翻动刚吃过奶的新生儿容易造成溢奶。

准备好热水和毛巾，请产妇洗手。用温热毛巾为产妇清洁乳房。

乳房过胀应先挤掉少许乳汁，待乳晕发软时开始哺喂（母乳过多时采用）。

②喂奶姿势

产妇哺乳体位。让产妇坐在靠背椅上，背部紧靠椅背，两腿自然下垂达到地面。哺乳时则脚可踩在小凳上。哺乳侧怀抱新生儿的胳膊下垫一个专用喂奶枕或家用软枕。这种体位可使产妇哺乳方便而且感到舒适。

托抱新生儿方法及含接乳头方法。指导产妇用前臂、手掌及手指托住新生儿，使新生儿头部与身体保持一直线，新生儿身体转向并贴近产妇，面向乳房，鼻尖对准乳头，同时指导搀扶另一手成“C”字形托起乳房，或采用食指与中指成“剪刀状”夹住乳房（奶水喷流过急时采用）。哺乳时用乳头刺激新生儿口唇，待新生儿张大嘴时迅速将全部乳头及大部分乳晕送进新生儿口中。按上述含接乳头的方法可以大大减少乳头皲裂的可能性。

哺乳后退出乳头。退奶时用一手按压新生儿下颌，退出乳头，再挤出一滴奶涂在乳头周围，并晾干。此法可以使乳汁在乳头形成保护膜，预防乳头皲裂的发生。如已有乳头皲裂发生了，此种方法可以促成皲裂的愈合。

③喂养后的工作

补入后拍嗝。哺乳后将新生儿竖抱，用空心掌轻轻拍打后背，使新生儿打嗝后再让其躺下安睡。如未能拍出嗝，则可多抱一段时间，放在床上时让其右侧侧卧位，以避免呛奶。

④注意事项

指导搀扶避免奶水太急，以免哺喂新生儿时发生呛奶。

防止乳房堵住新生儿鼻孔而发生新生儿窒息。

避免因含接姿势不正确造成乳头皲裂。

⑤工具与材料

靠背椅、踏板或小凳、喂奶枕、清洁毛巾。

⑥相关知识

两侧乳房哺乳应按先后顺序交替进行，新生儿吸吮奶头时间不宜过长（一侧不超过20分钟为宜）。

不应让新生儿口含乳头睡觉，以防乳头皲裂，甚至发生新生儿窒息。

母乳喂养应遵守早开奶，按需哺乳的原则（没有时间与次数的限定）。

判定母乳是否充足的标准：能使新生儿安静睡眠半小时左右/每次，大便次数达到2~6次/日，呈金黄色糊状，小便次数10次左右/日，体重增长30~50克/日，第一个月增长600~1000克。如果新生儿不能达到以上标准，应当考虑适当添加配方奶。

4. 婴儿配方奶粉

(1) 婴儿配方奶粉的基本要求

婴儿配方奶粉依据母乳的营养素含量及其组成模式进行调整生产。

①增加脱盐乳清粉。

②添加与母乳同型的活性顺式亚油酸，增加适量α-亚麻酸。

③α-乳糖与β-乳糖按4:6比例添加。

④脱去牛奶中部分钙、磷、钠盐。

⑤强化维生素D、维生素A及适量其他维生素。

⑥强化牛磺酸、肉碱、核酸。

⑦对牛乳过敏的婴儿，用大豆蛋白作为蛋白质来源。

（2）婴儿配方奶使用

①混合喂养：对母乳不足者可作为部分替代物每日喂1～2次，最好在每次哺乳后加喂一定量。6个月前可选用蛋白质12%～18%、6个月后可选用大于18%的配方奶粉。

②人工喂养：对不能用母乳喂养者可完全用配方奶粉替代。6个月前选用蛋白质12%～18%、6个月后选用大于18%的配方奶粉。

5. 幼儿营养与膳食

（1）幼儿期生长发育与营养需要

1～3周岁为幼儿期，此期生长旺盛，体重每年增加约2千克，身长第二年增长11～13厘米，第三年增长8～9厘米。幼儿期蛋白质需要40克/天，能量需要5.02～5.43千焦/天，对矿物质和维生素的需要量高于成人，且易患缺乏症。

（2）幼儿膳食

幼儿膳食是从婴儿期以乳类为主，过渡到以奶、蛋、鱼、禽、肉及蔬菜、水果为辅的混合膳食，最后过渡到以谷类为主的平衡膳食。其烹调方法应与成人有别，以与幼儿的消化、代谢能力相适应，故幼儿膳食以软饭、碎食为主。根据营养需要，膳食中需要增加富含钙、铁的食物及增加维生素A、维生素D、维生素C等的摄入，必要时补充强化铁食物、水、果汁、鱼肝油及维生素片。2岁后，如身体健康且能得到包括蔬菜、水果在内的较好膳食，则不需额外补充维生素。膳食安排可采用三餐两点制。

（四）学龄前、学龄与青少年的营养

学龄前期为3～6岁，学龄期为7～12岁，青少年期为12～18岁，与成人相比，各期的营养需要有各自的特点，其共同特点是生长发育需要充足的能量及各种营养素。

1. 学龄前儿童的营养

（1）学龄前儿童的生理及营养特点

①身高、体重稳步增长，神经细胞分化已基本完成，但脑细胞体积的增大及神经纤维的髓鞘化仍继续进行，应提供足够的能量和营养素供给。

②咀嚼及消化能力有限，注意烹调方法。

③尚未养成良好的饮食习惯和卫生习惯，注意营养教育。

④该期主要的营养问题是缺铁性贫血，维生素A、锌的缺乏及农村地区的蛋白质、能量摄入不足。

（2）学龄前儿童膳食

注意平衡膳食。每日200～300毫升牛奶，一个鸡蛋，100克无骨鱼或禽，或肉及适量豆制品，150克蔬菜和适量水果，谷类主食150～200克。每周进食一次猪肝或猪血，每周进食一次富含碘、锌的海产品，农村地区可每日供给大豆25~50克，膳食可采用三餐两点制。要培养良好的饮食习惯与卫生习惯。

2. 学龄儿童的营养与膳食

（1）学龄儿童的营养问题

其营养问题与学龄前相似，但要特别注意学生的早餐营养问题。

（2）学龄儿童的膳食

安排好一日三餐，早餐和中餐的营养素供给应占全天的30%与40%。每日供给300毫升牛奶，1~2个鸡蛋，及鱼、禽、肉等100~150克，谷类和豆类30~500克。注意饮食习惯培养，少吃零食，饮用清淡饮料，控制食糖摄入。

3. 青少年营养

该期包括青春发育期和少年期，相当于初中和高中学龄期。

（1）性格及性的发育特点

此期青少年体格发育速度加快，尤其是青春期，身高、体重的突发性增长是其主要特征。青春发育期被称为生长发育的第二高峰期。此期生殖系统发育，第二性征逐渐明显。当营养不良时可推迟青春期1~2年。此期充足的营养是生长发育、增强体魄、获得知识的物质基础。

（2）营养需要

①能量：其能量需要与生长速度成正比。

②蛋白质：此期一般增重30千克，16%为蛋白质。蛋白质功能应占总热能的13%~15%，每天75~85克。

③矿物质及维生素：为满足生长发育的需要。

（3）青少年期的食物选择及膳食

①谷类是青少年膳食中的主食，每天400~500克。

②保证足量的动物性食物及豆类食物的供给，鱼、禽、肉、蛋每日供给200~250克，奶300毫升/天。

③保证蔬菜水果的供给，每天蔬菜供给500克，其中绿叶蔬菜不低于300克。

④注意平衡膳食。

（五）老年营养

1. 老年人的生理代谢特点

（1）代谢功能降低

主要表现为：

①生命四大体征的变化：呼吸、体温、脉搏、血压。

②消化系统功能的变化。

③循环系统功能的变化。

④泌尿系统功能的变化。

⑤生殖系统功能的变化。

⑥运动系统功能的变化。

⑦内分泌功能的变化等。

（2）身体成分改变

主要表现为：细胞量下降、身体水分减少、骨组织矿物质减少。

（3）器官功能改变

主要表现为：消化系统消化液、消化酶及胃酸分泌量的减少；心脏功能的降低及脑功能、肾功能及肝代谢能力均随年龄增高而有不同程度的下降。

2. 膳食营养因素与衰老

有关衰老的研究学说有多种，其中的自由基学说较受重视。学说认为，人体组织的氧化反应可产生自由基，自由基不稳定，可与体内生物大分子作用，生成过氧化物而对细胞膜产生损害进而影响细胞功能。

自由基损害主要表现为脂质过氧化。人体内正常情况下存在着两种抗氧化系统，即非酶防御系统，如维生素 C、维生素 E 等抗氧化营养剂和酶防御系统。

人体需要的膳食营养主要是从食物中摄取各种营养素来调节，膳食营养平衡最终要靠合理的膳食予以落实。因此，营养平衡问题实际上也就是合理膳食问题，就是要根据我们现有的条件，用科学的方法搭配食物及烹调，以保证有充足的营养素供应身体的需要，增进身体的健康，延缓衰老。

3. 老年期的营养需要

（1）老年人膳食应遵循的原则

①食物多样化是保证膳食平衡的必要条件，食物多样化，一是注意食物选择，要合理搭配主副食，粗细兼顾；二要不偏食，不择食，对各种食物既不偏爱，也不拒食，只有如此，才能保证营养既合理又全面。

②饮食宜清淡可口，过于油腻食物难以消化吸收，不适合老年人的消化生理特点，同时对防治老年人心血管疾病等多发病也不利。

③合理烹调。为适应老年人牙齿状况及消化机能减退的特点，食物加工宜软而烂，应多采用煮、炖、熬、蒸等烹调方法，少用煎、炸，还要注意食物的色、香、味、形等感官性及适当照顾饮食习惯，以刺激食欲。

④饮食有节。一是切忌暴饮暴食，尤其是晚餐不宜食之过饱，因过饱可使膈肌上升，影响心肌供血，是诱发心肌梗死的危险因素。

⑤少食多餐。老年人除了应保证一日三餐正常摄食外，为了适应其肝糖原储

备减少及消化吸收能力降低等特点，可适当在晨起、餐间或睡前安排一些点心、牛奶、饮料等食物，作为补充，每次数量不宜太多，以保证每日总热量不入超为准。

⑥适当进食一些具有延年益寿、防老抗衰的食物，如瘦肉、牛奶、蛋、鱼、大豆制品、洋葱、蘑菇、木耳、海带、紫菜等。

⑦食物不可过咸，按现代医学观点，食盐摄入过多，是高血压等心血管疾病发病的危险因素之一。

⑧适当多喝点水，老年人体内水量逐渐下降，若不适量增加饮水，会使血液黏滞度增加，易诱发血栓形成心、脑疾患，还会影响肾脏的排泄功能，老年人每日摄入水量应在1500毫升以上。

（2）平衡膳食的构成

平衡膳食应由尽可能多样的食物组成，这些食物大致上可分为两大类：第一类是保护性食品，富于无机盐、维生素及优质蛋白质，例如肉类食品、蔬菜、水果等；第二类是热能食品，是热能的主来源，如粮食、食用油、糖类食品等。

保护性食品对于维持肌体正常生理功能具有保护作用，是每日膳食不可忽视的组成部分。

①适当增加菜肴的调料和作料，使食物中刺激嗅觉和味觉的物质浓度加大。

②细嚼慢咽，也可咀嚼一些小食品，以使唾液分泌，充分溶解食物中的化学物质，以对味蕾产生较强刺激。

③戒烟或尽量少吸烟，吸烟可抑制嗅觉和味觉，因此吸烟的老人，其味觉和嗅觉较不吸烟者更为低下。

④刷牙时不妨刷一刷舌头，可清除舌面的食物残渣及微生物，清洁的口腔对改善味觉功能是有益的。

⑤保护性食品只有在摄入足够热能食品的前提下才能发挥作用，故二者应相辅相成，不可偏废。

（3）老年人营养食谱

日本提倡每日膳食应保证30种以上食物，而我国膳食结构的特点则要求每天至少能吃到20种以上的食物，大致可按以下种类和数量予以安排（以一般轻体力活动老年人为例）：

①粮谷类（谷类食品）及薯类，3种，300~450克；

②豆类及其制品：20~30克；

③蛋类及其制品：50克；

④畜、禽肉类：20~30克；

⑤乳类及其制品：250克；

⑥水产品：1 种，每周 50 克；

⑦动物内脏：1 种，每周 50 克；

⑧蔬菜：3~4 种，300~500 克，其中至少三分之一以上为绿色、黄色、红色等深色蔬菜；水果：1~2 种，约 200 克；

⑨植物油 15 克；

⑩菌藻类食品：1 种，10 克；坚果类食品：1 种，30~50 克。

（六）高温、低温环境人群的营养

1. 高温环境人群营养

高温环境一般是指 32 摄氏度以上的工作环境和 35 摄氏度以上的生活环境而言。在这种高温条件下，人体的代谢和生理状态发生一系列变化，对于营养也有其特殊要求。

（1）高温环境下肌体生理上的适应性改变

人体在高温环境下劳动和生活时，主要通过出汗和汗液蒸发使散热增加，以调节和维持正常体温。高温下出汗量大，每小时超过 1.5 升，最多一天可达 10 升以上。

①水及无机盐的丢失：汗液中 99% 以上为水分，0.3% 为无机盐，而汗中无机盐以钠盐最多，约为无机盐总排出量的 54%~68%。除钠外，汗中无机盐的损失还包括钾、钙、镁、铁等。

②水溶性维生素丢失：特别是维生素 C 丢失较多，其次是硫胺素和核黄素，补充这些维生素有利于增强耐热能力和体力。

③可溶性含氮物丢失：汗中含氮量为 20%~70%，大量出汗时因肌体失水和体温升高引起蛋白质的分解增加，尿氮排出量增多。

④消化液分泌减少。

⑤能量代谢增加。

（2）高温环境下的营养需要

①水和无机盐水分的补充以能补偿出汗的失水量、保持体内水的平衡为原则，过多饮水会增加心、肾的负担。补充水分要少量多次，以防影响食欲，并可减少水分蒸发量和排尿量。食盐需适当补充。含盐饮料的氯化钠浓度以 0.1% 为宜。钾的补充可通过食用富含钾的新鲜蔬菜水果和豆类，注意补充富含钙、铁的食品，补充一种含钠、钾、钙、镁、氯的混合盐片较好。

②维生素 C 的需要量增高，一般认为每日膳食供给量应为 150~200 毫克。硫胺素 2.5~3 毫克，核黄素 2.5~3.5 毫克。

③蛋白质要适量增加，过多会增加肾脏负担。一般每日摄入量占总热能的 12%~15%，优质蛋白应占 50%。热能供给以推荐量标准为基础，在环境温度

30 摄氏度时，每增加 1 摄氏度，应增加膳食热能供给量的 0.5%。

（3）高温环境下人群的膳食

①合理搭配、精心烹制谷类、豆类及动物性食物，以补充优质蛋白质及 B 族维生素。

②补充含无机盐尤其是钾盐和维生素丰富的蔬菜、水果和豆类，其中水果中的有机酸可刺激食欲并有利于食物在胃内的消化。

③以汤作为补充水及无机盐的重要措施。

2. 低温环境下人群的营养

低温环境一般是指气温在 10 摄氏度以下的外界环境，此时人体的代谢及对营养的需要发生一定的改变。

（1）影响能量代谢的因素及宏量营养素的需要

低温环境下人体热能消耗量增加，系由于寒冷使基础代谢升高 10% ~15%，且低温下的寒战、笨重防寒服使身体活动受限，使能量消耗增加。此外低温下体内一些酶的活力增高，使集体的氧化产热能力增强。因此，膳食供给应比常温下增加 10% ~15%，脂肪在膳食中的比例可适当增加，可占总热能的 35% ~40%，蛋白质占总热能的 13% ~15%，动物蛋白最好在 50% ~65%，碳水化合物占总热能 50% 左右。

（2）低温下微量营养素的需要

低温环境下人体对维生素的需要量增加，特别是维生素 C，除日常饮食充足外，可每日额外补充 70 ~120 毫克，以提高耐寒能力。低温下体内氧化产能过程加强，故膳食中硫胺素、核黄素和烟酸的供给量要充足。维生素 A 有利于增强肌体耐寒能力，每日供给为 1000 微克视黄醇当量。另外，寒冷地区易缺乏钙和钠，应注意补充。

（七）职业接触有毒（害）物质人群的营养

职业接触有害物质种类繁多，有害化合物进入人体后或干扰、破坏肌体正常的生理过程，或干扰、破坏营养物质在体内的代谢，危害人体健康。

职业接触涉及的有毒、有害化合物的大多数进入肌体后在肝脏经肝微粒体混合功能氧化酶代谢，其中绝大多数经代谢减毒后经胆汁或尿排出体外，部分有毒物质直接与还原性谷胱甘肽结合而解毒。肌体营养状况良好时，可通过对酶活性的调节增加肌体的解毒能力，提高肌体对毒物的耐受力和抵抗力。

（1）蛋白质的营养状况良好，可提高肌体对毒物的耐受能力、调节肝脏微粒体酶活性至最佳状态、增强肌体解毒能力。

（2）维生素 C 具有良好的氧化还原作用，被认为是体内重要的自由基清除剂之一，对所有接触的毒物均有良好的解毒作用。

（3）维生素E及其他抗氧化剂如β－胡萝卜素等，可参与清除自由基的反应，保护细胞膜。

（4）膳食中脂肪高热比>30%时，可使脂溶性毒物在肠道吸收及在体内蓄积增加。但磷脂可加速生物转化和毒物的排出。应注意选择。

（八）铅作业人群的营养和膳食

铅作业的危害主要是：铅通过消化道和呼吸道进入人体，引起慢性或急性中毒。

1. 供给充足的维生素C

维生素C可在肠道与铅形成溶解度低的抗坏血酸铅盐，减少铅在肠道的吸收；由于维生素C有抗氧化作用，铅可促进维生素C氧化，长期接触铅者可引起体内维生素C缺乏。此时补充大量维生素C，可延缓或减轻中毒症状，同时可直接参与解毒过程，促进铅的排出。每日应供给维生素C 100～150 毫克。

2. 补充富含硫氨基酸的优质蛋白质

蛋白质不足可降低肌体排铅能力，增加铅在体内的储存和肌体铅中毒的敏感性。而充足的蛋白质，特别是富含硫氨基酸的优质蛋白质，对降低体内的铅浓度有利。蛋白质供给量应占总热能的14%～15%，并需增加优质蛋白尤其是含硫氨基酸的优质蛋白质的供给。

3. 补充保护神经系统和促进血红蛋白合成的营养素

适当补充维生素B_1、维生素B_6、维生素B_{12}、叶酸，后两者可促进血红蛋白的合成和红细胞的生成，维生素B_1的食物来源主要包括豆类、谷类、瘦肉；叶酸来源于绿叶蔬菜；维生素B_{12}的来源主要为动物肝脏及发酵食品。

4. 适当限制膳食脂肪的摄入

脂肪的供热比不宜超过25%，以避免高脂肪膳食所导致的铅在小肠吸收的增加。

5. 成酸食品与成碱食品的交替使用

谷类、豆类和含蛋白质较多的成酸性食品的摄入，有利于骨骼内沉积的二盐基磷酸铅，在血液中形成可溶性磷酸氢铅，经尿排出，常用于慢性铅中毒的排铅治疗。而含钙、镁、钾等较多的蔬菜、水果和奶类等成碱性食物的供给，有利于血中磷酸氢铅在较高浓度时，进入骨骼组织，以暂时缓解铅的急性毒性。

（九）苯作业人群的营养

苯是一种神经细胞毒，可损害骨髓、破坏造血功能，毒性很大。

1. 增加优质蛋白质的供给

优质蛋白质尤其是含硫氨基酸丰富的食物，可提高肌体的解毒能力。建议动物蛋白应占总量的50%。

2. 适当限制膳食脂肪的供给

因苯对脂肪亲和力强，高脂膳食可增加苯在体内的蓄积，所以脂肪供热比不要超过25%。

3. 补充维生素C

苯作业工人体内维生素C含量偏低，但维生素C提供羟基，它在体内发挥使苯羟化解毒的重要作用。维生素C摄入量应在平衡膳食的基础上每日补充维生素C150毫克/天。

4. 补充促进造血的有关营养素

适当补充铁、维生素B_{12}及叶酸，以促进血红蛋白的合成和红细胞的生成。对苯中毒引起的出血倾向者除补充维生素C外，也应补充维生素K。

五、营养与疾病

（一）营养与动脉粥样硬化

1. 高脂血症与动脉粥样硬化

（1）血浆脂蛋白

血浆脂类与某些蛋白质结合成脂蛋白大分子存在于血液之中。用离心法可将脂蛋白分为：乳糜微类粒、极低密度脂蛋白、低密度脂蛋白和高密度脂蛋白，它们是脂类在血中运输的功能单位。高密度脂蛋白的浓度与发生动脉粥样硬化的危险性之间呈负相关。

（2）高脂蛋白血症

因血浆中的脂类与蛋白质结合存在，所以认为用高脂蛋白血症这个名称能够更好地反映患者脂类代谢失常情况。高脂蛋白血症与动脉粥样硬化发病率呈正相关。

2. 膳食脂类与动脉粥样硬化

大量流行病学研究表明，膳食脂肪摄入总量，与动脉粥样硬化的发病率呈正相关。不同的脂肪酸的组成对血脂水平的影响是不同的。饱和脂肪酸可升高血胆固醇水平；长链脂肪酸有使血脂升高的作用；单不饱和脂肪酸，能降低血清总胆固醇和低密度脂蛋白，且不降低高密度脂蛋白；而多不饱和脂肪酸，具有降低甘油三酯、胆固醇和增加高密度脂蛋白的作用；反式脂肪酸不仅与饱和脂肪酸一样能增加低密度脂蛋白，同时还引起高密度脂蛋白降低。

流行病学和动物实验都观察到膳食胆固醇可影响血中胆固醇水平，并增加心脑血管疾病发生的危险。

磷脂有利于胆固醇的代谢，使血液中胆固醇浓度减少，降低血液的黏稠度，避免胆固醇在血管壁沉积，有利于防治动脉粥样硬化。

3. 膳食热能、碳水化合物与动脉粥样硬化

当人体长期摄入的热能超过消耗时，多余的能量就会转化为脂肪组织，形成肥胖。肥胖者冠心病、糖尿病和高血压的发病率较正常人高。

膳食中碳水化合物摄入过多，除引起肥胖外，还可直接诱发高脂血症。

4. 膳食蛋白质与动脉粥样硬化

动物实验证明，动物性蛋白质使血胆固醇升高的作用比植物性蛋白质明显，而植物大豆蛋白质则有明显降低血脂的作用。

5. 维生素与动脉粥样硬化

维生素 E 能降低血浆低密度脂蛋白的含量，增加高密度脂蛋白水平，具有防治心血管病的作用。

维生素 C 参与胆固醇代谢形成胆酸的羟化反应，使血液胆固醇水平降低。

维生素 B_6、叶酸、维生素 B_{12}、泛酸、维生素 A 和胡萝卜素等，在抑制体内脂质过氧化、降低血脂水平方面都具有一定的作用。

6. 膳食纤维与动脉粥样硬化

膳食纤维的摄入量与冠心病的发病率和死亡率呈显著负相关。

7. 无机盐、微量元素与动脉粥样硬化

（1）镁和钙

镁具有降低血胆固醇，增加冠状动脉血流和保护心肌细胞完整性的功能。动物缺钙可引起血胆固醇和甘油三酯升高。

（2）铬和硒

铬是人体葡萄糖耐量因子的组成成分。铬缺乏可引起糖代谢和脂肪代谢紊乱，血清胆固醇增加，动脉受损。缺硒可引起心肌损害，促进冠心病的发展。

（3）钠

钠被认为与高血压的发病有关，高血压是动脉粥样硬化的危险因素之一。

8. 其他因素

大量饮酒可引起高甘油三酯血症。饮茶可降低胆固醇在动脉壁沉积，抑制血小板凝集。大蒜和洋葱有降低血胆固醇水平，提高高密度脂蛋白的作用。香菇和木耳都有降低血胆固醇的作用。

（二）膳食、营养与糖尿病

1. 糖尿病诊断和分型

（1）诊断标准

成人正常空腹血糖值为3.9～6.0毫摩尔/升，餐后2小时血糖值<7.8毫摩尔/升。

（2）分型

根据美国糖尿病协会1997年提出的糖尿病分型标准，糖尿病可分为：Ⅰ型糖尿病，及胰岛素依赖型糖尿病；Ⅱ型糖尿病，及非胰岛素依赖型糖尿病和其他型糖尿病。

2. 糖尿病的流行病学

（1）患病率

中国预防医学科学院1998年在中国糖尿病流行特点研究中报道，糖尿病标化患病率为3.21%，耐糖量降低的标化患病率为4.76%。糖尿病发病正呈增高趋势，目前在农村地区的患病率比城市的增长速度更快。

（2）糖尿病的危险因素

①饮食因素：能量、脂肪摄入过多，膳食纤维、维生素、矿物质摄入过少。②生理病理因素。③社会环境因素。④遗传因素。

3. 糖尿病的饮食控制原则

（1）糖尿病综合调控原则

我国学者结合国内外的实际经验，提出了糖尿病综合治疗原则，即饮食治疗、运动治疗、糖尿病的教育与心理治疗、药物治疗和病情监测。

（2）饮食调控原则

①饮食调控目标：接近或达到血糖正常水平；保护胰岛β-细胞，增加胰岛素的敏感性；维持或达到理想体重；接近或达到血脂正常水平；预防和治疗急、慢性并发症；全面提高体内营养水平，增强肌体抵抗力。

②历史上饮食调控原则的改变其变化趋势是脂肪摄入比例减少，碳水化合物摄入比例增加，蛋白质比例变动不大。

③饮食调控原则

合理控制总热能体重是检验总热能摄入量是否合理控制的简便有效的指标，因此，不论是肥胖者或消瘦者均应控制体重在理想体重范围内。

选用高分子碳水化合物供能应占总热能的60%左右。最好选用吸收较慢的多糖，如玉米、荞麦、燕麦、莜麦、红薯等。

增加可溶性膳食纤维的摄入：可选用高纤维膳食，每日膳食纤维供给量约为

40克。

控制脂肪和胆固醇的摄入：每天脂肪供能占总热能的比例不高于30%。一般建议饱和脂肪酸、单不饱和脂肪酸、多不饱和脂肪酸之间的比例为1∶1∶1；每天胆固醇摄入量在300毫克以下。

选用优质蛋白质多选用大豆、兔、鱼、禽、瘦肉等食物，优质蛋白质至少占1/3。蛋白质提供的热能可占总热能的10%～20%。

提供丰富的维生素和无机盐，多选用新鲜的蔬菜和水果，摄入甜水果或水果用量较大时要注意替代部分主食。

食物多样：糖尿病患者常用食品一般分为谷类、蔬菜、水果、大豆、奶、瘦肉、蛋、油脂八类。每天都应吃到这八类食品，每类食品选用1～3种。

合理进餐制度：糖尿病患者进餐时间要定时、定量，一天可安排3～6餐。三餐比例可各占1/3，也可为1/5、2/5、2/5或其他比例。

防止低血糖发生。

急重症糖尿病患者的饮食摄入应在医师或营养师的严密监视下进行。

（3）糖尿病的食谱编制

糖尿病患者常用两种方法编制食谱，即食品交换份法和营养成分计算法，也可用计算机软件进行编制。

（三）膳食、营养与肥胖

1. 肥胖的定义及诊断

肥胖是指一定程度的明显超重与脂肪层过厚，是体内脂肪，尤其是甘油三酯积聚过多而导致的一种状态。由于食物摄入过多或机体代谢的改变而导致体内脂肪积聚过多，造成体重过度增长并引起人体病理、生理改变或潜伏。需要特别指出的是，虽然肥胖表现为体重超过标准体重，但超重并不一定都是肥胖。机体肌肉组织和骨骼如果特别发达，也可使体重超过标准体重，但这种情况并不多见。

针对肥胖的定义，目前已建立了许多诊断或判定肥胖的标准和方法，常用的方法分为三大类：人体测量法、物理测量法和化学测量法。其中人体测量法应用最多，常用的指标有身高标准体重法、皮褶厚度和体质指数。

2. 肥胖的发生机制、影响因素及分类

（1）肥胖发生的内因

肥胖发生的内因主要是指肥胖发生的遗传生物学基础。遗传因素表现在两个方面，其一是遗传因素起决定性作用（15号染色体有缺陷），从而导致一种罕见的畸形肥胖；其二是遗传物质与环境因素相互作用而导致肥胖。

（2）肥胖发生的外因

主要是指影响肥胖发生的因素，主要包括社会因素、饮食因素和行为心理因素。

(3) 肥胖的分类

肥胖按发生的原因分为遗传性肥胖、继发性肥胖和单纯性肥胖三大类。

3. 肥胖对健康的危害

(1) 肥胖对儿童健康的危害

肥胖症对儿童的身心健康带来了许多不良的影响：

①肥胖可导致儿童血脂浓度增加、血压增高；

②肥胖症能导致混合型肺功能障碍；

③影响内分泌系统与免疫系统、体力、智力及生长发育。

(2) 肥胖对成年人健康的危害

肥胖是引起高血压、糖尿病患病率增加的重要危险因素。一些研究还证明了肥胖与胆囊病有关。极度肥胖者肺功能可能异常，而且肥胖者的内分泌和代谢常发生异常。

4. 肥胖的预防和治疗

预防肥胖的首要措施是在公众中宣传肥胖对人类健康的危害，教育、指导居民合理平衡膳食的可操作方法，改掉不良饮食习惯、生活习惯，多参加户外活动和体育锻炼。

肥胖治疗原则是达到能量平衡、促进脂肪分解。其方法是控制总热能摄入，加强体育锻炼。

(四) 膳食、营养与骨质疏松

1. 骨质疏松的定义、分类与诊断标准

原发性骨质疏松是以骨量减少、骨的微观结构退化为特征的，致使骨的脆性增加以及易于发生骨折的一种全身性骨骼疾病。骨质疏松症是以骨组织显微结构受损，骨矿成分和骨基质等比例不断减少，骨质变薄，骨小梁数量减少，骨脆性增加和骨折危险度升高的一种全身骨代谢障碍的疾病。对该定义应从四方面加以理解和认识，即骨量改变、骨结构改变、骨强度改变和骨折部位。

骨质疏松分为三大类，即原发性骨质疏松、继发性骨质疏松和特发性骨质疏松。其中原发性骨质疏松又分为Ⅰ型（亦称高转换或绝经后型骨质疏松），以骨吸收增加为主。Ⅱ型（亦称低转换或老年型骨质疏松），以骨形成减少为主。

目前诊断骨质疏松的方法基本上以骨密度和骨矿含量减少为依据。

2. 骨质疏松症流行病学

骨质疏松的发病率随年龄呈指数形式上升，骨质疏松性骨折的发病率也同样随年龄呈指数上升。我国13省、市骨矿含量调查协助组根据人群骨密度累积下降率的规律，利用综合评分法对骨质疏松患病率进行预测，我国患有一度以上的骨质疏松症人数约为6320万人，占总人口的5.6%。

3. 营养与骨质疏松症的关系

（1）钙对骨质状况的影响

钙摄入不足可能妨碍青少年骨质正常发育。提高钙摄入可以使儿童青少年骨密度和骨矿含量增加。老年人因钙摄入和钙吸收功能降低，随年龄的增长而出现钙丢失加速。

（2）其他营养素对骨质状况的影响

①磷：增加膳食中磷的摄入量可以降低钙的肠道吸收，特别是高磷低钙的膳食对处于骨质增长期的儿童青少年可能会妨碍骨质正常生长发育，而对于钙吸收和转运低下的老年人，则可能引起继发性甲状旁腺功能亢进，加速与年龄相关的骨丢失。

②维生素D：适当补充维生素D能够延缓骨质丢失和骨折发生率。

③蛋白质：蛋白质大量摄入时可使尿钙排泄量增加，而经尿丢失过多的钙与骨量减少和髋骨骨折率升高有关。

4. 骨质疏松症的预防措施

从营养角度预防骨质疏松的重点，应放在保持骨质峰值，延缓绝经期妇女及老年人随年龄增加而出现的骨质丢失速率上；在注意平衡膳食，保证足够热能、蛋白质的基础上，提供充足的钙摄入量十分重要。从长远考虑，45～50岁以上的所有人都应保证1000毫克/天以上的钙摄入。

（五）膳食、营养与肿瘤

食物是人体联系外环境最直接、最经常、最大量的物质，也是肌体内环境及代谢的物质基础。因此，研究膳食营养与肿瘤的关系，在探讨肿瘤的病因、找出肿瘤防治措施方面占有极其重要的地位。

1. 营养、食物与肿瘤的关系

（1）膳食因素在癌变过程中的作用

总的膳食质量决定体内营养状况，从而决定着癌变过程的转归。

（2）饮食致癌的可能机制

①饮食中的致癌物或直接前体有可能启动癌变过程。

②促进内源性致癌物的产生。

③转运致癌物至其作用部位。

④通过其代谢作用改变了组织对致癌物的易感性。

⑤基因调控。

⑥膳食中缺乏抗癌成分。

⑦不良饮食习惯。

（3）食物与癌

①大豆与癌：大豆摄入量与乳腺癌、胰腺癌、结肠癌等许多癌症的发病率呈相反关系。

②茶叶与癌：茶叶尤其是绿茶，对实验性肿瘤具有一定的化学预防作用。

③蔬菜、水果与癌：动物试验和体外试验研究结果表明，摄入蔬菜和水果与上皮癌，特别是消化道和呼吸道癌症的危险性呈负相关，如十字花科蔬菜、葱属、蘑菇、绿叶蔬菜和水果。

④动物性食物与癌：含有大量红肉（指牛、羊、猪肉）、蛋类和乳制品较多的膳食，有可能增加某些癌症发生的危险性。

⑤酒精与癌：酒精可增加口咽部、喉、食管和肝癌的危险性。

2. 防癌的膳食建议

世界癌症研究基金会和美国癌症研究会专家小组提出的膳食建议，其内容包括：食物多样，减少总脂肪、盐的摄入，保持体力活动，维持适宜体重等14条。

（六）营养与免疫

1. 蛋白质与免疫功能

蛋白质是肌体免疫防御功能的物质基础，当蛋白质营养不良时，有关组织器官的结构和功能均受到不同程度的影响。

（1）免疫器官

蛋白质热能营养不良明显影响胸腺及外周淋巴器官的正常结构，且这种损伤是不可逆的，一旦受损其结构和功能恢复极为缓慢。

（2）细胞免疫

蛋白质营养不良时，主要影响T淋巴细胞的数量和功能，外周血中T淋巴细胞总数显著减少，对抗原诱导的增殖反应降低。

（3）体液免疫

蛋白质营养不良时，上皮及黏膜组织分泌液中溶菌酶水平下降，使其组织抵抗力降低，甚至可导致感染扩散。

2. 维生素与免疫功能

（1）维生素A

维生素A及衍生物作为一种营养素从多方面影响免疫系统的功能。维生素A缺乏时，皮肤、黏膜局部免疫力降低，淋巴器官萎缩，NK细胞活性降低，细胞免疫反应下降。这时肌体对细菌、病毒、寄生虫等抗原成分产生的特异抗体明显减少。

（2）维生素 E

研究表明，维生素 E 在一定剂量范围内，能促进免疫器官的发育和免疫细胞的分化，提高肌体细胞免疫和体液免疫功能。

（3）维生素 C

维生素 C 能提高吞噬细胞的活性、参与免疫球蛋白的合成和促进淋巴母细胞生成和免疫因子产生。维生素 C 缺乏可使免疫功能降低。

3. 微量元素与免疫

（1）铁

研究结果表明，铁缺乏会损害免疫功能，使胸腺萎缩、T 淋巴细胞分泌减少和吞噬细胞的杀菌活性降低。值得注意的是，过量铁摄入也会导致感染的发生。

（2）锌

锌对维持免疫系统的正常和功能有重要作用。锌缺乏对免疫系统的影响十分迅速而且明显，包括对免疫器官、细胞免疫、体液免疫及免疫网络的相互作用均有影响。

（七）膳食调整和控制原则

①控制总热能摄入，保持理想体重。

②限制脂肪和胆固醇的摄入。

③多吃植物性蛋白质，少吃甜食。

④保证充足的膳食纤维和维生素的摄入。

⑤饮食易清淡、少盐。

⑥适当多吃保护性食品，少饮酒。

第二节　食物中毒及预防

一、食源性疾病与食物中毒

食源性疾病：指通过设施进入人体内的各种致病因子引起的、通常具有感染性质或中毒性质的一类疾病。

食物中毒：指摄入含有有毒有害物质的食品，或把有毒有害物质当做食品摄入后所出现的非传染性急性、亚急性疾病。

食源性疾病包括最常见的食物中毒、食源性肠道传染病、食源性寄生虫病，食源性变态反应性疾病，暴饮暴食引起的急性胃肠炎、酒精中毒，以及由食物中有毒、有害污染物引起的中毒性疾病。

食物中毒的发病特点为：食物中毒的发生与摄取某种食物有关；发病潜伏期短，来势急剧，呈暴发性；所有中毒病人的临床表现基本相似；一般无人与人之间的直接传染。

食源性疾病的预防应做到：

①在食品生产、加工、销售、储存等各个环节均应防止污染。

②严格健康体检和上岗制度，提高食品从业人员的食品卫生知识。

③进行广泛的食品卫生知识宣传教育工作，增强消费者的自我保护意识。

二、细菌性食物中毒

1. 沙门菌食物中毒

（1）病原

引起沙门菌食物中毒的常见沙门菌为B组中的鼠伤寒沙门菌，C组中的猪霍乱沙门菌，D组中的肠炎沙门菌。

（2）流行病学特点

①引起中毒的食品主要为动物性食品。

②食物中沙门菌来源于家畜、家禽的生前感染和屠宰后的污染。

③多发于夏、秋季节，即5～10月。

（3）发病机制

活菌感染型中毒或肠毒素型中毒。

（4）临床表现

前驱症状有寒战、头晕、头痛、食欲不振。主要症状为恶心、呕吐、腹痛、腹泻及高热。

（5）诊断和治疗

依据流行病学调查资料、临床表现、实验室细菌学检验和血清学鉴定，可对中毒作出诊断。治疗以对症处理为主。

（6）预防措施

防止食品被沙门菌污染；低温储存食品，控制沙门菌繁殖；在食用前彻底加热以杀灭病原菌。

2. 葡萄球菌食物中毒

（1）病原

主要是金黄色葡萄球菌产生的肠毒素污染食品而引起中毒。

（2）流行病学特点

①多见于夏秋季节。

②引起中毒的食品种类很多，以奶及其制品最为常见。

(3) 发病机制

肠毒素到达中枢神经系统，刺激呕吐中枢引起呕吐。

(4) 临床表现

主要症状为恶心、剧烈而频繁地呕吐，同时伴有上腹部剧烈的疼痛，腹泻为水样便，体温一般正常。

(5) 诊断与治疗

依据流行病学特点、临床表现和实验室毒素鉴定可作出诊断。治疗以急救处理为原则，一般不用抗生素。

(6) 预防措施

防止食品被金黄色葡萄球菌污染，在低温、通风良好条件下贮藏食品，防止细菌繁殖及产生毒素。

3. 副溶血性弧菌食物中毒

(1) 病原

副溶血性弧菌是一种嗜盐性细菌，可产生耐热性溶血毒素。

(2) 流行病学特点

引起中毒的食品主要是海产食品和盐渍食品，中毒多发生于7~9月，以沿海地区多见。

(3) 发病机制

活菌感染型中毒和细菌毒素型中毒。

(4) 临床表现

主要症状为上腹部阵发性绞痛，继而腹泻，可出现息肉水样血水便。多数患者在腹泻后出现恶心、呕吐。

(5) 诊断和治疗

依据流行病学特点、临床表现和细菌学检验可确定诊断。以对症治疗为主。

(6) 预防措施

防止细菌污染、控制细菌繁殖、加热杀灭病原体。

4. 变形杆菌食物中毒

(1) 病原

引起变形杆菌食物中毒的变形杆菌主要是普通变形杆菌和奇异变形杆菌。变形杆菌不耐热，可产生具有抗原性的肠毒素。

(2) 流行病学特点

引起中毒的食品主要是动物性食品，尤其是熟肉和内脏的熟制品，此外，剩饭、凉拌菜、水产品也可引起变形杆菌食物中毒。变形杆菌属于腐败菌，一般不致病，常与其他腐败菌共同污染生食品，使之发生感官上的改变。不过需要注意的是，被变形杆菌污染的熟制品通常无感官性状的变化，极易被忽视而引起中毒。变形杆菌食物中毒最常发生于7～9月。

（3）发病机制与临床表现

系大量活菌侵入肠道引起的感染型食物中毒。在临床上主要表现为恶心、呕吐、发热、头痛、乏力、脐周边阵发性剧烈腹痛、腹泻水样便，常伴有黏液、恶臭。多在24小时内恢复，一般预后良好。

（4）诊断和治疗

根据流行病学特点、临床表现和细菌学检验可作出诊断。变形杆菌食物中毒呈自愈性，治疗以对症处理为主。

（5）预防措施

防止细菌污染、控制细菌繁殖、加热杀灭病原体。

5. 肉毒梭菌食物中毒

（1）病原

肉毒梭菌是带芽孢的厌氧菌，对热抵抗力很强。食物中毒系由其产生的肉毒毒素引起，该毒素是一种强烈的神经毒素，毒性比氰化钾强一万倍。根据毒素抗原性不同，将其分为8型，我国报道的肉毒中毒多为A型引起，其次为B、E型。肉毒毒素不耐热。

（2）流行病学特点

引起中毒的食品绝大多数为家庭自制的低盐浓度并经厌氧条件加工的食品或发酵食品，以及在厌氧条件下保存的肉制品。肉毒中毒一年四季均可发生，但大部分发生在4～5月。

（3）发病机制

随食物进入肠道的肉毒毒素被吸收入血后，作用于神经—肌肉接头处、自主神经末梢及脑神经核，阻止胆碱能神经末梢释放乙酰胆碱，使神经冲动的传导受阻，从而导致肌肉麻痹和瘫痪。

（4）临床表现

临床上以对称性颅脑神经受损的症状为特征，表现为眼睛功能降低、咽部肌肉和呼吸肌麻痹的症状，并常因呼吸衰竭而死亡。病死率高达30%～70%。国内广泛采用抗肉毒毒素血清治疗本病，病死率已降至10%以下。病人经治疗可于10天内恢复，一般无后遗症。

（5）诊断和治疗

根据流行病学特点、临床表现、肉毒毒素检验以及用小白鼠为对象的肉毒毒素确证试验，可作出诊断。

治疗要求尽早肌肉注射多价抗肉毒毒素血清，注射前应作过敏试验，试验阳性者需进行脱敏法注射。如毒素型别已确定，可只用单价抗毒素血清注射，同时给予支持疗法和有效的护理。

（6）预防措施

①对加工食品的原料要进行彻底的清洁处理。

②对罐头食品要彻底灭菌，不能食用胖听罐头。家庭自制罐头食品时要对原料进行蒸煮，一般加热温度为100摄氏度，10～20分钟可使各型毒素破坏。

③对食用前不再加热的食品，应迅速冷却并在低温下储存。

④对可疑食品要彻底加热以破坏毒素。

⑤对婴儿辅助食品如水果、蔬菜、蜂蜜等应严格控制肉毒梭菌的污染。

6. 蜡样芽孢杆菌食物中毒

（1）病原

蜡样芽孢杆菌的繁殖体不耐热，该菌可产生引起人类中毒的肠毒素：不耐热的腹泻毒素可见于多种食品中；耐热的低分子呕吐毒素常在米饭类食品中形成。

（2）流行病学特点

引起中毒的食品种类繁多，在我国以米饭、米粉最为常见。引起中毒的食品多数感官性状正常，无腐败变质现象。中毒的发生有明显的季节性，多见于6～10月。

（3）发病机制和临床表现

呕吐型中毒：呕吐的发生机制与葡萄球菌肠毒素致呕吐的机制相同。中毒者以呕吐、恶心、腹痛为主要症状。

腹泻型中毒：腹泻毒素可通过激活肠黏膜细胞膜上的腺苷酸环化酶，是黏膜细胞分泌功能改变而引起腹泻。病人以腹痛、腹泻为主要症状，可有轻度恶心、但极少有呕吐。

（4）诊断和治疗

根据流行病学特点、临床表现和细菌学检验可作出诊断。

治疗以对症处理为主，对重症者可给予抗生素治疗。

（5）预防措施

土壤、尘埃、空气是蜡样芽孢杆菌的污染源，昆虫、苍蝇、鼠类不洁的容器及烹调用具可传播该菌，故应采取相应的措施以防止食品污染。此外要低温保藏食品，并在食用前加热。

三、有毒动植物和化学性食物中毒

1. 动植物性食物中毒

（1）河豚中毒

①有毒成分：河豚的有毒成分叫河豚毒素，存在于鱼体的多个部位，以卵巢

最毒，肝脏次之。新鲜洗净的鱼肉一般不含毒素，但有个别品种的河豚鱼肉也具毒性。每年春季2~5月是河豚鱼的生殖产卵期，此时含毒素最多，所以在春季易发生中毒。

②中毒机制：河豚毒素主要作用于神经系统，阻断神经肌肉间的冲动传导，使神经末梢和中枢神经发生麻痹，同时引起外周血管扩张，使血压急剧下降，最后出现呼吸中枢和血管运动中枢麻痹，以致死亡。

③临床表现与急救治疗：中毒特点为发病急速而剧烈，一般食后10分钟至5小时即发病，表现为：全身不适；出现胃肠道症状；口唇、舌尖、手指末端刺痛发麻，感觉消失、麻痹；四肢肌肉麻痹，运动障碍，身体失去平衡，全身呈瘫痪状态；另外可有语言不清、瞳孔散大、血压和体温下降等症状。通常在4~6小时内死于呼吸麻痹和循环衰竭。病死率达40%~60%。

治疗以催吐、洗胃和泻下为主，配合对症治疗，目前无特效解毒药。河豚毒素耐热，一般家庭烹调方法难以将毒素去除。

（2）毒蕈中毒

在目前我国已鉴定的蕈类中，可食用蕈类近300种，有毒蕈类约100种，其毒素成分复杂。

①有毒成分和临床表现：一般根据毒素种类和中毒表现，大致将毒蕈中毒分为胃肠毒型、神经、精神型、溶血型、脏器毒害型和光过敏性皮炎型。其临床表现差异较大。

②急救治疗原则：及时采用催吐、洗胃、导泻、灌肠等措施。凡食毒蕈后10小时内均应用1:4000高锰酸钾溶液大量、反复地洗胃。一般常用二巯基丙磺酸钠进行治疗；因易使患者肝脏受损，故不宜采用二巯基丙醇治疗。

③预防：切勿采摘自己不认识的蘑菇食用。

2. 化学性食物中毒

（1）亚硝酸盐食物中毒

①流行病学特点：多数原因是误将亚硝酸盐当做食盐食用。其次为食用含有大量硝酸盐和亚硝酸盐的不新鲜蔬菜所致。

②中毒机制和临床表现：亚硝酸盐为强氧化剂，经肠道入血后，短期内可使血中血红蛋白被氧化成高铁血红蛋白，从而失去输送氧的功能，致使组织缺氧出现青紫而中毒。

亚硝酸盐中毒发病急速，除有一般症状外，可见口唇、耳郭、指（趾），甚至结膜、面部及全身皮肤紫绀，心律加快，嗜睡或烦躁不安，呼吸困难，可因呼吸衰竭而死亡。

③急救治疗：对重症患者应迅速予以洗胃、灌肠。特效治疗可采用1%美蓝

小剂量口服或以25% ~50%葡萄糖液20毫升稀释后缓慢静脉注射，用量为1 ~2克/公斤体重，可同时大量给予维生素C。

④预防措施：不要将亚硝酸盐和食盐、食糖、碱面混放，避免误食；不要食用存放过久的蔬菜；不要大量食用腌制不久的咸菜。

（2）砷中毒

①流行病学特点：引起中毒的原因主要是误食，即把砒霜当成碱面、食盐或淀粉使用，或误食拌有含砷农药的种粮。水果、蔬菜中含砷农药残留量过高、食品原料及食品添加剂中含砷较高等也可引起中毒。

②砷的毒性及中毒机制：砒霜中的三价砷为细胞原浆毒。其毒性主要在于亚砷酸离子与细胞中含巯基的呼吸酶如丙酮酸氧化酶相结合，使其失去活性，从而导致细胞氧化代谢障碍。砷还可麻痹血管运动中枢并直接作用于毛细血管，造成全身性出血、组织缺血、血压下降。砷也可对消化道呈现直接的腐蚀作用。

③中毒表现及治疗：初始表现为口干、流涎、口中金属味、咽喉部及上腹部烧灼感。随后出现恶心、呕吐，腹泻米泔样便，虚脱，意识消失。肝肾损伤者可出现黄疸、尿少、蛋白尿。重症患者出现头痛、狂躁、抽搐、昏迷等。抢救不及时可因呼吸中枢麻痹于发病1 ~2天内死亡。

特效解毒剂有二巯基丙磺酸钠和二巯基丙醇。

④预防：严格管理农药和拌过农药的粮种，防止误食；按照有关规定使用农药，以防水果、蔬菜中含砷农药残留量过高；使用含砷量符合国家标准的酸、碱、食品添加剂。

第三节　家庭食物的购买与清洗

一、怎样选购食物

1. 蔬菜的选购与鉴别

（1）买菜应注意的问题

无论是去菜市场还是去农贸市场，想买到价廉物美的菜，就要脚勤、嘴勤、眼勤。现在蔬菜的市场价格放开了，要学会讨价还价，货比三家。鉴别蔬菜的质量好与差，一般是看是否鲜嫩光亮，水分是否充足，蔬菜表面有无伤等。一般情况下蔬菜颜色越深，养分越高。

（2）怎样选购菠菜

选购菠菜时要挑叶子较厚，伸展好，叶面较宽，叶柄短的。叶子有变色现象的要剔除。

(3) 怎样选购芹菜

选择芹菜时要挑色泽鲜绿的，叶柄宜厚，茎部略成圆形，内侧微向内凹。

(4) 怎样选购黄瓜

选购黄瓜时要挑色泽鲜亮的，表面带刺，顶部有花的更好。用手摸发软，底顶变黄，则黄瓜籽多，已不新鲜。

(5) 怎样选购茄子

选购茄子挑色泽暗紫色的最好，表面有光泽，表皮有棘状小突起的更为新鲜。

(6) 怎样选购土豆

土豆又叫马铃薯。选购时尽量挑表皮没有斑点、没有伤痕、没有皱纹的。如发现土豆长芽了不宜选用。

(7) 怎样选购洋葱

选购洋葱时从外表面看透明，表皮中带有茶色纹理的好。其表皮越干越好，包卷度愈紧密愈佳。

(8) 怎样选购大葱

选购大葱时，葱白部分应扎实密致，绿色部分一直到尖端，整根大葱以白为主，白绿分明为最佳。

(9) 怎样选购绿豆芽

在农贸市场上出售的绿豆芽，常有一些是用化肥发制的，食用后会引起食物中毒，选购时要注意鉴别。正常的绿豆芽略呈黄色，豆芽不太粗，水分适中，无异味。不正常的绿豆芽颜色发白，豆粒发蓝，芽茎粗壮，水分较大，有化肥味。另外，绿豆芽挑短一些的，既有营养成分，吃起来又脆嫩可口。

(10) 怎样存放青菜

青菜买回来一时吃不完，可以将其头朝上直立放好，这样既可保持蔬菜养分，又可以延长存放时间；买回的青菜要放在通风阴凉干燥处，这样可以及时散热，降低菜温，控制微生物的活动；同时要避免日光直晒，否则容易变得干瘪枯黄；青菜堆放时最好避开水源，因为滴上水或被水浸过，菜就容易腐烂变质；青菜怕碰，碰伤外表，容易腐烂，因此应注意不要碰坏存放的青菜。

2. 畜禽蛋的选购与鉴别

(1) 选购牛、羊、猪肉

优质肉看上去颜色鲜红（牛肉深红），都有光泽；用手按时有弹性，不发黏；闻一闻有肉的腥味，而无腐败臭味。相反，腐败的肉看上去颜色淡绿且发暗或呈黑色，无光泽，用手按时无弹性，发黏，水分过多，带有异味或臭味。

（2）鉴别冷藏禽肉

新鲜的冷藏禽肉，嘴部有光泽，干燥，有弹性，无异味；眼球充满眼窝，角膜有光泽；皮表干燥，呈淡黄色或淡白色，具有特有的气味，而不是异味、霉味或腐败味。

（3）禽类的好坏

新鲜的禽类表面呈油黄色，眼珠有光泽，肛门处不发黑、不发臭。坏的禽类为深黄色，紫黄色或暗黄色，眼珠浑浊或紧闭，肛门灰黑色，有臭味。

（4）识别鲜蛋

①灯光鉴别法：鲜蛋用灯光照，蛋清透亮，蛋清与蛋黄界线分明呈橘红色，蛋内无黑点、无红影。也可以用阳光照，蛋内映出比较透明的橙黄色，无黑影者为好蛋。

②冷水鉴别法：将鸡蛋放在盛满冷水的盆里，如果鸡蛋横躺在水里，是鲜蛋；如果直立在水中，则是陈蛋；如果浮在水面上很可能是变质了。

（5）挑选松花蛋

摇晃听声音，如有水声不是好蛋。将蛋轻轻掂起，落下时有弹性震动感的为好蛋。用食指敲打蛋的小头，感到有弹性颤动的为好蛋。观察蛋壳的颜色，灰白色并带有少量灰黑色斑点的为最好，皮包越黑则越差。

3. 水产品的选购与鉴别

（1）挑选活鱼

优质活鱼在水中游动自如，反应灵敏；鱼脊直立，不翻背，并经常潜入水底，偶尔出水面换气，然后迅速进入水中；鳞片无损伤，无脱落。即将死亡的鱼游动缓慢，反应迟缓；鱼脊倾斜，不能直立，并一直浮于水面；鳞片有脱落现象。

（2）如何判断死鱼的新鲜程度

最简单的办法是看鱼的肛门。鲜鱼的肛门紧缩、发白。不太鲜的鱼肛门略微发红，向外突出，有的肛孔破裂。如果鱼的肛门发紫，显著向外突出，则表明鱼已腐败变质。

（3）挑选河蟹

立秋前后是购买河蟹的季节，这时的河蟹最饱满。新鲜的河蟹蟹壳呈青绿色，有光泽，蟹螯夹力大，毛顺，腿完整、饱满，爬得快，连续吐泡并有声音。尖脐为雄蟹，圆脐为雌蟹。雌蟹黄多，雄蟹黄少但肉质鲜嫩。

（4）挑选海蟹

每年四五月海蟹最肥。沿海一带可以买到活海蟹，内地一般买到的都是死蟹。在挑选死蟹时要择其蟹螯、腿完整有弹性的，蟹壳呈青灰色，壳两端的壳尖无损伤的，具备上述条件的为新鲜海蟹。

（5）选虾

优质虾的虾壳、须硬，色青光亮，眼突出、肉结实，味腥。如果壳软，色浑浊，眼凹，壳肉分离则为次虾仁。色黄发暗，头脚脱落，肉松散为劣虾。

（6）选购虾皮

最简单的方法是用手紧握一把虾皮，若放松后虾皮能自动散开，则其质量很好。这样的虾皮外壳比较清洁，呈黄色有光泽，体形完整，颈部和躯体紧连，虾眼齐全。

4. 其他食品的选购

（1）挑选香菇

优质香菇的伞呈黄色或白色。呈茶褐色或掺杂黑色的次之。挑选香菇时还可以鉴别其香味如何。用手指压住菇伞，然后边放松边闻，香味纯正的为上品。

（2）鉴别毒蘑菇

拿一段大葱在蘑菇盖上擦一下，如果变成青褐色，是毒蘑菇。

（3）鉴别木耳

优质木耳表面黑而光泽，有一面黄灰色；手摸干燥，无颗粒感，片薄、体轻；嘴尝无异味。掺假的木耳看上去朵厚，耳片黏在一起；手摸潮湿有颗粒感；嘴尝甜或咸，分量较重。

（4）选购蜂蜜

纯正的蜂蜜是浓厚、黏稠的胶状液，气味芳香，呈白色、淡黄色或淡红色，光亮透明。有的蜂蜜在气温降低时凝结成块状，这属于自然结晶，证明含葡萄糖成分较多。蜂蜜过于稀薄，表面上有白色泡沫，则说明水分大，容易发酵，质量低下。

（5）鉴别香油

农贸市场上出售的香油往往是陈旧或掺假的香油。掺入水分后油中有分层，香味不浓；如闻着有特殊的刺激味，说明已氧化分解，油质已变坏。新鲜纯香油的颜色呈黄红色，浓香，没有沉淀，不分层，液体黏稠。

（6）鉴别芝麻油

如果芝麻油掺入菜油、棉籽油等，可以用以下方法鉴别：

①看颜色。纯芝麻油是淡红色或红中带黄色。掺其他油后颜色变深。

②光下观察。纯芝麻油透明纯洁。掺其他油后模糊浑浊或出现沉淀变质现象。

（7）挑选大米

优质米粒中长或细长、圆粒、半透明。凡长的或短粗的为劣质米。新米不透明但有光泽，呈瓷白色。黄米粒、陈米、变质米不透明且无光泽，无稻香味。凡是米粒腹白、背白、心白的，煮熟后易断裂，食味较差。

（8）识别豆腐

好的豆腐色泽乳白，质地细腻，富有弹性，老嫩适度，无杂质，闻着有豆香味；将两块豆腐叠起不倒、不破裂；刀切面光泽，无杂质，闻着有豆香味。

（9）鉴别茶叶

茶叶的优劣差别很大。一般看外观，叶面紧结匀直，细而垂直，嫩枝，芽毫多，颜色呈青带绿，色泽油润的为上品。外形不匀整，粗松、轻飘，叶老的是次品。假茶叶叶片对生或丛生，叶扁平或方形，颜色呈青色，不匀直。

（10）挑选罐头食品

铁皮罐头保存期为2年，玻璃瓶罐头为1年。铁皮罐头要检查接缝卷边的地方有没有凹陷或突出，罐外有无铁锈。正常的罐头内因气体少，气压低，盖和底一般是向内凹陷或平的，敲打时发出清脆的响声。如果罐身膨胀，底和盖有凸起，敲打时声音浑浊，则说明这听罐头已坏。如果是玻璃瓶装罐头，看食品颜色正常，汤汁清澈，瓶底没有沉淀物，食品块形完整，说明质量是好的。

（11）挑选香蕉

香蕉的外形像月牙状弯曲，皮上有五六个棱，果柄短；未熟时呈青绿色，熟后变黄色并蒂有褐色斑点，果肉呈黄白色，并有浓郁的甜美香味。

（12）选购葡萄

成熟适中的葡萄果粒颜色较深，较鲜艳，果穗大，颗粒饱满并有白霜。一般地说，果粒较稀疏者，味较甜；果粒紧密者，味较酸。

（13）选购西瓜

熟瓜的脐部凹入较深，生瓜凹入较浅；熟瓜皮色灰暗，生瓜鲜嫩明亮。用一手托着瓜，另一手轻拍（或轻弹），若发出闷哑的砰砰声，且瓜体颤动有震手感，则是熟瓜；若发出清脆的声音是次瓜或生瓜。两手抱着西瓜，放在耳边，用两手轻轻挤压，若听到沙沙声，则为好瓜；没有裂声的是生瓜。

二、采买记账

家庭服务员接到雇主交给的生活费，钱数、日期、开支项目等要建立账目，登记清楚。

生活费收支账目表

日　期	雇主交款数	支出项目	单价	数量	金额	剩余金额	备注
5月1日	50元	猪肉	8元	2斤	16元	34元	
5月1日		黄瓜	1.5元	2斤	3元	31元	

家庭服务员为了使家庭饮食营养结构更趋合理，更有计划，可与雇主商量制订每周的膳食计划，制订计划要注意三点：一是家庭成员的营养需要；二是季节特点；三是经济能力。

月　日　至　月　日食谱

时间＼星期	1	2	3	4	5	6	7
早餐	牛奶、面包、鸡蛋	豆浆、油条	烧饼、小米粥				
午餐	米饭、炒菜、鸡蛋汤	馒头、炒菜、米粥	炸酱面				
晚餐	菜包、米粥	卤面	米饭、炒菜、冬瓜汤				

三、食品的清洗与除垢

1. 洗去鱼上的黏液

洗鲜鱼的时候，在放鱼的盘中滴入1~2滴生物油可除去鱼上的黏液。

2. 巧刮鱼鳞

刮鱼鳞之前先用毛刷蘸醋刷鱼，或用醋在鱼身上擦洗，然后再刮鱼鳞就不费劲了。

3. 巧洗带鱼

带鱼如果较脏，可以用淘米水来擦洗，但身上的银白色物质不要除掉，因为白色膜有营养价值，又是药物原料。

4. 巧洗黄鱼

人们洗黄鱼的时候往往剖腹，其实只要用一双筷子从鱼嘴插入鱼腹，夹住肠子转悠几下，便可以往外拽出肠肚。如果鱼已不新鲜，略有臭味，还是剖腹洗净为好。

5. 洗净猪、牛、羊板油上的脏物

将猪、牛、羊板油放进30~40摄氏度的温水中，用干净的包装纸缓慢地擦洗，就可将板油洗干净。

6. 洗蔬菜

蔬菜的种类繁多，清洗方法也不同。蒜苗、芹菜、大白菜等，一般是先摘去腐叶及不食用部分，然后再洗净。青椒等食果或食根类菜一般是先洗后摘，可少损失菜中的营养成分。黄瓜、西红柿、茄子、苦瓜、丝瓜等，因表面凹凸不平，可用刷子刷洗。豆芽类买回后先用水浸泡，然后捞出除去污物。小白菜、菜花等先要用盐水浸泡，然后用清水冲洗。

7. 清除蔬菜上残留的农药

蔬菜买回后放入盆或桶中，倒入清水，再投入适量的小苏打，让蔬菜浸泡 5 分钟左右，取出后用水反复冲洗几次，就可以除去蔬菜上残留的农药。

8. 除掉蚜虫

在清水中放一点盐把菜泡上，菜里的蚜虫或腻虫就会漂浮到水面上，再用清水冲掉即可。

9. 除掉蘑菇上粘的泥沙

在洗蘑菇的水里放点盐，搅拌均匀，泡一会儿再洗，蘑菇粘着的泥沙就很容易被洗掉。

10. 除掉冬菇里的细沙

把冬菇放在温水中浸泡一小时，用手朝一个方向旋搅水 10 分钟左右，藏在冬菇里的细沙就会随水流脱出，并沉落盆底。

11. 泡发木耳

用凉水泡发木耳比热水好，吃起来脆嫩、爽口。如果干木耳沾有沙土杂质，可用米汤浸泡，这样容易清洗。

12. 泡洗干蘑菇

先用凉水刷去表层的尘土，然后浸泡在温水中，同时加上一点糖。这样既能使蘑菇吃水快，保持蘑菇里的香味，又能使蘑菇里浸入糖味，烧后味道更鲜美。

13. 泡发玉兰片

玉兰片洗净杂质后，放入开水中浸泡 5 ~ 6 小时，回软后再上火煮 30 ~ 40 分钟，捞出放入热米汤里。这样泡出来色白。此后，每天早晚各煮开一次，三天即好。

14. 泡洗笋干

将笋干放入锅中，加满水煮 20 分钟左右，用小火焖一下再捞出，去掉老根，洗净后再放进清水中浸泡待用。

15. 泡发海带

将海带散开上锅蒸半小时左右，然后用清水泡一夜。海带与水的比例为1∶3，这样可使海带基本上把水吸干。最后把海带放入清水中洗净备用。

16. 泡制海蜇皮

将海蜇皮用清水搓洗，剥去褐色薄衣。如果海蜇皮中有泥沙，可切成细丝泡入50%的盐水中，用手搓洗片刻，然后再用干净盐水冲洗两三次即可。

第四节 家庭餐的制作

一、家庭主食的制作

1. 米饭的焖制

焖米饭比蒸饭吃起来味道可口，且维生素等营养成分损失较少，其要点是：

（1）首先将米洗净，加水为米的1.4倍，可根据米的种类新旧，及个人口味不同，适当调整。对老年人，可多加些水，使焖出的米饭软一些。

（2）掌握好火候，开始火要大，待水沸腾后，将火减小点，等米将水吸干后，再减小火苗，将锅盖盖严，约20分钟后米饭即焖好。

2. 北味馄饨

（1）主料：淀粉40克，猪肉馅250克，熟鸡肉100克，面粉500克。

（2）调料：鸡汤500克，味精3克，精盐5克，香油5克，酱油10克，葱、姜、香菜末适量。

（3）做法：首先将猪肉馅、姜末、葱末、酱油、精盐、味精放在一起加香油搅拌均匀成馅。面粉加盐揉成面团，擀成薄皮，切成二寸宽，三寸长的馄饨皮，淀粉做补面。每个馄饨皮包上馅。锅中放水旺火烧开下入馄饨，再放入鸡丝、海米、鸡汤即可。煮馄饨不要盖锅盖，水一烧开改中火，稍煮一会儿即熟。如果自家不做馄饨皮，外购半成品也可。

3. 猪肉白菜水饺

（1）原料：猪肉馅300克，白菜250克，香油6克，酱油15克，精盐6克，葱、姜末适量，面粉500克（或根据就餐人数确定肉菜多少）。

（2）做法：猪肉馅加入葱、姜末、酱油、味精、精盐，顺一个方向打匀。白菜切成细末，挤出水分，与猪肉馅搅拌在一起，加香油拌匀。面粉加少量盐搅匀揉成团，搓成条，每一两面用刀切成六个小面团，用面杖擀成薄皮包成饺子。随后锅内放清水烧开，放入饺子煮到饺子鼓起时，即可捞出。

（3）饺子馅怎样做得更鲜美

饺子馅中肉与蔬菜比例要合适，可在肉馅中加少量水（或菜汁、高汤、大料水)，使劲搅拌，同时一点点加酱油（有肉汤最好)，边滴边拌，搅拌成糊状后再加菜淋上香油拌匀即可。如果加入少量白糖，会使馅中有海米味。如用鸡蛋搅肉馅，会使馅肥而不腻，瘦而不柴，口感鲜美。

（4）饺子面怎样做得更爽口

每500克面粉里加一两个鸡蛋加适量的水将面和匀；将和好的面放在盆中，盖上盖子放5分钟。用这种方法和出的面，饺子不会出现粘连或破肚，吃起来爽口、味鲜。

（5）怎样防止煮饺子粘连

当锅里的水烧开后，加入适量食盐，待食盐溶化后再下饺子。盖上锅盖，不用点水，不用翻动，直到饺子煮熟。这样煮出的饺子不粘锅、不粘皮。注意煮饺子的水要多。

（6）怎样快速煮饺子

用高压锅煮饺子只需三四分钟，煮出的饺子不破，不串味，汤水也不浑。具体方法是：在高压锅内放半锅水，当水烧开后，用汤匙搅水使水起旋，然后放下水饺，盖紧锅盖，不要扣阀，用旺火烧，待蒸汽从阀孔冒出约半分钟即可关火。看阀孔不再冒气了，即可开锅捞饺子。注意用旺火烧时不要让锅内的水冒出来，严格控制冒气半分钟即可。煮饺子有句俗语：盖着煮皮，揭着煮馅。

4. 面条（可外购半成品或切面或手擀面，精细扁圆形可自选）

（1）炸酱面。猪肉肥瘦均匀250克，洗净切成小肉丁。备好葱花、姜末，锅内放油烧热，放葱、姜、肉丁煸炒，再放料酒、黄酱（或黄酱与甜面酱混合酱）150克，盐少许，煸炒10分钟左右即可。另备黄瓜丝、绿豆芽（用开水焯一下)、青蒜末一起拌面吃。

（2）打卤面。猪肉250克，葱、姜，黄瓜、黑木耳各100克（水发后备用)，香菇（洗净待用)，鸡蛋2～3个，黄花。先用水将肉煮熟，留肉汤备用；将肉切成薄片，锅内入油烧热后，用葱、姜烩锅，放入肉汤、木耳、黄花、香菇、肉片、料酒、酱油、盐，煮熟，勾芡后将鸡蛋打成糊，撒入卤内，最后放味精、胡椒粉出香味后，可浇在煮好的面条上。

（3）怎样煮面条

煮面条时，在锅中加上少许盐，这样煮出的面条不易糊烂；在锅中加一汤匙油，面条就不会粘连，还可以防止面汤起泡沫或溢出锅。煮切面时适量加些醋，既可除面条的碱味，又使面条变白。煮挂面最好是在锅中水刚冒气泡时就下面，搅动几下，盖上锅盖，待水开后再向锅里点些凉水，稍煮片刻即可。

5. 菜包子

猪肉末500克，青菜500克（根据口味用大白菜或韭菜不等)，洗净剁成菜末，挤干水分；葱、姜末、酱油、香油、花生油、味精等，与肉、菜一起和成馅。面粉500克，将干发酵粉用汤水冲开和面，待面发起后，做成面剂，擀皮包馅，摆入锅屉内，水开后15分钟即熟。

6. 怎样煮元宵

将元宵徐徐投入开水锅中，用勺子轻轻靠锅边推动，使锅内的元宵在水中旋转而不粘锅底。等元宵浮上水面后，立即改用文火煮，同时往锅内加凉水少许，使锅内的水慢沸，几分钟后元宵便煮好了。

7. 怎样使干硬的面包回软

在蒸锅里倒入小半锅温水，再放点醋。将干硬面包放进蒸屉，盖严锅盖，过一夜面包就回软了。其他干硬食品的回软，也可参照此法。

二、家常菜肴的制作

1. 怎样切肉

（1）牛肉要横切，这样才能切断筋腱。

（2）羊肉要剔膜，否则炒熟后肉烂筋硬。

（3）猪肉要斜切，这样使肉既不破碎，又不塞牙。

（4）鸡肉要顺切，只有顺着纤维切才使肉不碎，入口有味（老母鸡肉除外）。

（5）鱼肉要快切，刀口斜入，顺着鱼刺切得干净利索为好。

（6）猪肝要晚切，先把调料及水、淀粉拌匀拌好，一般炒之前再切。

2. 怎样炒菜

一般地说，炒菜先用大火把锅烧热，倒入油，晃锅，使锅壁均匀地布上一层油，然后倒入要炒的菜，炒好后再浇一匙浮油，颠翻几下盛入盘中。

3. 肉食的制作

要使肉本身味道鲜美，应把肉放在开水里煮；要使肉汤味道鲜美时，应把肉放在冷水里慢慢煮。煮排骨、肘子时，加点醋可使骨头中的钙和磷等矿物质更好地分解出来，使人体容易吸收。

（1）炒肉片、肉丝、猪肝、腰子时，下锅前先用淀粉、酱油拌一下，这样可使维生素和蛋白质少受破坏，同时鲜嫩可口。

（2）新鲜的牛肉都含有极其丰富的蛋白质，在烧制时应后放盐为好。

（3）放盐的时间。如果先放盐往往使肉汗外渗，盐分子进入肉中，肉块体积缩小变硬，不易烧酥，吃起来口味也差，所以烧肉应在即将煮熟时放盐。

（4）沥去肉上污物的方法是，先把肉或排骨切成大小适当的块，在凉水中泡 10 分钟，待血水渗透出后捞出，锅里放肉或排骨，加清水烧开，当水快开时，肉上的污物便随之浮起。此时用漏勺将污物捞出，使汤清澈。这样不但可保持肉的固有营养，且达到色、香、味俱全。

（5）在炖肉时，要使肉块口味鲜美，应先将水烧开再下肉，使肉表面上的蛋白质凝固，内部大部分油脂和蛋白质留在肉内，肉味就比较鲜美。如果需要美味肉汤，那就将肉与冷水同时下锅，用温火慢慢煮，这样肉汁、脂肪、蛋白质从肉内部渗出来，则汤味鲜美，肉香浓郁。

（6）炖肉或排骨时，要使肉烂得快，可在锅里放几个山楂或几片萝卜，但不能放碱。盐要放得迟些，否则肉不易烂。烧肉过程中，不要中途加水，否则蛋白质受冷骤凝，使肉或排骨中的营养成分不易渗出。

（7）对于炒制的鲜肉，如肉丝、肉片，要使其鲜嫩不粘锅，须做到以下几点：

一是选料精良，须用去皮的五花肉或后腿肉，不能用软肋和槽头肉；因软肋和槽头肉不论怎么炒也炒不嫩。

二是肉片不能切的太厚，一般以 1 公分厚为宜。

三是肉丝或肉片切好后，放在碗里加少许酱油（不能放盐，放盐会使肉变硬）、料酒、芡粉，一只或数只鸡蛋清，搅拌均匀。将烹制油倒入锅内，油热后放入拌好的肉片，翻动，直至肉变色，再加入配料，炒一会儿即可。

（8）要想炒肉菜不粘锅，炒菜前先把锅洗干净，再放到旺火上，将锅底烧热倒入凉油，迅速涮锅后倒出。再重新加入适量的油，将锅放入旺火上，此时将浆过的肉倒入锅中，快速拌炒，待其表面的蛋白质和淀粉水逐渐受热舒展开，再加入调料、配料一块炒。

4. 鱼类制作方法

首先要洗净，揩干水分后再用料酒、醋、姜、葱和精盐在鱼肉上涂匀，浸汁入味，以去除腥味。在烹调时先用油煎一下，再加入调料烹制，便可制作出美味的鱼类菜肴。

在煎鱼时常常会出现粘锅的现象，注意以下要点，便可解决。

（1）锅洗净，烧热后放油，油热后放鱼，待鱼皮煎成黄色时再翻动。

（2）将鸡蛋打碎倒入碗中，搅匀，再将鱼放入碗中，使鱼裹上一层蛋汁，然后放入热油锅中煎。

（3）用鲜姜在热锅底部涂抹，然后放油，待油热后将鱼投入煎制。

对用于煎炸过鱼的油丢之可惜，但食之鱼腥味太浓，其解决办法是把煎炸过鱼的油放在锅内烧热，投入适量花椒、姜片和葱段，炸出香味使油中的腥味分解。然后锅离火，抓一把面粉撒入热油中，面粉受热后，形成糊状沉淀，能够去掉油中的大部分腥味。然后澄清油底，去掉姜、葱、花椒，油便可继续食用，而无太多腥味。

5. 常见家庭饭菜制作方法

（1）醋熘白菜

主料：大白菜心500克。

调料：植物油30克，花椒10粒，酱油15~20克，香油8克，精盐8克，白糖20克，米醋20克，水淀粉20克。

做法：先将白菜洗净，切成长一寸、宽三分的段，炒勺放旺火上，加入植物油烧至六成热时，放入花椒炸煳捡出，投入白菜，反复翻炒数遍，烹入醋、酱油、精盐、白糖，勾芡，淋入香油出锅便可食用。

特点：酸甜香脆可口。

（2）素炒卷心菜

主料：卷心菜400克。

调料：精盐5克，酱油10克，植物油30克，花椒15粒，葱花、大蒜末少许。

做法：首先将卷心菜洗净，沥干，切成2厘米宽长的块，将锅放在旺火上加入油烧热，投入花椒炸煳，取出花椒，放入葱花，随后放入卷心菜翻炒，加入精盐、酱油、蒜末炒拌均匀即可。

特点：香脆爽口。

（3）炒鲜莴笋

主料：莴笋500克。

调料：植物油30克，花椒15粒，精盐5克，葱花、蒜末少许。

做法：将鲜莴笋去叶和皮，洗净，从笋的斜面切成2厘米长的薄片放入盘中，用开水烫一下，随后用凉水冲凉，沥干水分。将炒锅置于火上，放入植物油烧热，放入花椒炸熟捞出花椒，放入葱花，随后放入莴笋片，翻炒均匀后，加入精盐、蒜末，翻炒至熟。

特点：味香，色翠绿。

（4）红烧冬瓜

主料：冬瓜500克。

调料：花生油40克，酱油20克，甜面酱30克，精盐5克，白糖10克，姜末4克，葱花3克，水淀粉20克，高汤10克。

做法：冬瓜去皮去子，洗净，切成3厘米长、2厘米宽的块，随后将锅内加花生油在旺火上烧热，将葱、姜、甜面酱投入锅中，再投入冬瓜、白糖、精盐、酱油、高汤，开始转微火烧，冬瓜块熟时勾芡。

特点：味道鲜香，经济实惠。

（5）大葱炒豆腐

主料：豆腐300克，大葱100克。

调料：食用油73克，酱油10克，精盐5克。

做法：将大葱洗净，劈成四瓣，再切成一寸的段，豆腐切成长一寸、宽五分、厚二分的块。将炒锅放在中火上，加入食用油烧至五成热，将豆腐推入炒锅中，煎成两面呈淡黄色（注意不要煎糊，否则豆腐发苦），拨至炒锅边，再放入葱段煸炒透，加入酱油、精盐，把豆腐推入，颠翻均匀出锅即可。

特点：味浓香醇。

（6）沙锅丸子

主料：豆腐500克。

配料：冬菇20克，冬笋20克，鸡蛋1个，白菜500克。

调料：食用油100克，淀粉20克，料酒10克，白糖10克，精盐10克，味精5克，葱末、姜末、胡椒粉、香油少量，鲜汤少许，面粉适量。

做法：豆腐放入开水中烫透，捞出控干水，放在盘中，放入盐、味精、淀粉、香油、料酒、鸡蛋、面粉、葱末、姜末，搅匀挤成直径2厘米的丸子。白菜切成2厘米长的段，冬菇切块，冬笋切片。锅内放油，旺火烧至八成热，放入豆腐丸子炸至金黄色，用漏勺捞出沥干油待用。锅内留些底油，烧热后倒入切好的白菜段翻炒片刻，放入鲜汤、料酒、葱末、精盐，烧开后倒入炸好的丸子，待开锅后倒入沙锅中，将盖盖好，微火煮15分钟，开盖放入胡椒粉、味精，淋上香油即可。

（7）蒜苔炒肉丝

主料：五花猪肉150克，蒜苔200克。

调料：植物油30克，料酒10克，香油10克，精盐5克，酱油20克，淀粉20克，甜面酱30克，味精3克，葱花少量，高汤少许。

做法：首先将猪肉洗净切成3厘米长的丝，将蒜苔洗净切成2厘米长的段，放入开水中烫1分钟，捞出沥干。将植物油倒入锅内旺火烧热，放入肉丝（最好用芡粉抓一下）、葱花，随后将蒜苔段投入锅内，然后将料酒、酱油、甜面酱、高汤、香油、味精放入锅内，勾芡，反复翻炒后出锅。

特点：肉鲜嫩，蒜苔翠绿鲜嫩。

（8）米粉肉

主料：鲜五花猪肉500克，江米150克。

调料：料酒20克，精盐3克，姜丝3克，大料4朵，酱油20克，红糖少许。

做法：首先将肉洗涤切成5~6厘米长，3~4厘米宽，0.5厘米厚的片，再将江米与大料放在锅内，用温火爆成淡黄色后出锅备用。随后把肉片皮朝底码入碗中，码放需整齐，整条的放在中间，短条的贴在碗边，碎肉和江米放在肉片中间和浮头，洒上料酒、精盐、酱油，红糖经炒色均匀后一同撒在浮头上，上笼蒸，用旺火煮开，微火蒸烂，出笼，翻扣入平盘中即可食用。

（9）软炸腰花

主料：猪腰子 300 克。

调料：花生油 100 克，味精 2 克，料酒 15 克，鸡蛋 2 个，精盐 3 克，水淀粉 70 克，椒盐适量。

做法：首先将腰子洗净切成两半，去腰臊，在光面先立刀，再坡刀，再改成鱼鳃块。将腰块用精盐、味精、料酒拌匀，放在碗中。水淀粉与鸡蛋调成糊，把腰块放入抓匀。锅内加油烧热，把腰片分散均匀放入，使其不粘连在一起，炸成金黄色，熟透后捞出沥干，放入椒盐便可食用。

特点：外焦里嫩，香酥可口。

（10）葱爆羊肉

主料：精羊肉 200 克，大葱 150 克。

调料：料酒 15 克，花生油 25 克，精盐 4 克，味精 3 克，酱油 20 克，醋 10 克，香油 5 克。

做法：羊肉洗净切成大薄片，将葱白切成滚刀块，把肉放在盘内用酱油、香油、味精、料酒调一下，用手抓匀，再放入葱拌匀。锅加热后放入油，待油热后放入肉和葱，待快出锅时放入盐，少量醋和香油，翻炒片刻即可。

特点：香嫩可口，色泽金黄。

（11）炖猪肉

主料：带皮五花猪肉 500 克。

调料：酱油 150 克，料酒 20 克，白糖 20 克，大料桂皮少量，葱段 50 克，姜片 100 克，水 500 克。

做法：肉洗净切成小方块，放入锅内炒至发白后，加入料酒、酱油，再放入葱段、大料桂皮、姜片、白糖，翻炒片刻，放入水；待锅开后撇去浮沫，用温水炖约 1 小时肉烂即可。

（12）糖醋排骨

主料：排骨 500 克。

调料：植物油 500 克，料酒 20 克，红糖 20 克，酱油 20 克，醋 15 克，水淀粉 100 克，葱段 30 克，精盐 5 克。

做法：排骨剁成 4 厘米长的块洗净，加入料酒、盐搅拌均匀，用水淀粉抓匀。油入锅烧热，放入排骨炸至金黄色，捞出沥干。倒去锅中余油，把红糖、酱油、醋与水淀粉混合调成汁入锅，倒入排骨，放入葱段，反复翻炒几遍即可。

（13）黄焖牛肉

主料：蒸熟的牛肉300克。

调料：植物油30克，大料3朵，料酒20克，葱花5～10克，姜末5克，甜面酱20克，水淀粉20克，精盐5克。

做法：熟牛肉切成小长方块。锅内倒入油烧热，将大料放入炸成枣红色，放入葱花、姜末炝锅，将甜面酱倒入锅内炒一下，放入剩下所有配料，牛肉块随即入锅翻炒几遍，用水淀粉挂芡，微火焗一会儿即可。

（14）红烧鲤鱼

主料：500克左右鲤鱼1尾。

配料：香菇30克，笋片30克。

调料：花生油500克，鲜汤500克，料酒20克，醋15克，酱油20克，味精3克，白糖40克，葱、姜、水淀粉适量。

做法：将鱼剖洗干净，两侧各划5～6道斜刀，粘上淀粉。将葱切段，姜、笋切片。锅中倒入花生油，在旺火上烧至七成热，将鱼放入，炸成金黄色捞出沥干油。锅中留少量底油，烹入料酒，随即将香菇、醋、酱油、笋片、白糖、姜、葱放入锅内，翻炒片刻，加入鲜汤，煮沸后放入鱼，烧10分钟后将鱼捞出放入盘中。在锅里继续淋入水淀粉搅匀，放入味精，出锅浇在鱼上即可食用。

（15）糖醋鲤鱼

主料：500克左右鲤鱼1尾。

调料：花生油500克，醋50克，白糖70克，料酒20克，酱油20克，鲜汤50克，鸡蛋1个，姜汁、湿淀粉、味精、葱段各适量。

做法：鱼剖洗干净，两侧各划5～6道斜刀。鸡蛋与湿淀粉调匀后，均匀地粘在鱼身上。将醋、酱油、料酒、湿淀粉、鲜汤、白糖、味精、姜汁放入碗中调匀备用。锅中倒入花生油旺火烧至八成热，将鱼放入炸至双面焦黄、肉全部熟透时，捞出沥干油放入盘中。锅中留少量油，倒入碗中调好的汁，略加搅拌，烧开翻起小泡时出锅浇在鱼上即可食用。

（16）糖醋带鱼

主料：带鱼300克。

调料：植物油200克，醋40克，清汤50克，白糖50克，料酒20克，味精3克，酱油15克，葱段、姜片适量。

做法：首先将带鱼去除内脏，刮去外层银衣，斩去头尾。洗净后切成4厘米长的段，在鱼段两侧划十字刀，深达鱼骨，用料酒、味精、酱油腌渍以入味。锅内倒入植物油放在旺火上烧至七成热，将鱼段放在锅内煎至两面呈焦黄色。捞出沥干装盘。锅内留少量油，放入姜片、葱段翻炒片刻，随后将带鱼放入锅中，加入醋、酱油、清汤、白糖，待汤将收尽时，将鱼翻几下，即可出锅。

（17）西红柿炒鸡蛋

主料：鸡蛋3～4个，鲜西红柿200克。

调料：盐4克，味精3克，白糖10克，植物油30克。

做法：鸡蛋打入碗中搅匀，西红柿洗净切成薄片。将油倒入锅中烧热，将鸡蛋轻倒入锅内炒熟后，把西红柿、盐、味精、白糖一同放入锅内，翻炒几下，出锅便可。

（18）家常鸡块

主料：成年鸡1只。

调料：植物油30克，豆瓣酱20克，盐5克，味精3克，酱油15克，料酒20克，水淀粉20克，葱小段20克，姜片20克。

做法：鸡去内脏清洗干净，切成3厘米见方的块。油倒入锅中烧热，将鸡块、葱、姜、豆瓣酱一同下锅煸炒出香味后加料酒、水、酱油、盐、味精一起焖烧，至鸡块软烂勾入水淀粉即可出锅食用。

（19）红烧鸡块

主料：中等大小嫩鸡1只。

调料：植物油30克，酱油30克，料酒20克，精盐5克，葱小段20克，姜片15克。

做法：将鸡去内脏清洗干净，剁成大小均匀的块。锅内加适量清水用旺火烧热，鸡块下锅，至水烧开，撇净浮沫，转为小火煮10分钟，将鸡块捞出沥干。锅中放油烧热，把煮熟的鸡块、葱、姜一同下锅翻炒，加酱油、水、料酒烧开，撇去浮沫，再加入盐、味精，转为小火慢烧至鸡块熟烂即可。

（20）菠菜拌粉丝

主料：菠菜500克，粉丝150克。

调料：芥末粉15克，酱油5克，辣椒油20克，精盐10克，米醋10克，味精3克，蒜15克，海米10克。

做法：将菠菜择洗干净，放入开水中烫一下，捞出用凉水冲凉后挤去水分，切成2厘米长的段放入盘中备用。随后将粉丝用开水泡胀发透，用凉水冲凉，切成15～20厘米长段与菠菜放在一起。大蒜切成末待用，海米用开水泡发好，芥末粉用少许水调匀，随后将芥末、蒜末、海米放在粉丝一边。最后将味精、精盐、酱油、辣椒油放一起调成汁浇在粉丝上一起搅拌均匀即成。

特点：清凉爽口。

（21）凉拌海带丝

主料：海带100克，粉丝100克。

调料：精盐4克，味精3克，酱油10克，醋10克，香油5克，蒜泥少量。

做法：海带泡发洗净切丝，放入开水中烫过捞出沥干，粉丝煮熟放凉，随后将海带丝和粉丝加全部调料拌匀即可。

（22）糖拌西红柿

主料：西红柿300克。

调料：白糖50克。

做法：西红柿洗净，去蒂，每个西红柿切成8～10瓣放入盘中，食用前加入白糖拌匀即可。

（23）芹菜拌腐竹

主料：嫩芹菜500克，腐竹100克。

调料：香油5克，味精3克，精盐4克，酱油10克，醋10克。

做法：芹菜洗净，切丝放入开水中烫一下，捞出沥干放入盘中。腐竹泡发后，切丝放在芹菜丝中。味精先用水化开，与其他调料一起浇在芹菜丝上拌匀即可。

（24）水晶肘子

主料：猪肘子1个。

调料：花椒3克，大料2克，橘皮1个，精盐5克，味精2克，料酒20克，葱、姜、香菜、汤各适量。

做法：首先将肘子刮毛洗净，在开水锅中煮至八成熟捞出沥干，剔去骨头。肘子皮朝下放于盆内，然后将除香菜外的所有调料加汤浇在肘子上面，蒸烂，取出花椒、大料、橘皮、葱、姜等，放凉后在低温下保存，食用时切成1厘米左右的片，放于盘内，撒上香菜末，蘸酱油、姜、蒜末调成的汁食用。

（25）丸子汤

主料：猪肉馅300克，白菜心300克，鸡蛋3个，料酒10克。

调料：香油5克，味精2克，精盐5克，胡椒粉1克，水或高汤1000克。

做法：首先将猪肉馅、鸡蛋和精盐3克搅拌均匀，然后捏成肉丸子，放入沸汤内煮熟捞出。随后将白菜心投入煮熟，然后将肉丸、味精、盐、胡椒粉放入锅内煮沸出味，放料酒、香油即可食用。

（26）海米冬瓜汤

主料：海米35克，去皮冬瓜片250克。

调料：精盐3克，鲜姜丝5克，葱花少量，胡椒粉1克，味精2克，香油3克，香菜适量，高汤250克。

做法：先将高汤放入锅内烧开，放入海米，再将冬瓜片放入汤内煮开，将葱花、姜丝、精盐、味精、胡椒粉等放入汤内，随后向汤内撒些香油和香菜即可。

（27）三鲜汤

主料：虾仁30克，鸡肉30克，水发海参40克，鸡蛋清2个，竹笋5克，香菇5克。

调料：高汤100克，精盐4克，味精2克，料酒10克，葱花、鲜姜丝、香油、香菜少量。

做法：高汤放入锅内烧开，加入虾仁、鸡肉片、海参，随后将香菜、香菇、竹笋、鸡蛋清搅匀放入汤中。最后将葱花、盐、味精、料酒、姜丝放入汤中，煮沸后倒少量香油和香菜即可。

（28）酸辣汤

主料：豆腐250~500克，鸡蛋2个，白肉30克，木耳5克，菠菜或香菜少量，水发玉兰片20克。

调料：水淀粉100克，醋10克，酱油10克，香油5克，味精2克，花椒油5克，白胡椒5克，葱末适量，高汤1000克，植物油30克。

做法：首先将豆腐、木耳、白肉、玉兰片切成丝，将玉兰丝放在沸水中焯一下，白胡椒拍碎，锅内放植物油旺火烧热，将白胡椒炸一下，捞出白胡椒，放入葱花炝锅，放入高汤、豆腐丝、白肉丝、木耳丝、玉兰丝。锅开后，加入味精、醋、酱油，勾芡，甩入鸡蛋花。出锅时放入花椒油、香油、香菜即可。

三、怎样鉴别制作膳食的火力大小

鉴别火力是掌握火候的前提。所谓火力是指燃烧的烈度而言。一般根据火焰高低、火光明暗和供热强弱等现象，把火力分为旺、中、小、微四类：

①旺火，高而稳定的火焰呈黄色，光度明亮、热气逼人。

②中火，火焰低而摇晃呈红色，光度较暗，辐射热较强。

③小火，火焰细小呈青绿色，光暗淡，辐射热较弱。

④微火，火呈暗红色看不到火焰，供热微弱。这种火除用于特殊的烹调外，仅作保温之用。

四、调味的四项原则和三种方法

1. 调味四项原则

（1）下料必须恰当、适时。所用的调味品和每种调味品的用量必须恰当。

（2）严格按照一定的规格调味，保持风味特色。在烹调菜肴时，必须按照地方菜系的不同规格要求进行调味，做到烧什么菜，像什么菜。

（3）根据季节变化适当调节菜肴的味和颜色。炎热的天气，菜的口味、颜色应比较清淡；在寒冷的季节，菜的口味则应浓厚，颜色则应较深。

（4）根据原料不同性质掌握好调味技巧。新鲜的原料，应突出原料本身的美味，而不宜为调味品的滋味所掩盖。本身无显著滋味的原料，要适当增加滋味，调味时必须加入鲜汤，以补其鲜味的不足。对带有腥味的原料，要酌加去腥味解腻的调味品，如牛、羊、鱼肉及水产品，在调味时应酌加料酒、醋、葱、姜或糖等调味品。

2. 调味方法有三

（1）原料加热前调味，为基本调味。主要目的是原料有一个基本的滋味，同时可解除一些腥膻味。具体方法是用盐、酱油、黄酒或糖等调味品，把原料调拌一下或浸渍一下。用于炸、溜、爆、炒的原料往往要结合挂糊上浆加入一些调味品；用蒸的方法制作的菜肴，其原料事先也要进行调味。

（2）原料加热过程中的调味，即在加热过程中适时将调味品投入。这是具有决定性的定型调味，大部分菜肴的口味都是在此阶段确定的。对于旺火快速烹调的菜，还需要先把一些调味品调成汁，在烹制时迅速加入。

（3）原料加热后调味。此称为辅助调味，适用于在加热过程中不能进行调味的一些烹调法。如蒸、炸类菜的原料，虽都经过基本调味的阶段，但由于在加热的过程中无法调味，所以往往在菜肴制成后，加上调味品或随调味品上席，如软炸里脊肉、炸鸡等，以补基础调味的不足。

五、勾芡的方法

1. 单纯粉汁调制方法

将芡粉与水调成湿芡粉，搅拌均匀，让粉粒在水中充分溶解。一般勾芡分厚芡和薄芡两种：厚芡就是勾芡后菜肴的卤汁较稠；薄芡就是勾芡后菜肴的卤汁较稀。

2. 粉汁加调味品调制方法

粉汁和各种调味品放在一起搅拌而成。即在菜肴烹制前把菜所需用的各种调味品和粉汁放在碗中调匀，至菜肴接近煮熟时投入锅中。一般用于溜、爆、炒等旺火速成的烹制方法。

3. 注意事项

（1）勾芡必须在菜肴即将成熟时进行，过迟或过早都会影响菜肴的质量。

（2）用单纯的粉汁勾芡，必须在菜肴的口味、颜色已经调准后进行。

（3）勾芡时菜肴上不宜有太多的油，油量过多卤汁黏裹不上。

（4）勾芡时锅中汤汁要适量，不能过多或过少。

第九章
保健护理

健康是金子，健康是快乐，健康是文明，健康是幸福，健康是人生最宝贵的财富。家庭服务员要努力做好家庭保健护理工作，使雇主拥有一个健康快乐的身心，使全家健康幸福地生活。

第一节　健康新理念

一、人的健康新理念

作为21世纪的家庭服务员，要做好家庭的保健护理工作，首先自己要树立起正确的健康观念，帮助雇主全力打造文明健康生活的4大基石，即合理的膳食、适量的运动、戒烟限酒、心理平衡。

联合国世界卫生组织给健康下的定义是："不但没有躯体的缺陷和疾病，还要有完整的生理、心理状态和社会适应能力。"

健康人应该有充沛的精力，能从容不迫地担负日常生活和繁重工作，并且不感到过分紧张疲劳；处事乐观，态度积极，乐于承担责任，事无巨细，不挑剔；善于休息，睡眠好；应变能力强，能适应外界环境的各种变化，能够抵抗一般性感冒和传染病；体重适当，身体匀称，站立时，头、肩、臂位置协调；眼睛明亮，反应敏锐，牙齿清洁，无龋齿，不疼痛，牙龈颜色正常，无出血现象；头发有光泽，无头屑；肌肉丰满，皮肤有弹性。

可见，健康不仅仅是指身体好，还要符合心理健康状况的标准，有良好的社会适应能力和交往能力。

二、文明生活四基石

1. 合理膳食

一是每天喝一袋牛奶。睡觉前喝奶，如果喝完奶后能再吃一片100毫克维生素C和一片复合维生素B（三岁以下上述两种维生素每种半片），你会一路健康。

二是250至350克碳水化合物。调控主食可以调控体重，是最好的减肥方法，碳水化合物是我们的主食，250克至350克也就是8两以下。最科学、最顺利的减肥法：饭前喝汤，苗条健康。

三是一份高蛋白。人不能光吃素，也不能光吃肉，蛋白质不能太多，也不能太少，三至四份就好，不多不少。

一份就是一两瘦肉或者一个鸡蛋，或者二两豆腐，或者二两鱼虾，或者二两鸡或鸭，或者半两黄豆，一天三份。

动物蛋白质以鱼类蛋白质最好。

四是四句话，即“有粗有细，不甜不咸，三四五顿，七八分饱”。一个礼拜吃三四次粗粮，棒子面、老玉米、红薯这些粗细精搭配营养最合适。

不甜不咸是指“清清淡淡才是真”。

人日均食盐，其实6克就行。吃饭一定要吃七八分饱，能做到这点就可延年益寿。吃七八分饱，是说你离开饭桌时还有点饿，还想吃。中医有句老话：“若要身体安，三分饥和寒。”

五是红、黄、绿、白、黑500克蔬菜和水果。预防癌症的最好办法，就是常吃新鲜蔬菜和水果。

“红”是一天吃一到两个西红柿，特别提醒男同志一天一个西红柿，前列腺癌可减少45%。熟吃的西红柿更好，因为番茄红素是脂溶性的。第二个就是如果是健康人喝点红葡萄酒或米酒也可以，但千万不要喝得太多。少量酒是健康的朋友，多量酒是罪魁祸首。

“黄”是多吃富含β胡萝卜素（维生素A的前体）的食品，如胡萝卜、西瓜、红薯、老玉米、南瓜、红辣椒，或者干脆叫红黄色的蔬菜，红黄色的蔬菜含维生素A多。

“绿”是多喝茶，饮料里茶最好，茶叶当中绿茶最好，绿茶含有多种抗氧化自由基的物质，可减缓老化。

“白”是指吃燕麦粉、燕麦片。燕麦粥不但降胆固醇，降甘油三酯，还对治疗糖尿病、减肥效果特别好。

“黑”是黑木耳，它可以降低血黏度。黑木耳吃后，血变稀释，人不容易得脑血栓、老年痴呆，也不容易得冠心病。

2. 适量活动

步行运动是世界上最好的运动。步行可以逆转冠状动脉硬化斑块，特别适合中老年人。步行还能有效地预防糖尿病。步行还能明显使体形健美。步行使脂肪减少，肥胖者减肥，瘦者肌肉增加，变得健壮。更重要的是步行能改善神经系统功能，尤其是平衡功能改善。步行能改思维，使情绪变得愉快。

怎么步行最好呢？请记住三个原则：有恒，持之以恒；有序，循序渐进；有度，适度运动。三个字是三、五、七。“三”就是最好一次步行3公里30分钟以上，分次也可以；“五”是一个礼拜最少运动5次；“七”指适量运动，因为过分运动是有害的，那怎么叫适量呢？有氧代谢，就是运动到你的年龄加心跳等于170。

除了步行，还有项运动很值得提倡，就是打太极拳。它柔中有刚，阴阳结合。太极拳最大的用途是改善神经系统，如果坚持三年、五年、十年之久，平衡功能将会改善，走路绊了一下，也不易摔跤。

3. 戒烟限酒

吸烟有害健康，应当戒烟。酒是柄双刃剑，少量是健康之友，多量是罪魁祸首。

怎么做到科学的饮酒呢？一是要喝低度酒，如啤酒、葡萄酒；二是量要控制，每餐饮酒酒精含量不超过15克（相当于50至100毫升葡萄酒，或一罐啤酒）；三是如空腹，勿与碳酸饮料共饮。

4. 心理平衡

心理平衡是健康的金钥匙。延年益寿有两条重要因素：一是心态良好，心理平衡；二是和睦的家庭，家人关心，单位关心，有强大的社会支柱。心理是主要的，药物是次要的。

心理平衡的作用超过一切保健措施的总和。每一个健康的老人都心胸开阔、性格随和、心地善良，没有一个健康老人心胸狭窄、脾气暴躁、鼠肚鸡肠、钻牛角尖，没有一个健康老人是懒惰的，他（她）要么爱劳动，要么爱运动。我们的疾病在很大程度上受心理影响：只要有个良好的心态，就不用害怕疾病。人本来有很强的抗病能力，很大的抵抗力，精神一崩溃，就全完了。

第二节　老年人的保健护理

一、老年人的心理保健

（一）老年人的心理特征及其表现

1. 失落感

离退休是老年生活的重大变化，从几十年的工作状态，突然转变为赋闲状态，感到无所事事，心绪不定，从掌握一定权力到无职无权和平民百姓的地位变化，从车水马龙到门可罗雀，感到极不适应。其实每个人都会有一个适应过程，既有心理方面的适应，亦有身体方面的适应，几十年习惯了工作环境、生活节奏、人际关系，由于离退休有了根本变化。原地位愈高失落感愈强。随着时间的推移，这种失落感也会逐渐淡化，以至趋于消失。

2. 孤独感

寂寞孤独感是老年人常有的心理问题，离退休后环境变化，多年同事见面机会少了；社会及本单位共事的同伴逐渐疏远；许多人甚至自己的下级有了高就，有的也无形中疏远了；家庭子女逐渐成人，成家立业，工作结婚而离开父母；社会上新接触的人，多为陌生人，职业差异大，共同语言少，因而会感受到孤独，尤其是那些老年丧子、丧偶者倍感孤独，由于接触社会的圈子很小，很难与周围环境、周围人群取得和谐共鸣。

3. 惯性思维

几十年的生活和工作积累了丰富的经验，形成了个人看问题、分析问题和解决问题的立场和思想方法，人生观、价值观、道德观也基本定型，形成了比较固定的思维方式。他们面对不断出现的新事物、新理论，如果继续沿用传统的思维方法，这种惯性思维就会成为一种僵化保守、偏执、故步自封，甚至因想不通一些问题而造成思想负担或心理障碍。

4. 怀旧心理

怀念过去对老年人来说是极为正常的心理，这也是发展心理学范畴中老年心理研究的问题之一。许多人因个人生活、社会生活、政治生活、环境变化、人际关系等方面遇到的问题而怀念过去。如果对过去一些不愉快的事情耿耿于怀或者一味地重过去、轻未来，又缺乏理性判断，抱住老黄历不放，就容易对现实生活产生不满，缺乏信心，从而产生消极悲观情绪。忘记过去不可能也不应该，应将适度怀旧演化成为现在、将来过得更好的一种前进的动力。从这个意义上说，怀旧心理是一种心灵补药，适量有益，过量有害。

5. 不平衡心理

心理不平衡有客观原因也有主观原因。级别、待遇对老同志是敏感的问题，认为这是他们一生的安抚和补偿。由于某些客观原因，他们可能会认为对退休待遇不理想、不公平。但就主观原因而论，不少是心理问题造成的，如不必要的攀比，当然也有因社会上的势利眼歧视等。社会的巨大变迁，工资差距逐渐拉大，刚参加工作的青年工资高过离退休同志，尤其自己子女参加工作时间不长，工资却大大高过自己，心里不舒畅。有的老人多年为级别、待遇心理不平衡，有的在弥留之际，仍念念不忘，造成生活的不愉快。

不平衡心理不仅表现在工资、级别、待遇，还涉及一些其他问题，在此不多赘述。

6. 期盼尊重、需求关心的心理

人到了老年，健康逐渐衰退，这是一种不可逆转的自然规律，生、老、病、死，后三者都是老年人必然面临的问题，体力衰退使生活能力下降，精神上、生理上都需要关怀、照顾。老年人在社会上属弱势群体，无权无势，经济收入有限，要看到他们曾经对社会的贡献，为今天的社会发展做了打基础的工作，他们做了人梯，做了社会的垫脚石，有一定的苦劳和功劳，理应受到社会的尊重和多方面的关怀，如多年夫妻老来伴的配偶关怀、子女尽孝心的关爱、亲友的关怀和组织的关怀等。社会关怀包括尊老爱幼的氛围，社会对老年人的优待政策以及必要的政策倾斜等，多种关怀是老年人必需的，少任何一种都是缺陷。

7. 承受力下降的心理

老年人随身体健康状况逐年下降，智力、记忆力在下降，心理承受能力也在下降。走在对面的老熟人竟然回忆不起对方的姓名，刚刚放下的某些物件，如眼镜、钥匙等，转眼就会找不到，忘记放在了何处，往往还会遇到有目标要求但不知怎么去实现的心理窘境。情绪是个体受到某种刺激后产生的一种身心应急状态，情绪虽然是主观意识范畴，但老年人是不易控制的，遇事激动、偏激、发脾气，动辄愤怒异常，有的人在会上发言也紧张得颤抖，遇到愤愤不平之事，更是控制不住自己，气得浑身发抖，偶尔甚至产生心理变态，杞人忧天、自寻烦恼，很简单的事，越想越想不通。这些都是心理承受能力下降的具体表现。

8. 心理异常

从一般心理问题发展到极端病态心理状态，造成罹患诸如抑郁症、忧虑症、恐惧症、神经错乱及精神分裂症，此种心理异常，虽然在少数人身上发生，仍不可小视，本文不多叙述。

（二）影响老年人心理问题的十个因素

老年是人生全程发展的后期，人的生理和心理都会发生变化，出现与中青年人明显不同的心理特征，而引起这些变化的既有社会、家庭等客观因素，又有个人素质、性格等主观因素，要研究老年人的心理特征还必须了解影响老年人心理的诸多因素。

1. 老年人不同的人生经历

包括人生过程，受教育程度，社会职业，工作经历，家庭熏陶，政治生活，精神生活，人格修养，个人嗜好，智力高低，经济生活环境好坏等。

2. 身体健康状况

人进入老年期，生理健康必然趋于老化而逐渐衰退，听力、视力下降，记忆力衰退，患有慢性病后有的生活不能自理，无人照顾，会产生许多负面情绪。罹患大病、绝症，亦会产生抑郁、烦躁、轻生厌世情绪，由于不良心理反应又会导致身体健康的异常或病变，促使神经官能症、抑郁症、高血压等疾病发生。

3. 经济生活状况

养老金不高，经济拮据；因子女下岗需接济生活的，用养老金或继续贴补子女结婚买房的；或因被骗、被偷、炒股等特殊性风险原因造成较大经济损失的；离退休后尚能创相当收入的。

4. 家庭婚姻状况

老夫老妻不能相濡以沫或与配偶不和夫妻分居，离婚丧偶或重新组织家庭不相适应又出现新的问题，为家庭琐事经常吵闹感觉生活特累。家庭成员关系不够融洽，子女不孝顺，与儿媳、女婿有矛盾，孙辈需要照顾，子女在外地或国外不能照顾，形成空巢老人家庭，感到寂寞，缺少安全感。

5. 融入和适应社会的状况

离退休后与社会联系较少，有心事有情绪无处倾诉或产生排斥与人交往的心态，缺乏人际交往的信任感，对有成见的人结怨“记仇”，不能主动与人交流沟通。社会上发生的任何事情，人文关怀，尊老爱幼的环境，亲临的自然环境、居住环境，受人歧视遭冷遇，曾被盗、被骗，缺乏安全感等。

6. 个性因素

心理学研究的人格主要是指人的个性，如外向型与内向型，急躁型与温和型，宽容型与狭隘型，满足型与攀比型，奉献型与索取型，享乐型与节俭型等。

7. 个人生活方式和习惯

包括不良习惯如抽烟、饮酒、赌博。良好习惯有学习的习惯，参加健康有益的活动如集邮、绘画、书法、学外语、听音乐、培养高雅气质和鉴赏能力。

8. 受关怀照顾的程度

包括家庭关怀（子女直系亲属），亲友关爱，社会关怀，组织关怀等。

9. 特殊事件的影响

一生中遇到的大喜大悲和突发事件，如家庭喜庆、事业有成、组织嘉奖、意外收获等，或脱离实际难以达到的目标要求落空，遇到过难以预测的天灾人祸，在精神上受过伤害，物质上遭受巨大损失。

10. 心理平衡的个人调适能力

能否保持个性的完整与和谐，情绪的适当表达及控制，无力调适个人心理平衡，导致情绪低落，精神压抑。

影响老年人心理的因素，是一种多因素的系统工程。个人心理健康实质上是每个老年人心理上的自我博弈过程，每个人千差万别，心理活动也有极大的差异，随时间的延续，离退休时间长短，也会有不同阶段的影响因素。每一位老人应自我掌握影响心理活动的因素，发展积极因素，克服消极因素，消除内心矛盾。

（三）老年人的心理期待类型

1. 成就型

有些老年人在中青年时曾经在工作中做出过一些成绩，甚至取得了非常显著的成就，因而离退休之后有一种完成任务的感觉，对自己的成就感到满意和自豪，他们喜爱同年轻人谈自己辉煌的过去，更希望年轻人尊重自己。此外，这部分老年人往往壮心不已，积极进取，希望有机会发挥余热。

2. 安乐型

有些老人离退休之后对自己的成就感到满意，同时认为既然从岗位上退下来了就应该安于清闲的生活，知足常乐，平时可以在家养个宠物或者锻炼身体，或者是认为自己年轻时把时间用在了工作上，没有时间顾及家庭，这时有时间了就要在家里多做家务和老伴、子女更多时间地相处等。总之，这一类老年人最让照顾他们的年轻人省心，家里人也应该用心营造氛围，让老人更好地享受天伦之乐。

3. 不服型

有些老年人平时身体好，加上有某个方面比较过硬的技术，因而可能会出现不服老的现象。他们认为自己身体还好，就要多作出些贡献，甚至很多事情一定比年轻人干得更好。另外，也有一种情况是对某种看法不服气产生的，如同事在某个方面曾经超过自己，但实际情况并非如此，因而不服，即使退下来了还要用事实再次证明自己的能力等。

4. 求助型

这部分老年人或是因为经济条件差，或是因为健康状况不佳，或是因为配偶离去，倍感孤单，因而特别需求帮助，尤其是需要子女对自己的照顾。这部分老年人如果情绪不好，常常会产生失望的感觉。照料好这样的老人不仅仅是儿女们的事情，所有的人都应该尽自己的一份爱心，让老人感到温暖。

5. 衰弱型

身体的衰老必定会影响生活，这类老年人常常感到没有生活乐趣，感到苦闷，甚至是忧虑烦恼，日久可能会对生活失去兴趣，产生恐惧心理。家人应该多给老人关心，用心安排老人的生活，让他们老有所为、老有所乐，同时减少他们的心理负担，使他们快活起来。

（四）情感交流与疏导

1. 应遵循的原则

以老年人为中心，尊重老年人的人格，通过耐心、真诚的倾听与询问，给予亲切关怀和积极的鼓励，以及适当的匿名保证，恰到好处的心理干预。

2. 情感交流与疏导的要求

（1）准备与计划阶段

护理人员要仪表端正、举止大方、服饰整洁，微笑，语调轻柔，了解对方一般情况（包括心理状态），有礼貌地称呼对方，说明交流与疏导的目的、时间、作自我介绍并引导交谈。

（2）交谈阶段

耐心主动的倾听，表示接受的态度。交谈中，听比说更重要，家庭服务员只有认真地倾听，才能使老人愿意谈下去。交谈中不应轻易打断老人思路，听好才能说准，但会谈的方向，所涉及的问题，以及时间，必须由家庭服务员有目的地控制。注意机敏捕捉关键的重要问题；不超越对方的情感层，交谈时家庭服务员的情感始终要跟随老人的情感，有意识拉近家庭服务员与老人间情感距离；不遗漏问题和主要内容；不断地学习，总结经验。

适时地复述、归纳和澄清。目的是弄清和辨别老人的主要问题又不遗漏问题，给老人重新思考的机会。

指导性的集中。在适当的时机，将话题转入讨论的主题不至离题太远，又不影响老人情绪。

提出问题。通过征求老人或家属的意见，取得老人所谈问题的一致认识，确定交谈中心。

必要的反馈。掌握适当的时机对老人谈话所涉及的问题，向老人提出询问，以求得实际、可靠的资料；简单的小结可在交流与疏导中，也可在结束时或在每两次交流与疏导的开始进行。

（3）结束交谈

结束交谈前需征询老人对本次交流与疏导的看法，提出家庭服务员对护理方案的意见和必要说明，就老人在交流与疏导中的表现，用积极的语言鼓励并加以肯定，可为下次交流与疏导打下良好的基础。

3. 交流与疏导的方式

在护理工作中，一些老人因疾病或诊断的原因不能说话，此时采用书面交流与疏导是一种非常有效的方式。例如，对于聋哑老人和术后不能说话的人，家庭服务员可采用书面交流与疏导并借助老人手势等，了解老人的状况和需要。

（1）交谈开始礼貌热情、开放式提问

交谈开始是形成“第一印象”的重要时期，应礼貌、热情，进行开放式提问。此时家庭服务员给老人一个礼貌称呼，会产生亲切感，为顺利交谈创造气氛；接着宜以短时间的“中性”闲聊来活跃交往气氛，消除老人的紧张或抑郁、戒备心理，将交谈发动起来，然后转入主题，如询问有关身体情况，让老人用自己的词汇回答问题，以便得到更多、更准确的有关疾病及心理的重要信息。

（2）交谈中间——鼓励、疏导、心理支持

鼓励和促进交谈：在交谈中，由于交谈技术和接受能力不良，以及老人难以或不愿回答某一问题，往往会出现缄默或冷场。此时，应设法打破沉默，鼓励继续交往。对某些敏感问题或隐私，不要急于追根究底。和善的目光接触，都可能成为对交谈的促进和鼓励。交谈中，听比说更重要，家庭服务员只有认真地倾听，才能使老人愿意谈下去。在不轻易打断老人思路的前提下，引导会谈的方向。当老人不着边际地滔滔不绝时，可用直接发问、婉转引导或用释义法转移话题，将会谈转移到中心问题上来。

积极的心理支持：交谈过程中，必须注意老人的情绪反应。如果是病人，由于诊断不明，治疗无效，老人流露出情绪不良、恐惧、焦虑紧张时，给予鼓励和疏导，使老人消除顾虑。这对老人顺利渡过情绪不良时期有重大价值。

家庭服务员在应用支持性语言时，要有相应的态度和合理的事实根据，要注意在启发式、讨论式、疏导式的情形中进行。

（3）交谈结束——适时自然、结束语

结束谈话要适时、自然，应在老人的话题告一段落时，或有意识地把话题引向较短内容，简短交谈后结束谈话。不可在老人主动诉说时突然中断，也不应在缄默冷场时无故离开老人，因为这样易使老人感到突兀和生疑，使刚在交谈中建立的关系受损害。

交谈结束，应有结束语，如“您说的一些情况很有参考价值，如果您没有问题了，今天就谈到这里，必要时下次再谈”。这既是对初次交谈的鼓励，又是对下次交谈的促进，并给老人留下了“准备再谈”的余地。

（4）交谈中应注意的问题

①交谈时要正视对方，注意倾听，有适当的反应，以引起对方继续谈话的兴

趣，不要看书、看报，不要东张西望，应尽量避免哈欠连天，也不要做一些不必要的小动作，如剪指甲、弄衣服、手指敲打桌面等，这些动作显得不礼貌。

②交谈时，要尽量让老人把话说完，不要轻易打断老人或抢接他的话题，扰乱老人的思路。实在需要时，可委婉地用商量的口气说一声："请允许我打断一下"或"请等等，让我插一句"，这样可以避免不必要的误解。

③交谈时，不要自己一味滔滔不绝地说个没完，要给对方以讲话的机会，否则会显得自高自大，蔑视他人。同时，不要强人所难。老人的一些事极力掩饰，不想让人知道，在谈话中，家庭服务员不要一味打听，要尊重老人的隐私。

④交谈时，不要触及别人的短处，态度要温和，不能摆出高人一等的姿态，否则，会遭到对方心理上的反抗。说话要留有余地。不是不诚实，而是讲究艺术，不必说和不该说的话，尽量不说。

4. 有效的交流与疏导技巧

所谓有效的交流与疏导技巧，是用来展示良好个性品质的一些行为方式。

（1）注重"第一印象"

良好的第一印象，对良好的护患关系的建立起着事半功倍的效果，对家庭服务员而言很重要。要建立良好的第一印象应注意以下三个方面。

自我介绍：包括主动向老人介绍自己的姓名和职务或身份。

记住老人的姓名，选择适当的称呼，原则是应与老人的身份一致、有礼貌。但是，一般情况下，不宜以老人的职位来称呼，因为称呼职位，不利于老年人的角色转变，还可能给家庭服务员带来心理压力。

注意外在形象，对良好的第一印象的形成至关重要。家庭服务员应做到仪表端正、举止大方、服饰整洁，微笑，语调轻柔。

（2）学会倾听

倾听并不只是听对方的词句，而且要通过对方的表情、动作等非语言行为，真正理解患者所表达的内容，体会患者的真实感受。要成为一位有效的倾听者，须做到：

①聚精会神，避免分散注意的动作，如看看表、东张西望等。

②距离适当，姿势自然，保持眼神交流与疏导。

③不打断老人说话。

④适当地反应，在倾听老人说话时，可以轻声说"嗯"、"是"或点头等，表示你接受对方所述的内容，并希望他能继续说下去。

⑤仔细观察老人的非语言行为，老人在交谈时的非语言行为包含了丰富的信息，它有助于护理人员理解老人真实的想法、情感，例如老人说"我很担心"，他的面部表情和语调常常能反映其担心的程度。

（3）注意提问的方式

在交谈过程中，提的问题应简明、通俗、易懂，不宜在一次提问中包含多个问题，也不能使用老人不懂的术语。

（4）目光接触

目光接触是人际间最能传神的非言语交往。家庭服务员与工作对象情感交流与疏导的过程中，应十分注意目光接触技巧。运用好目光交流与疏导技巧，用保护性姿态，柔和的目光注视老人，用眼神给老人以信心和力量，同时，通过老人的眼神，分析老人的心态，以此来不断调整自己的言行举止。如，老人目光凝视着你，说明听者感兴趣，可继续谈，而老人东张西望是不感兴趣的反应，就应调整内容。

（5）身体姿势

人的体势倾向会流露出人的态度。身体略微倾向于对方，表示热情和感兴趣；微微欠身，表示谦恭有礼；身体后仰，显得若无其事和轻蔑；侧转身子，表示嫌恶和轻蔑；背朝人家，表示不屑理睬；拂袖而去，则是拒绝交往的表示。

手的动作更能起到直接交流与疏导的作用。对方向你伸出手，你也迎上去握住它，这是表示友好交往的诚意。如果你能用双手紧握住老人家的手，表示你对他的尊敬和热爱；而你若无动于衷地不伸出手去，或懒懒地稍稍握一下对方的手，则意味着你对老人不尊重，不想与他交朋友。

在人际交流与疏导时不由自主地表现一些不适当的手势动作，就会影响友好的交流与疏导。

5. 护理人员要遵循交流与疏导的基本原则和规律

要达到情感疏导的目的，就必须认真把握情感交流与情感疏导的相互依存关系，即交流与疏导有利于取得信任，有利于掌握真实情况，有利于相互配合。交流是疏导的基础，是疏导的方法和手段，疏导是交流的结果。

有一定文化修养和高尚道德情操的家庭服务员，由于内心具有对人的同情、关怀、尊重、体贴的感情，在护理工作中就会表现出极大的自我克制能力，能够控制自己的情感，驾驭自己的行为。如在护理过程中不向老人发火，态度和蔼、不高声同老人说话、不训斥老人等，表现出一种家庭服务员对老人的热爱、关怀和同情，体现家庭服务员对老人的深厚情谊。

二、高血压病人的护理和预防

1. 血压与高血压

正常人体的血液在血管内流动对血管壁产生的侧压力称为血压。我们经常说的血压由收缩压（高压）和舒张压（低压）两个数值表示。成年人正常血压为收缩压<140 毫米汞柱，舒张压<90 毫米汞柱。

高血压的患病因素有：遗传、年龄、肥胖、钠盐摄入过量、吸烟、饮酒过量、精神压力。

2. 为了预防和控制高血压，家庭服务员要特别注意以下各点

（1）为预防和控制高血压，35 岁以上的成年人每年至少测量一次血压。

（2）精神放松，减轻压力，避免情绪激动和精神紧张。

（3）早睡早起，中午小睡，保持生活规律。

（4）进行有规律的适量运动，并持之以恒，每天散步 40～50 分钟或打太极拳等。

（5）不饮或少饮酒，喝清淡的绿茶，不吸烟。

（6）少吃脂肪和胆固醇含量高的食品，如肥肉、动物内脏；多吃蔬菜、水果、粗粮。

（7）成人食盐日摄入量 5～6 克即可满足身体的正常需要。

（8）患病后要在医生指导下按时长期服药，维持血压稳定。

（9）常量体重，保持体重正常，避免体重猛增或猛减。

（10）午饭稍丰盛，有荤有素，但不宜油腻，同样不可过饱。餐后稍活动，应小睡或休息一会儿，以半小时至一小时为宜。晚餐宜少。晚餐宜吃易消化的食物，不要怕夜间多尿而不敢饮水或进粥食。进水量不足，会使夜间血液黏稠，导致血栓形成。

（11）万勿挤车。外出切勿挤公共汽车，可步行或骑自行车。把途中的时间留得宽裕从容些，以免心理压力大，促使血压升高。

（12）娱乐有节。睡前看电视不要超过 2 小时，不要看内容刺激的节目。下棋、打麻将要限制时间，要控制情绪，不可过于认真、激动。

（13）安全洗澡。洗澡水不宜过热，不要浸泡时间过长。

（14）睡前洗脚。上床前用温水洗脚，然后按摩双脚及下肢，促进血液循环。

（15）缓慢起床。早晨醒来，先在床上仰卧，活动一下四肢和头颈部，然后慢慢坐起，活动几次上肢，再下床活动，这样血压不会有大的波动。

（16）晨饮一杯。早上起床漱口后饮白开水一杯，既有冲洗胃肠的作用，又可稀释血液，降低血液黏稠度，通畅血液循环，促进代谢，降低血压。

（17）耐心排便。排便宜取坐姿，切勿过于用力。便秘者多吃蔬菜、水果和纤维素多的食物，可用些缓泻药。便毕站起时，动作要缓慢。

三、冠心病人的护理和预防

1. 什么是冠心病

“冠心病”是冠状动脉粥样硬化性心脏病的俗称，其基本病变是供应心脏血氧的冠状动脉发生内膜增厚、脂肪沉积和粥样硬化，导致动脉管空变窄，影响心肌血氧供应，产生一系列心脏病变，如心绞痛，心律失常、心衰、心肌梗死等。

2. 哪些人易得冠心病

冠心病属于多种原因造成的疾病，它与社会环境和饮食生活习惯密切相关。目前所知，易于导致冠心病的发病因素包括：高脂血症、高血压、高血糖（糖尿病），以及肥胖、体力活动少、年龄（40岁以上多见）、性别（男性多于女性）、遗传、吸烟等，尤其是具备前三项的“三高”症者，冠心病的发病率明显增多。

3. 冠心病的预防

（1）冠心病的预防重点，应做到饮食合理，包括饮食清淡，少吃油脂，少吃含胆固醇高的动物内脏、少吃盐、多吃蔬菜和豆制品，要保证充足的睡眠，不要过度紧张和情绪激动。

（2）体重过胖者，要减轻体重。

（3）患有高血压的人，要认真治疗，定期去医院检查，要在医生指导下，将血压维持在适宜水平。

（4）患有糖尿病的人，应控制主食和甜食的摄入，增加杂粮和蔬菜、豆制品的摄入；要少饮酒，戒除吸烟的不良习惯，适当进行体育锻炼。

4. 怎样知道患了冠心病

（1）处在冠心病好发年龄段，特别是中老年人是冠心病易患者。

（2）每当体力活动过重，如上楼、爬坡、蹬车、搬运重物等或精神过于紧张，情绪波动时突然出现胸骨后左胸部难受、疼痛，并且向咽喉部、肩部、上肢放射，休息一会儿可自行缓解。

（3）饱餐后当时或20分钟后，感胸骨后疼痛，尤其饱餐后进行体力活动时更易发作。与进食无关的胃部或胸骨或胸骨后烧灼感，疼痛或呈短暂性发作。

①不明原因的突然胸闷，心难受，呈阵发性发作。

②体力活动时，感到心慌、气短、憋喘。

③性生活时感到心悸、气短、胸闷或胸痛。

④长期反复发作的左肩痛或胸痛。

⑤自觉脉搏不齐，有停顿感，有“突突”的心脏早跳感，或心跳过快、过缓。

⑥熟睡时突然憋醒，感到心悸、胸闷、呼吸不畅，坐起后可好转。

5. 家庭服务员看护的要点

（1）戒烟酒。节制生活中不恰当的活动，如快跑追车、快步登楼，避免看过于刺激的节目，避免过于兴奋、激动。

（2）随身携带急救药品，以备急用。出现心绞痛即舌下含化“硝酸甘油”一片，过3～5分钟若不缓解，可再含一片。

（3）家中备有氧气袋，出现症状时，在用药的同时吸氧。

（4）避免高脂肪、高胆固醇类食物。

四、脑中风病人的护理和预防

1. 脑血管病

“脑中风”是脑血管疾病的一种俗称，一旦发病常发生“半身不遂”等不良后果。目前，脑血管疾病已成为威胁人类健康的主要疾病。脑血管疾病是中老年人的多发病，即使血压从来不高，但由于脑动脉逐渐硬化，脑血管狭窄，血液黏稠度增高，都可导致脑血管梗死、脑血栓形成或脑血管破裂。因此，40岁以上的人都应警惕“脑中风”的发生。

一旦出现危险征兆，如头晕、恶心、一侧肢体麻木、无力，失语甚至昏厥，应及时到医院检查确诊并及时给予治疗。特别是脑供血不足、脑梗塞的病人，可以在短时间内恢复常态，但仍应及时到医院检查，并按医生要求进行必要的治疗，坚持服用预防和治疗药物，防止病情复发导致“半身不遂”。

2. 脑血管疾病的预防

高血压所致的“脑中风”比例最大。因此，患有高血压病的人应积极有效地治疗高血压病，要按时服药、定期测量血压，使血压维持在一个较稳定，适宜的水平，不可过高或过低。

预防脑血管疾病，防止“脑中风”的发生，应在日常生活中建立良好的生活方式，如食物清淡，适当运动，控制体重，情绪稳定，不吸烟，少饮酒等。这样可以控制和降低高血压、高血脂、动脉硬化的形成，也就减少了“脑中风”发生的危险因素。

3. 脑血管疾病病人的看护

（1）病人因偏瘫、不会说话等，产生自卑、急躁情绪，应稳定情绪，多加照顾。

（2）给病人低盐、低脂饮食。对于喂饭、喂水时呛咳的病人，应给以半流质食物，小口慢慢喂食，不能着急。

（3）有的病人说话困难，跟他交流时必须耐心，容得病人充分想明白。跟病人说话尽量简短，一次只说一件事。帮助病人发音练说话。有时可以让病人用“是”或“不是”来回答问题。

（4）从病人出院回到家中开始，就尽量帮助病人活动。练上肢，可以指导病人用长柄梳子梳头。帮助不能动的上肢或下肢活动。不管病人是躺着、坐着或站着，都要鼓励病人多活动，反复练习，尽快恢复病人自我照顾的能力。

（5）让病人穿松紧带的裤子，衣服尽量用尼龙搭扣。各种用品也尽量方便病人使用。

（6）对卧床发生便秘的病人，要多喂水，多喂含粗纤维的食物，如小麦、豆类、橘子、香蕉，粗细粮搭配，以利于按时排便。

4. 家庭中有人发生脑中风该怎么办

（1）病人突然发病不要惊慌失措，应保持镇静，派人速请医生前来抢救或立即送医院诊治。

（2）掌握正确的搬运病人方法，不要急于从地上把病人扶起或坐起，最好2~3人同时把病人平托到床上，头部略抬高，应避免震动。对于呕吐病人应将头部偏向一侧，解开病人衣领并取出假牙，用纱布或手帕垫在手上，将病人舌头拉向前方，以保持气道通畅，以免呕吐物误吸入气管引起窒息或吸入性肺炎。如果呕吐分泌物阻塞喉部，病人出现气急，咽喉部痰鸣等症状时，可用塑料管或橡皮管插入病人咽喉部，另一端用口吸出分泌物。

（3）转送病人时要用担架卧式搬抬，切忌用椅子搬动。如果要将病人从楼上抬下，要头部在上脚朝下抬，这样可减少脑部充血。整个搬运过程中，动作要轻要稳健，尽量减少震动或扭伤身体其他部位。在救护车内，家属可轻轻托住病人头部或上半身，以减轻车辆行走中的震动。不要让病人随意坐起或站立，因为任何过多的活动和托运都会使病人病情加重。

五、糖尿病人的护理和预防

1. 什么是糖尿病

糖尿病是一种以慢性高血糖为特征的代谢紊乱病。高血糖的主要原因是由于胰岛素分泌不足或作用缺陷，或者两者同时存在引起的。长期高血糖可导致眼、肾、神经、心脏、血管的损害，最终使脏器功能衰竭。遗传和环境因素共同参与了发病过程。

2. 糖尿病的危害——糖尿病是一种终生疾病

到目前为止，医学上还没有办法治愈糖尿病。因此医学界把糖尿病称作“终生疾病”，一旦得上，终生相伴，这就提醒你：

要有打持久战的准备。

不要轻信某些保证能够治愈糖尿病的广告，而耽误了应该坚持的治疗和保健。

3. 糖尿病的症状

乙型糖尿病早期无症状，多在查体时发现，以下症状因人而异，可全有，也可只有一部分。

皮肤干燥、痒、容易感染；

伤口不易愈合；

视力模糊；

足麻木，有针刺感。

4. 以下人群容易患糖尿病，应定期查空腹和餐后血糖

家族中有糖尿病患者的；

体重超重的；

长期高血压病史、血脂异常史的；

曾经分娩超过 4 公斤胎儿的；

40 岁以上的人。

5. 糖尿病人的治疗与监测

（1）按照医生的意见坚持药物治疗

一旦发现患上糖尿病，就应该按照医生的意见，坚持药物治疗。

药物治疗主要包括口服降糖药和注射胰岛素，要按照医生的要求定时看医生。医生自然会指导怎样使用控制血糖的药物，你所要注意的是按时按量服用药物。

（2）血糖监测

空腹血糖（未服药，未就餐采血）、餐后 2 小时血糖（以进餐第一口计算时间，2 小时采血），血糖不稳定时应隔天检测，以便调整药物。病情稳定时可每月检测，每次检测包括一天的空腹和三餐后血糖。

（3）糖尿病人应定期检查的项目

体重：每月 1 次

血压：每月 1 次，有高血压病的每天检测

糖化血红蛋白：2 ~ 3 个月 1 次

心电图：半年 1 次，有症状时随时检查

尿常规：每月 1 次

眼底：半年至一年 1 次

尿微量白蛋白：半年至一年 1 次

肝肾功能：半年至一年1次

血脂：半年至一年1次

6. 糖尿病病人的看护

糖尿病是一种以烦渴、多尿、多饮多食、体重减轻为主要症状的疾病，常伴有软弱、乏力、皮肤瘙痒。

看护要点如下：

（1）要按照医护人员要求严格控制饮食。在控制饮食的初期，病人常有饥饿感，可以吃些白菜、芹菜、菠菜等蔬菜充饥，可多吃粗粮、豆类、蔬菜等富含膳食纤维的食物，不吃冰激凌、糖果、果酱、蜂蜜、蛋糕、动物内脏、煎炸食品等。

（2）每2~3个月测量一次体重。

（3）饭后半小时至一小时可以做些适当的运动，如散步、慢跑、爬山、骑车、划船等。

（4）按时吃药或打针。注意：注射用的胰岛素，要放在冰箱里保存，如果没有冰箱，可以短时放在阴凉处。

六、骨质疏松病人的护理和预防

1. 哪些人容易骨质疏松

妇女，特别是绝经期妇女，高而瘦的人，有骨质疏松家族史的人，常用皮质激素的人，以及吸烟饮酒的人，都因骨质丢失增加而易发病。3个妇女中有1个可能发病，5个男人中有1个可能发病。男性50岁以后随着雄性激素的减少也会出现骨质疏松。

2. 骨质疏松症状

腰背酸痛，小腿抽筋，手足麻木，关节活动不灵，驼背或腰椎畸形，牙齿松动、脱落，易发骨折等。

3. 骨质疏松症的看护

家庭服务员可从以下几方面做护理工作。

（1）饮食

科学膳食，均衡营养，保证钙的摄入。钙与骨骼关系非常密切。多吃一些富含钙的食品，比如牛奶及奶制品、海产品、豆制品、绿叶蔬菜等；少吃含草酸、植酸高的食物（如菠菜、茭白），以免影响钙的吸收。保证蛋白质、维生素的一定摄入量。

钙含量较多的食物（含量：毫克/100克）

食物名称	含钙量	食物名称	含钙量
虾皮	991	豌豆	195
干酪	799	豆腐	194
海带（干）	348	大豆	191
紫菜	264	油菜	108
花生仁	284	牛奶	104
木耳	247	小白菜	100
青豆	200	土豆	99

（2）补充钙+维生素D

专家指出：对于骨质疏松症，补钙是必需的，但钙的吸收必须要有维生素D的参加，才能促进钙吸收和在骨中的沉积，充分增加骨量，因此建议中老年人选择含有维生素D的补钙品。

（3）阳光及“阳光维生素”

维生素D调节钙磷代谢，促进钙的吸收，因此防止骨质疏松不能只重视补钙，而忽略了维生素D的作用。人体获得维生素D有两种途径：

①通过食物获得：如海鱼、动物肝脏、蛋黄、奶油中相对较多，其他食物中含量极少。

②皮肤受日光中紫外线照射后可将皮肤内的7－脱氢胆固醇转变成维生素D_3，这是维生素D的重要来源，因此被称为“阳光维生素”。

（4）避免危险因素

戒除某些生活习惯，像饮浓茶、咖啡、可乐；摄入过量的盐、糖和蛋白质；吸烟、喝酒；不爱运动等。老年人应特别注意防滑，常发生危险的地方有浴室、厨房、楼梯、厕所，打蜡的地板和人行道上光滑的路砖等。

（5）运动

运动对骨骼非常有益，通过体育运动，调节全身代谢状态，改善骨骼血液循环，使骨骼营养良好，并且使之变粗变大。但老年人运动不可过度，可结合自身情况，选择一些运动进行锻炼，如慢跑、骑车、登高、举哑铃、园艺劳动等，运动量不宜太大，但应每次保证有30分钟的运动时间。

第三节　孕产妇及婴幼儿的护理

一、孕产妇的护理

（一）孕妇的护理

由于妇女在妊娠期生理发生了一系列的变化，家庭服务员要认真做好孕妇的护理工作。

1. 饮食的护理

为了孕妇和胎儿的健康要十分注重加强营养。加强营养并非大量的食用鸡、鸭、鱼、肉，一般食物调配好也能满足孕妇的营养需要。孕妇的饮食概括起来要坚持四多七禁。

四多：多吃粗粮，少食精制米面；多吃新鲜蔬菜和瓜果；多吃豆类、花生、芝麻及其制品；多吃鱼、肉、蛋、奶。

七禁：禁吃不洁食品；禁吃污染食品；忌烟、酒；忌浓茶、咖啡、可乐；饮食不宜过咸；少食甜食或油脂过多的食物；忌吃有刺激性食品或调料。

2. 孕妇的着装

孕妇应以穿着宽大舒适为原则，式样简单，易穿易脱，防暑保暖，清洁卫生，不宜穿紧身衣裤或紧束腰带。鞋袜不易脱落，防滑且不能过硬，最好平底鞋，不穿紧身袜。

3. 照顾孕妇洗澡

孕妇新陈代谢旺盛，皮脂腺、汗腺分泌增多，稍有活动后就会出汗较多，所以孕妇应经常洗头、洗澡，以保持皮肤的清洁，并能促进全身血液循环和身体内废物的排泄，保护身体健康。

（1）注意浴室内外的温差。洗澡前后的温差过大，很容易刺激孕妇的子宫收缩，造成早产、流产等现象。冬天气温低，孕妇不宜马上进入高温的浴室中洗澡，应及早进入浴室，慢慢适应浴室内逐渐升高的气温。

（2）注意洗澡水的温度。孕妇洗澡时要注意水的温度，不可过高，以免对胎儿发育不利。研究发现，孕妇体温比正常体温升高 1.5 摄氏度时，就有杀伤胎儿脑细胞的危险。这种胎儿脑细胞受损的现象，会使胎儿大脑及全身发育不良。夏天气温高，孕妇不能贪图凉快而洗冷水澡，洗澡的水温应适中，不宜过冷也不宜过热。

（3）注意洗澡时间。孕妇一次洗澡的时间不能过长，以10～20分钟为宜。另外，洗澡的频率也应根据个人的习惯和季节而定，一般来说3～4天一次，有条件的话，最好是每天一次。

（4）尽量选择淋浴。孕妇洗澡时尽量不要盆浴，应多采用淋浴。但要注意热水不要长时间地淋浴腹部，以减少对胎儿的不良影响。

（5）洗澡时不要锁浴室门。孕妇洗澡时家中要有人陪伴，并注意室内的通风，避免晕厥，最好不要将浴室的门锁死。家庭服务员要注意孕妇的身体状况。

4. 陪伴孕妇安全出行

（1）正确的活动姿势。孕妇不要让腹部长时间受压迫，不能弯腰擦拭东西，不要搬抬重物，避免站立过久引起下肢浮肿，还要避免急促的动作，特别是低血压的孕妇，突然站起来，会因脑缺血而眼花、晕倒。孕妇的身体位置发生变化时应该保持慢慢进行。

（2）外出注意安全。不要到人群拥挤的地方去，如外出乘车时，要安排在不是上、下班的高峰时间，避免拥挤，如路途比较远最好不去。

平时行走时，应抬头、挺直后背、伸直脖子、收紧臀部，保持全身平衡，稳步行走。上楼要拉住楼梯的扶手，借手臂的力量减轻腿部负担；下楼握住扶手可以防止身体前倾、跌倒。不应该拿重物行走，以免摔倒。

5. 孕妇的日常生活

（1）保证充足的睡眠。孕期必须保证有足够的睡眠时间来达到休息的目的。一般每天晚上至少要保证8～9个小时的睡眠，有条件者可以午睡1～2个小时。

（2）清洁、卫生、舒适的居住环境。孕妇的居室应每天开窗通风，保持空气清新；室内不应有任何人吸烟；家具要经常擦拭，地板要经常湿拖，被褥应经常在太阳下暴晒；为避免弓形虫等感染，家中最好不要养猫、狗、鸟等动物。

（二）产妇的日常起居照顾

1. 清洗衣物

（1）单独清洗。产妇的衣物与家人的分开洗，内、外衣也不能混在一起清洗，一定要分开洗。避免细菌引起的交叉感染，可能会使产妇和孩子发生疾病。

（2）选用合适的洗衣粉。贴身的内衣，特别是乳罩和内裤应该选择无磷、无铅、无碱、不含荧光剂的洗衣粉，对皮肤无刺激，对产妇身上常出现的奶渍、汗渍和血渍等有特效，去污力强、容易漂洗。

（3）新买的衣服洗后再穿。新衣服应先用洗衣粉洗涤后，用清水过清，在太阳底下晒干后再穿。

（4）正确清洗血液。任何织物上的新鲜血液，都应该先用干净的冷水洗，再用肥皂水或洗衣粉洗。陈旧血渍可以用柠檬汁加盐水来洗。

2. 照料产妇洗澡

分娩时产妇消耗体力很大，如能沐浴冲洗污浊，减少因皮肤带菌引起的产道感染机会。

（1）产后开始洗澡的时间。如果会阴部没有伤口，且疲劳已基本恢复的产妇，随时都可以洗浴；如果会阴切口大、裂伤严重，或有腹壁伤口，必须等到伤口愈合后再考虑。这时一般可用温水擦身代替。

（2）产妇洗澡应该选择淋浴、不宜盆浴。产褥期间洗盆浴，细菌随洗澡水进入产道，增加感染的机会，轻则会阴伤口发炎、子宫内膜发炎，重则向宫旁组织、盆腔、腹腔、静脉扩散，甚至细菌在血内繁殖引起败血症，所以产后禁止盆浴，应选择淋浴。

（3）注意洗澡时的浴室温度和水温。产妇洗澡时浴室要保持温暖，洗澡后要及时穿好衣服，避免感冒。洗澡时间不宜过长，以免产妇站立过久或血管扩张引起眩晕、摔伤。水温不宜太热。

（4）洗澡时不锁浴室门。产妇洗澡时家中一定要有人陪伴，并注意室内的通风、避免晕厥。最好不要将浴室的门锁死，家庭服务员要注意产妇的身体状况。

3. 日常生活注意事项

（1）休养的环境。产后休养环境要做到安静而舒适，房间内应清洁、整洁，保持空气流通。产褥期最好不要有频繁的亲属探望，要创造一个和谐、温馨的环境，使产妇的心理处于最佳的状态，尽快恢复健康。

（2）个人卫生。产后因出汗较多，需勤换内衣、内裤和床单；哺乳前、饭前、大小便后要洗手；经常洗澡擦身、洗头梳头；保持口腔卫生，经常漱口、刷牙。产后的阴道流血一般会持续 3 ~4 个星期，产妇应每天用温水清洗外阴部，勤换卫生巾和内裤，避免感染。

（3）充分休息。产褥期要保证产妇有充足的睡眠时间，避免过多的干扰产妇休息。

二、婴幼儿的护理

（一）婴幼儿哺养

1. 母乳喂养

母乳是婴儿最理想的食物。它是一种天然的全面均衡的优质营养素，能满足出生后 4 ~6 个月内婴儿的营养需求，促进婴儿的健康和正常的生长发育。与其他食物相比，母乳最容易被婴儿消化吸收，而且很少引起便秘、腹泻和过敏等问题。母乳还含有多种抗体，能增加婴儿抵抗疾病的能力，使婴儿在最初的几个月中免受感染的威胁。

（1）按需喂养

对刚出生的婴儿来说，喂奶并没有固定的次数，原则上应根据婴儿的需求进行按需哺乳。按需哺乳，就是婴儿饿了就给他喂奶，而不是按照钟点喂奶。刚开始时，“少量多餐”是喂养婴儿的最基本原则。随着婴儿的一天天长大，消化系统也会逐渐发育完善，每次喂奶的间隔时间会延长，每次进食的量也会增加。

（2）帮助婴儿排气

在哺乳中，当婴儿停下来休息时，要给他一个打嗝的机会，排出吞下的气体。可以让婴儿靠在肩膀上，轻轻地拍他的背部；或者把他抱在膝上，让他的身体前倾，用一只手在下巴处扶住他的头，另一只手轻轻拍或搓他的背。他有可能会在排气的同时吐出一些奶液。刚喂好奶的婴儿不宜仰睡，应当取侧卧睡，这样可以防止因吐奶导致的呛嗌。

（3）判断婴儿吃饱的方法

吃饱后的婴儿会有以下几个现象：

①喂奶后，婴儿变得安静不吵闹或进入睡眠。

②一天 24 小时内，婴儿的尿布尿湿了 6 块以上，说明奶量足够了。

③在婴儿出生后的前六个月内，每月的体重增加 500～800 克，属于正常的增长速度，说明平时的奶量是足够的。

2. 人工喂养

（1）奶具的清洁消毒

乳汁是最好的细菌培养基地，特别是在炎热的夏天，乳汁一旦被污染就会诱发婴儿急性胃肠炎。这不仅会影响婴儿的成长发育，甚至还会威胁到他的生命。因此，用奶粉喂养婴儿时，必须时刻遵守这个原则：“凡是用于喂养婴儿的所有物品，在使用前一定要彻底清洁、消毒。”

①清洁奶具。先用温水把用过的奶具冲洗干净，然后浸泡在热水中用洗涤剂和刷子彻底刷洗干净。注意仔细洗刷奶瓶的颈部和螺纹处；应用食用盐轻轻地揉擦奶嘴的里面，清除残剩在里面的奶汁。然后在自来水下用流动的水，把瓶具彻底冲洗干净。

②消毒奶具。

煮沸法。把所有清洗干净的用具放入有盖的专用大锅里，煮沸至少 25 分钟，取出后，放在消毒过的干毛巾上晾干。

消毒液浸泡法。严格按照消毒药物的说明书配制消毒液，把清洗干净的用具放入有盖的专用容器内，用消毒液完全浸没瓶具。注意：瓶具中不要留有气泡。浸泡时间要按说明书上介绍的时间，浸泡后要用煮沸过的水彻底冲洗瓶具，然后晾干。

（2）奶粉的调配

不同的配方奶粉有不同的配制方法和剂量，应该严格按照奶粉说明书或根据医生的处方配制乳汁，不要任意更改配制浓度或随意配制，不适当的奶粉浓度会影响婴儿的健康。

（3）冲调奶粉

应先把温开水注入奶瓶，到适当的刻度，再按说明书上的要求放入相应量的奶粉；盖紧瓶盖后，摇匀；然后装上奶嘴。

（4）奶粉的保存

奶粉罐或奶粉袋，一旦打开，应该保存在干燥、防潮的地方，尽量在一个月内食用完。配制好的乳汁，如果不马上用来喂奶，可以集中储存在冰箱的冷藏箱内。但要注意不能在冰箱门上的冷格中储存，储存的时间也不能超过 24 小时。切忌把冲调好的乳汁放在暖水瓶中保存，这样会促进细菌繁殖，使乳汁变质。

（5）乳汁加热的方法

储存在冰箱里的乳汁，在需要喂奶时，应提前半小时把奶瓶取出，在室温下自然升温后，便可以给婴儿喂哺了。如果想迅速加温，可以把奶瓶放在热水中冲淋；或把奶瓶立放在装满热水的碗内浸泡；甚至可以把奶瓶放在微波炉里加热半分钟，但要注意，在喂哺前一定要摇匀瓶中的乳汁，否则温度不均匀会烫伤婴儿。

（6）喂奶

用奶粉喂养的婴儿，喂哺的次数比母乳要更少些，因为奶粉在婴儿体内消化的时间要比母乳长。刚出生时，婴儿喂哺的次数可能会频繁一些，但每次都不会超过 50 毫升。随着他的成长，每次吃的量会增多而次数逐渐减少，两次喂哺的间隔时间也会越来越长。婴儿的喂养时间、次数和剂量，不要规定或限制，应根据婴儿的需要，按需哺乳。

3. 婴儿辅食添加常识与制作实例

（1）辅食添加原则

不足 3 个月的婴儿不要添加辅食，否则会导致腹胀或腹泻，甚至会给婴儿发育不成熟的肾脏带来很大的压力。

婴儿 3 个月后，可添加乳汁以外的辅助食品。注意辅食的添加要遵循由稀到稠、由细到粗、由少到多的原则，开始时不要量太多，要循序渐进。

（2）辅食添加顺序

3个月后，在婴儿的日常奶量以外，适当的加一些米糊、麦糊、果汁和菜汤。米糊可用市场上出售的婴儿营养米粉来调制，也可以把大米磨碎后制作。购买的成品婴儿米粉，应根据婴儿的月龄，按照产品的说明书配制米糊。果汁应选用新鲜的水果现榨后，加等量的水（1∶1的比例）稀释。菜汤中不应加糖、盐、油等调料、调味品。

在婴儿适应米糊、果汁和菜汤后，可添加蛋白质类的食物。首先应添加蛋黄泥。从喂食1/4的蛋黄开始，慢慢增加到整只蛋黄。蛋黄用温开水稀释可以加在米糊中，但不要加在奶粉中。注意：不要太早给婴儿喂食鸡蛋的蛋白，蒸鸡蛋羹一般在1岁左右给他喂食。

等婴儿适应蛋黄后，才可以开始添加豆类、鱼虾和肉类等食品，这一般要在5个月后。先选择淡水鱼虾类，海产品一般不是首选，特别是患有奶癣或红臀的婴儿应少食或禁食海产品。从鱼虾慢慢过渡到鸡、鸭、猪、牛等肉类食品。同时米糊类的食品也应该逐渐由稀到稠，过渡到泥状，然后再慢慢换成稀饭、面条、馒头和切碎的蔬菜等。

（3）辅食添加方法和注意事项

①耐心。刚开始喂辅食时，准备少量的食物，用小汤匙，舀一点点轻轻地送入婴儿的口里，让他自己慢慢吸吮、慢慢品味，必须非常小心，不要把汤匙过深地放入他的口中，以免塞住或引起婴儿作呕。在喂食时，婴儿可能吐出来的食物要比吃进去的还要多，不必紧张，给他擦干净后，照常地给他喂余下的食物。有的婴儿在喂食中会将头别转过去避开汤匙或紧闭双唇，甚至可能一下哭闹起来，不肯再继续。此时，绝不要强迫他再吃，顺其自然，在明天同样的时间内继续喂食。

②卫生。所有食具都要经过严格消毒。准备婴儿食物和给他喂食前要清洗自己的双手，还要保证所有的用具都是清洁干净的。婴儿用的杯子、碗、刀、汤匙等用具可以用一般的家用洗涤剂清洗，但他的奶瓶、奶嘴还必须和以前一样彻底地消毒。

③辅食制作要求。提倡给婴儿配制食品，这样既便宜又不含任何添加剂。给婴儿制作食品时，要选择新鲜的原料，现做现吃，不要把制作好的食品存放过久。有皮的水果和蔬菜，应去皮后制作，不要给婴儿购买已破损或糜烂的水果和蔬菜。给婴儿烹饪的食品一定要煮熟、煮透，特别是鸡蛋、鱼虾和肉类。千万不要给孩子吃生的鸡蛋。冷藏或冰冻配制食品要充分加热后再喂食。婴儿的食品制作不放或少放调料和调味品，特别是刚开始的阶段原则上不放。

④辅食保存的方法。给婴儿配制好的食物，必须放在有盖的容器内密封好，

再放入冰箱保存，冰箱里只能存放两天，生熟食品要分开储存。

（4）辅食制作实例

果汁：选择新鲜水果洗净切半，将果汁榨出后以纱布过滤，原汁加等量冷开水即可喂食。

菜汁：选择绿色新鲜蔬菜，去除大茎，放入沸水中烫，烫后丢弃菜叶，菜水冷却后即可食用。

米糊、麦糊：将米粉或麦粉置于碗中，加开水调和成糊状。

果泥：选择熟软、纤维少、肉多的水果，洗净去皮，以汤匙刮取果肉，碾碎成泥。

菜泥：将绿色新鲜蔬菜洗净，去皮或去茎，切段放入沸水煮，煮熟后置于碗内用汤匙压碎成泥。

蛋黄泥：将新鲜鸡蛋整只放入沸水中煮熟，取出蛋黄以汤匙压碎成泥。

肉泥：里脊肉洗净用汤匙刮成泥，加入少许水搅拌均匀，置于碗中蒸熟。

鱼肉泥：鱼肉去皮去骨洗净，蒸熟后捣成泥状。

豆腐泥：豆腐以开水冲净后，去外层之硬皮，以汤匙捣碎加适量开水调匀后蒸熟。

稀饭：米洗净后浸泡在10倍水里30分钟，以大火烧开后改成小火煮50分钟，熄火后焖10分钟，以汤匙捣碎后喂食。

蔬菜粥：煮好的饭加5倍水煮15~20分钟，熄火后焖10分钟，将烫过的青菜嫩叶捣碎，把捣碎的青菜加入稀饭中搅匀。

碎肉粥：煮好的饭加5倍水煮15~20分钟，熄火后焖10分钟，将肉泥加入稀饭搅匀即可食用。

剁碎的蔬菜：将菜叶洗净后切碎，放入锅中加少量水煮熟，熟烂后即可喂食。

蒸全蛋：蛋打入碗中，加水或汤至8分满，放少许盐搅匀后，置于锅中蒸熟。

4. 幼儿饮食原则和制作实例

（1）饮食原则

幼儿期饮食的主要特点是：将婴儿期以乳类为主、食物为辅的原则，逐渐转变为以食物为主、乳类为辅。饮食的烹饪方法及采用的食物，也越来越接近成人的一般饮食。但这种饮食原则的改变，应与幼儿消化代谢功能逐步完善的规律相适应，不能操之过急，以免影响生长发育。

幼儿饮食安排的原则为必须保证足够的热能和各种营养素，各种营养素之间应保持平衡。蛋白质、脂肪与碳水化合物供给量的比例要保持1:1.2:4，不能失

调。如断乳后只给幼儿白粥或白饭泡菜汤，则蛋白质、脂肪的供应不足，生长发育会迟缓，抗病能力会降低；如只注意多供给幼儿蛋、乳、肉类等高蛋白食物，则碳水化合物供应不足，往往不能保证能量的需求。有些幼儿很少吃蔬菜、水果，则会引起钙、铁等矿物质和维生素缺乏。总之，断奶后的幼儿，在考虑消化能力的前提下，饮食结构要做到：数量足、质量高、品种多、营养全。

（2）照顾幼儿进食

幼儿饮食要定时、定量。食物在胃内停留的时间约为 4～5 小时，所以每餐的间隔以 4 小时为宜。1～1.5 岁的幼儿，每日可进餐 5 次（三餐二点）。1.5～3 岁的幼儿，每日进餐 4 次（三餐一点）。不要额外加餐或给点心，不要随意给糖果和零食。

只要休息时间有规律，早睡早起，幼儿在清晨胃内已基本排空，食欲正旺，就应当吃早饭，并保证热量充足、营养丰富。午餐比早餐要更丰富一些。晚餐则宜少食用高糖和动物性食品，以免热量蓄积导致肥胖，或蛋白质过量刺激神经系统使睡眠失常，而应多食用些植物性食品，特别是多吃一些蔬菜、水果，每晚应饮一杯牛奶，有助于睡眠。

要培养幼儿多吃多样化食物的习惯，避免偏食及只吃几种食物。每当给一种新食物时，要说明为什么吃这种食物或者改变花样和烹饪方法以激发孩子食用这种食物的兴趣。如孩子不爱吃青菜，可以将它做成包子、饺子、馄饨、菜饼等形式。不要在吃饭前或吃饭时责备孩子，有的孩子如果过了时间还没吃完（一般应在 30 分钟左右吃完），经过多次耐心劝导，还故意拖延时间，到时可以将饭菜拿走，不再让他继续吃。幼儿一两顿吃得不饱不要紧，这顿没吃好，下顿自然会好好吃，不要因为这顿没有吃完，就在正餐之外给吃零食，这样会养成正餐不好好吃、专吃零食的习惯。

（3）饮食制作要点

幼儿饮食的制作，要照顾到幼儿的进食和消化能力，应在食物的烹饪上下工夫。

①要做到细、软、烂。米饭、面条要软烂，肉、菜要斩末切碎，鸡、鸭、鱼要去骨、刺，花生、核桃要制成泥、酱，瓜果去皮去核，含粗纤维及油炸的食物要少给幼儿吃，刺激性食品也不要给幼儿吃。

②幼儿的食物制作要小巧。不论馒头、包子还是面包，一定要外形小巧，引起孩子的好奇和喜爱，刺激食欲并促进消化液的分泌，增强消化吸收的能力。

③保持食物的营养素。如蒸或焖米饭要比泡饭、捞饭少损失 5% 蛋白质，18.7% 维生素 B_1。蔬菜要注意新鲜，先洗后切、急火快炒。蔬菜切了再烫洗，会使维生素 C 损失 99% 以上。炒菜、熬粥不要放碱，以免水溶性维生素被严重

破坏。吃肉时要喝汤，这样可获得大量的脂溶性维生素。高温油炸可使食物中的维生素 B_1 被破坏殆尽，维生素 B_2 损失将近一半，且不易消化，陈旧发霉的谷、花生，熏烤的肉类食品及腐败变质的鱼、虾、肉类，不应让幼儿进食。

（二）婴幼儿起居照顾的基本技巧

1. 怀抱的技巧

（1）怀抱的注意要点

婴儿在出生后的 8 周内，还不能自己控制头颈部的肌肉。因此，在搬动他时一定要安全地扶住他的身体，不要让他的头向下耷拉，也不要让他的四肢任意向下垂着。在准备抱起婴儿时，要先和他说说话，熟悉的声音会使他感到安全、放心，否则，贸然地抱起会引起婴儿的不安和紧张，甚至哭闹。

（2）不同姿势的抱法

①抱起仰卧的婴儿。双手轻轻托起婴儿头部，将一只手伸放在婴儿的背部，斜托住他的腋下，另一只手托住婴儿的臀部，在抱起的同时，把婴儿的头部轻柔地转放到手的肘弯处，稳稳托起婴儿，慢慢地靠近抱者胸前。

②把婴儿放到床上。抱婴儿者身体前倾靠近婴儿，双手慢慢托婴儿臀部着床后，先将托婴儿臀部的手慢慢抽出，再轻轻托扶婴儿头部，使另一只手能够轻轻地抽出后用双手轻轻地把婴儿头部放于枕头上。

2. 照料婴幼儿的睡眠

新生儿一天累计的睡眠时间在 18 ~ 22 小时。随着孩子年龄的增长，睡眠时间会逐渐缩短。帮助婴幼儿入睡的方法如下。

①适宜的温、湿度。婴儿的睡眠环境以温度 24 ~ 25 摄氏度，湿度 50% 左右为宜。

②睡眠的声光环境。要为婴儿创造一个相对比较安静的睡眠环境，同时，室内的光线不能过强烈。

③婴儿的睡眠护理。婴儿睡眠时要多加留意，多注意观察，经常帮助婴儿变换睡眠姿势。

随着婴儿的成长，注意调整枕头的高度和温度；夏天天气炎热时，电扇、空调不能直接对着婴儿吹；注意通风，使室内空气新鲜。

3. 洗澡

洗澡可以保持婴儿皮肤清洁，帮助皮肤呼吸，加速血液循环，促进婴儿生长发育。

（1）给婴儿洗澡的准备工作

①准备洗澡用品。洗澡盆、大浴巾、洗脸小毛巾、棉签、婴儿香皂或沐浴

露、干净的尿布、护臀膏、润肤油和干净的衣服等物品。

②洗澡的室温。洗澡的室温以26～28摄氏度为佳，不要低于22摄氏度。室内不要有对流风。

③洗澡水的温度应维持在40～42摄氏度，可用成人的肘部内侧试水温。

④洗澡的时间不要超过5～10分钟。

（2）洗澡步骤

①脱去婴儿外面的衣服，留下内衣和尿布。

②洗脸。把洗脸用的小毛巾二次对折，用一只手托稳婴儿的头部，另一只手分别用小毛巾的一角，轻轻擦拭婴儿的眼睛、鼻子、嘴巴，以及额头、脸颊。

③洗头。将手臂放在婴儿背部，用手的拇指和食指将婴儿的双耳朵向内轻轻盖住耳孔，以防洗头时进水。洗发液涂在手上，轻柔地抹在婴儿的头发上，清洗后，用毛巾轻柔擦干。

④脱掉婴儿内衣裤，双手托起婴儿轻轻摇摆，把婴儿放进浴盆。当婴儿全身放松后洗澡。

⑤首先分别清洗婴儿的颈部、胸部、手臂和腿。

⑥托住婴儿胸部和臀部，使其轻轻地趴扶在大人的手臂上，然后清洗婴儿的背部，注意手法环状，动作轻柔。

⑦婴儿在洗澡过程中，要伴随大人温柔亲切的话语和甜美的微笑。

⑧婴儿洗浴后，用浴巾包裹婴儿吸干水珠，尤其是皮肤褶皱处。

⑨观察婴儿脐部，如果脐部发红、红肿、化脓或有难闻的气味，应做肚脐护理或及时就医。

（三）婴幼儿的家居、外出安全防范

1. 新生儿的家居、外出安全注意事项

（1）家居安全

在新生儿的床上不要放衣物或其他的东西，特别是各种包装袋、塑料纸等杂物。家里的宠物如猫、狗、鸟等，不能进入新生儿所在的房间。

冬季用热水袋给孩子取暖，不能水温过高，也不能用热水袋直接接触到孩子的皮肤，以防造成烫伤。

（2）外出安全

新生儿一般不外出，如有特别需要，外出时一定要注意安全，最好选择睡篮一类的器具，乘坐轿车时要选择特别的婴儿乘车设备，开车时要注意车行驶的平衡性，不能有剧烈的晃动和碰撞。

2. 婴儿的家居、外出安全防范

（1）家居安全

婴儿阶段由于孩子的日益长大，活动能力在不断增加、活动的范围也在不断扩大，为了安全起见，在放置以下物品时，应尽可能放在孩子接触不到的地方，以防意外。

①尖锐利器。刀、剪刀、毛衣针等都是尖锐锋利的危险品。婴儿拿到后，常爱模仿大人而胡乱摆弄，由于其动作的准确性与协调性较差，容易误伤自己。此外，尖头的筷子、削好的铅笔等带有尖头的东西，也不要让孩子拿在手里玩耍，以防不慎戳伤眼睛。药品类更应放在孩子拿不到的地方。

②细小物品。当孩子长到不管什么东西都想往嘴里放的时候，不要把诸如纽扣、玻璃球、豆子、棋子、药片等体积较小的东西放在孩子够得着的地方，以防婴儿拿来吞入，造成伤害。

③容易烫伤的物品。孩子还小，生活经验少，不知道皮肤碰到高温时会产生什么后果。因此，家中的热水瓶、刚用完的电熨斗、装有热水的杯子、热汤、热粥，以及刚从火上端下来的锅、壶等都应放在适当的地方，确保婴儿不能碰到。冬天家里的取暖器一定要有围栏。

④电源电线。电源插座要放在孩子抓不到的地方，或用不易挪动的家具挡住。暂时不用的插座要贴上胶布。台灯之类的电器要放在婴儿触摸不到的地方。

⑤易碎物品。玻璃器皿和瓷器要放在婴儿抓握不到的地方，否则孩子不小心碰到或玩耍时抓握不慎就会弄碎，会造成孩子割伤或刺破皮肤。

⑥家具的锐角等有危险的地方贴上海绵或橡胶，防止孩子撞上后发生意外。婴儿一旦能自己扶住行走或脱手独自行走，很容易摔跟头，因此应让孩子在比较空旷的房间里玩。

（2）外出注意事项

保证孩子在婴儿车内的安全。椅子和双腿处要有安全带绑住。车子应有制动装置以防止翻倒。要选择底部宽大、吊篮位置低的车子。当孩子坐在购物车里时，也要同样注意使用安全带，或选用专门为购物设计的儿童车。

3. 幼儿的家居、外出安全防范

（1）家居安全

孩子长到两三岁后，渐渐地可以自身活动和独立生活了。这时期，他对一切都有兴趣、好奇，都想试探一下。因此，成人应当注意他的行为，以预防发生意外事故。

如果孩子摔伤后出现呕吐或昏迷现象，应当想到是头部受重伤，要立即送医院诊治。如果仅跌伤部位出现青紫，那么过几天就会好的，如果四肢有较大血肿影响行动时，应迅速医治。

两三岁的幼儿最容易发生的意外事故是烧伤。轻度烫伤（面积小、烧伤部位未起泡）可涂些烧伤油膏或香油，过几天会好。严重的烧伤应及时送医院就诊。

家里如有汽油、碘酒、煤油、来苏水或各种药片药水等，都应放置在孩子拿不到的地方，否则孩子误服后可能发生危险。

（2）外出注意事项

带幼儿外出一定要有高度的责任心，以免走失。

第四节　常见病的护理

一、急性上呼吸道感染

急性上呼吸道感染是最常见的呼吸系统疾病，一般是由病毒或细菌在鼻、咽、喉部引起的炎性改变。各种不同病原体引起的上呼吸道感染在症状表现上有其相似，也有其各自的特点。上呼吸道感染一般包括普通感冒、咽炎、咽喉炎、细菌性咽—扁桃体炎、流行性感冒。

（一）主要健康表现

1. 普通感冒

咽部干痒或有烧灼感、打喷嚏、鼻塞、流涕，一般无发热，全身症状较轻，少数人有低热、头痛不适等。普通感冒是社区人群最常见的疾病。

2. 咽炎

表现为咽部发痒，灼热、咽痛，有时有发热，查体可见咽部充血。

3. 喉炎

主要表现为声嘶、咳嗽时疼痛，常伴有发热。

4. 支气管炎

主要表现为咳嗽、咳痰、发热，X 线片可见肺纹理增粗。

5. 细菌性咽—扁桃体炎

起病急，主要症状有咽痛，常伴有畏寒发热，查体可见咽部充血，扁桃体肿大，表面有黄色渗出物。

6. 并发症

可并发急性鼻窦炎、气管—支气管炎、中耳炎、少数人可继发心肌炎、风湿病、肾病等。

（二）家庭护理

指导患者适当休息、劝告戒烟、保持室内空气清新流通，居室的窗户每天应至少开启30分钟以上。维持适当的室温和湿度，冬天室温一般为18～22摄氏度，湿度为40%～50%。

饮食应富有营养易于消化，多吃蔬菜和水果；鼓励病人多饮水（每日保证3000毫升）。有专家建议感冒期间应多饮果汁水，因为果汁水不仅可以帮助病人补充水分，还可以补充足量的维生素C，一举两得。

对症护理：根据医生建议或视症状轻重选用抗感冒冲剂或感冒药；有头痛发热者可适当选用复方阿司匹林片；咽痛可根据个人的特点选用含片；有细菌感染者可选用抗生素，如复方甲异噁唑、青霉素、环丙沙星等。

二、肺炎

肺炎是指由多种因素引起的肺实质炎症，属于下呼吸道感染。

（一）主要健康表现

1. 肺炎球菌肺炎

是由肺炎链球菌引起的急性肺部感染，主要表现有突发寒战、发热，约占80%的病例发病时有畏寒，随即体温很快升高达39～40摄氏度，热型一般呈稽留热。

2. 胸痛

为常见的早期症状之一，表现为尖锐刺痛，咳嗽、呼吸时疼痛加重，迫使患者采取患侧卧位，根据炎症浸润部位，疼痛可放射到肩、下胸或上腹。

3. 咳嗽、铁锈色痰

患者均有频繁咳嗽、开始为刺激性，咳少量黏液痰，以后逐渐呈黏液脓痰，可混有不等量血液或吐铁锈色痰。有些病人有消化道症状，如恶心、呕吐、腹痛等。如病变广泛，患者可因缺氧引起气急和发绀。感染严重者可出现神经症状，如神志模糊、烦躁不安、嗜睡、谵妄、昏迷等。

（二）家庭护理

1. 肺炎的防范

避免淋雨受凉、疲劳等诱发因素，积极治疗呼吸道疾病。如病毒性肺炎主要是抗病毒治疗；细菌性肺炎进行抗生素治疗等。对症治疗包括降温、镇痛、止咳、祛痰等。

2. 一般护理

（1）病人应卧床休息，注意保暖；

（2）鼓励病人饮水，每日饮水量1.5～2升，必要时可静脉补液；

（3）饮食应是高热量易消化的半流质。

3. 对症治疗及护理

（1）高热病人可采取物理降温，如温水浴、酒精擦拭、冰袋冷敷等；

（2）气急、发绀病人适当给氧；

（3）除用止咳祛痰药控制咳嗽帮助排痰外，还应给病人翻身拍背，变换体位，必要时可给予超声雾化，促进排痰。

三、支气管哮喘

支气管哮喘是由于过敏原或其他原因引起的一种支气管反应性过度增高的变态反应性疾病。

（一）主要健康表现

1. 气喘

一般为阵发性，表现为发作性带有哮鸣音的呼气性呼吸困难，呼气费力，严重者可发绀，不能平卧，有时伴有阵发性咳嗽及黏液泡沫痰。哮喘发作时间长短不一，可持续数分钟或数小时，有的人可自行缓解，有人需使用平喘药后方能缓解。哮喘长期反复发作常并发慢性支气管炎或肺气肿，给患者的生活和工作带来不同程度的影响。

2. 外源性哮喘

有明显的过敏源接触史或与季节有关。发病前多有鼻、眼睑发痒，打喷嚏，流涕或咳嗽等黏膜过敏先兆。继之出现带哮鸣音的呼气性呼吸困难。患者多表现为被迫取坐位，严重时出现发绀。

3. 内源性哮喘

发作常为生理、物理、化学、精神等因素刺激引起。如呼吸道真菌、细菌、病毒感染，患者咳嗽持续不好转可逐渐出现哮喘。内源性哮喘起病较缓慢，持续时间较长，逐步加重。

4. 哮喘持续状态

哮喘发作严重者使用一般平喘药仍不能缓解，持续24小时以上，称为哮喘持续状态。发作时患者张口呼吸，大量出汗，可导致呼吸衰竭或严重并发症，给患者生命带来威胁，应立即送患者到医院进行及时治疗抢救。

5. 并发症

哮喘反复发作可并发慢性支气管炎、肺气肿、支气管扩张、肺源性心脏病等。

（二）在发作期间的家庭一般护理

（1）保持房间的空气流通，温度适宜，驱除过敏原；

（2）病人的体位应视需要保持舒适卧位，如半坐卧位、端坐位；

（3）视需要给氧，以缓解呼吸困难；

（4）协助排痰：发作时应自上而下轻拍患者背部同时教会家属，鼓励病人咳嗽排痰，以保持呼吸道通畅；

（5）密切观察生命体征的变化，发现异常应及时与医务人员联络。

（6）饮食护理：发病期间病人的饮食应保证清淡、易消化，同时保证病人的饮水量在 1000～1500 毫升/天，进食困难者应适当静脉补充液体，并记录 24 小时出入量。

四、胃肠炎

胃肠炎是指病毒、细菌、真菌、寄生虫等病原体进入肠道，引起小肠急性炎症的一组胃肠道疾病。

（一）主要健康表现

胃肠炎的主要健康问题是腹泻及其他胃肠道症状，如腹痛、恶心、呕吐等。腹泻主要表现为大便次数和量的增加。

（二）家庭护理

（1）必须在医务人员的指导下用药；

（2）改变不良的饮食卫生习惯，做到饭前、便后及准备食物前洗手，尽量吃熟食品，以及各种器具、用品应消毒处理等；

（3）注意观察患者呕吐或腹泻的次数、量和性质以及患者的精神状态、反应等；

（4）呕吐和腹泻停止后，应保证患者有足够的时间休息，同时做好病人的饮食指导：应少量多餐，进食易消化营养食物，循序渐进增加饮食量。腹泻停止后，应继续给予营养丰富的饮食。

五、胆结石、胆囊炎

胆结石是胆道系统中最常见的疾病，是指胆道内或胆囊内有结石存在的一组消化性疾病。胆囊炎是指胆囊炎症性病变。

（一）主要健康表现

1. 胆结石

大约有50%的胆结石病人会出现不适症状。其主要的健康问题是右上腹阵发性绞痛，并向右肩背部放射，伴大汗淋漓、恶心、呕吐、畏寒、发热等，在进食大量的油炸或脂肪食物后，疼痛加重。胆总管结石可出现黄疸、小便颜色变深、大便颜色变浅或陶土色。

2. 胆囊炎

急性胆囊炎的主要健康问题与胆结石相同，但病人往往腹胀明显。慢性胆囊炎主要是反复发作性上腹部疼痛，常发生于晚上和饱餐后，呈持续性疼痛，可伴有食欲减退、腹胀、嗳气等消化不良症状。结石性胆囊炎发生结石嵌顿时，可发生胆绞痛。胆囊炎好发于女性，易发年龄为50～60岁。

（二）家庭护理

（1）改善不良生活方式，建立健康的生活方式。

（2）指导病人和家属做到合理膳食。饮食宜清淡，宜吃豆制品、植物油、新鲜蔬菜、各种瓜果等，可常吃清热利胆化石的食物，如胡萝卜、红枣、绿豆、苡仁、山楂、玉米须等。忌食含脂肪和胆固醇高的食物，如肥肉、动物内脏、鱿鱼、花生、坚果类及油炸食品等。忌烟、酒及辛辣刺激性食物。食物的烹调方式可采用清蒸、清炖、白煮、红烧、卤等，以减少食用油的使用量。忌食油煎食品，以免引起胆绞痛。

（3）发生胆绞痛时应卧床休息，不能缓解者应及时到医院救治。

（4）多饮水和避免过度日光浴。

（5）预防感染，全身感染既可引起又可诱发慢性胆囊炎急性发作，应积极防治全身感染性疾病，如呼吸道感染、尿道感染等。

六、胰腺炎

胰腺炎可分为急性胰腺炎和慢性胰腺炎。

（一）主要健康表现

（1）急性胰腺炎主要健康问题是腹痛、恶心、呕吐、腹胀和发热。

（2）出血坏死型胰腺炎常可出现休克和水电解质及酸碱平衡紊乱。

（3）腹痛常位于上腹中部，亦有偏左或偏右者，疼痛剧烈呈持续性钝痛、刀割、钻痛或绞痛，可向腰背部呈带状发射，取弯腰抱膝位可减轻疼痛。

（4）水肿型胰腺炎患者腹痛3～5天后缓解，出血坏死型者剧痛持续时间较长，当有腹膜炎时则疼痛弥漫全腹。

(5) 少数年老体弱者有时腹痛轻微，甚至无腹痛。

(6) 慢性胰腺炎主要健康问题是反复发作性或持续性腹痛、消瘦、腹泻或脂肪泻，后期可出现腹部囊性包块、黄疸和糖尿病等。

(二) 家庭护理

(1) 改变不良的生活方式，建立健康的生活方式。

(2) 创造一个宽松和谐的气氛和生活环境，合理安排病人生活、饮食和体育娱乐活动，帮助病人纠正不良嗜好，如吸烟、饮酒、贪食等。

(3) 根据饮食原则，吃富含营养、易消化，少刺激的高蛋白、高糖、低脂肪饮食，如豆浆、豆制品、脱脂奶、鱼、肝、鸡肉、瘦猪肉、牛肉、蛋清、精细面粉制品，藕粉、果汁、菜汤等。烹调要求菜肴清淡、细碎、柔软。忌食富含脂肪的肉类、油脂食品和油酥点心；忌用一切酒类和辛辣刺激食品及调料。

(4) 一旦出现疼痛应禁食，取弯腰抱膝位可减轻疼痛，若疼痛不能缓解应及时到医院救治。适当安排病人体育锻炼和娱乐活动，如保健体操、太极拳、下棋、听音乐等，这对增强病人体质，提高其自信心有利，从而对病人疾病的恢复起到积极的作用。

第五节　特殊病症护理

一、老年性痴呆

1. 定义

老年性痴呆是发生在老年期和老年前期的获得性、持续性智力损害。

2. 临床表现

不同程度的记忆力、思维能力、语言表达能力、定向力的障碍，同时伴有性格、情感反应控制及社会交往能力的障碍。常见的老年性痴呆分以下两种。

原发性。是大脑皮质退行性病变或萎缩。

血管性。多发生脑梗死后脑缺血所致的功能减退。

3. 护理要点

①重视情感交流，主动接近老人，多说亲切的话语，做些爱抚动作，使老人感受温暖和关爱。

②加强防护，防止意外。如不让病人单独外出，病人口袋内装上或衣服上缝上带有姓名、地址、联系电话的安全卡。不要让病人接近有危险的物品，如刀

刃、火、药物、煤气等。

③合理安排日常生活。因病人自理能力差，需要生活上给予体贴入微的照顾。如一日三餐、休息、活动、大小便等。

④避免各种负性心理刺激，鼓励用脑锻炼。

⑤按医嘱应用维生素 E 等可延缓老年性痴呆病情的发展。

⑥对卧床不起者须加床挡；每 2 小时翻身一次，预防褥疮；定时进行肢体被动运动以防肌肉萎缩及关节僵直。

二、脑血管疾病

1. 定义

脑血管疾病是指由于脑部本身病变和全身血液循环紊乱导致脑血液供给障碍所造成的神经功能障碍。

2. 临床表现

大多数起病急，病情重，易发生并发症，病死率和致残率高。脑血管疾病分两大类：缺血性（短暂脑缺血发作，脑血栓形成和脑栓塞），出血性（脑出血、蛛网膜下腔出血）。

脑血栓形成是脑部病理改变所致的管腔变窄而最终完全闭塞，引起脑梗死。多在安静时发病，通常意识清醒，头痛较轻，可有偏瘫、失语、口角歪斜等症状。

脑出血多发生在情绪激动时，起病急，突然意识丧失，颜面潮红，呼吸有鼾声，脉搏慢而充实，有偏瘫、鼻口沟变浅、头痛、呕吐、昏迷、大小便失禁、高热等症状。

3. 护理要点

（1）急性期护理

①绝对卧床休息，避免搬动。脑出血者头部要稍垫高，并用冰袋敷头部，防止再度出血。

②昏迷及肢体瘫痪者按昏迷和瘫痪护理，注意呼吸道通畅和预防褥疮。

③严密观测病情，主要注意观察：

意识是否改变。

瞳孔大小，两侧是否对称和对光的反应。

生命体征变化。

脑疝表现为剧烈头痛、呕吐、烦躁和抽搐，甚至昏迷。如出现此类情况应立即报告医生。

（2）对症护理

①有呼吸停止者，应立即做人工呼吸。

②有脑水肿者要控制液量，每天不超过1500毫升，少盐饮食，头部抬高，应用脱水剂快速滴入。

③有高热者用物理降温。

④对不能言语者可用手势或文字沟通。

（3）恢复期护理

①协助病人独立处理日常活动，如进食、穿脱衣服、个人清洁、大小便。

②鼓励病人自己做健肢的主动运动，协助患者做侧肢体关节功能锻炼。

③对失语者要耐心作语言再训练。

④避免紧张和身体过劳；饮食低胆固醇、低饱和脂肪，控制体重增加。

⑤注意对原发病的检查和控制。

三、恶性肿瘤（癌）

1. 定义

癌肿是外界致癌因素和身体内部免疫力低下时，组织细胞发生异常突变形成的。

2. 临床表现

①早期无症状或症状缺乏特征性，易被人所忽视。

②一旦出现症状常为中晚期。

③癌细胞无节制生长且随血液、淋巴等转移。

④后期有恶液质（消瘦、乏力、衰竭）。

3. 治疗方法

①手术治疗。是早、中期病人最好的治疗手段之一。

②放射治疗。有同位素（放射性核素X线和粒子加速器产生高能电子束、中子束）外照射和内照射两类方法。

③化学治疗。即应用抗癌药物。

④中医治疗。采用调理培补、清热解毒，软坚、活血、化淤等方法。

⑤生物治疗。即改选癌细胞，使之变成正常细胞，目前在这方面的研究已有突破。

4. 护理要点

（1）心理护理

癌症病人心理表现有如下几种：

①疑虑期。病人怀疑是癌症，会四处寻医，要求做各种检查，心情紧张，坐卧不安等，此时家庭服务员言行要谨慎，要全面科学地回答患者的问题，以减少

紧张情绪，增强治疗信心。

②惊恐期。病人得知患癌后惊恐万状，烦躁不安。外向性格者会悲伤痛哭，不思茶饭；内向性格者会逢人探询，以求证实，牵挂亲人和家庭事务。家庭服务员此时要同情和安慰病人，并积极提示医生所讲的治疗方法。

③悲观期。确认癌症，病人会产生悲观失望情绪，表现为失望多于期待，死亡安置多于生还打算，心情不安，迟疑寡断，抑郁不乐。此时家庭服务员要说明治愈的可能性，强调心理对肌体免疫力恢复和疾病愈后的影响。

④认可期。以“病人角色”对生活和工作都做一番打算，心情稍平静，愿接受治疗。此时家庭服务员要利用病人“受暗示心理”宣传综合治疗的意义，说明意志和情绪对治疗的能动作用。

⑤失望期或乐观期。前者病人治疗效果不佳，有复发或治疗反应大，体力难支，加之经济负担，对疾病治疗和个人生命长久表示失望，产生饮食不济，失眠，精神委靡，消极等死的心态。后者善于协调情绪和调养，接受治疗，癌症未见复发，处于乐观状态。此时家庭服务员要予以科学指导，留心观测，及早处理问题。

（2）饮食

多吃纤维素，含维生素 A、维生素 C、维生素 E 及锌、硒微量元素的食物，少吃含脂肪食物，不抽烟不嗜酒。化疗期间宜食用清淡、富营养的食物，进食时间应避开注药时间。

（3）注意环保，避免一切致病因子

（4）化疗护理

①化疗药物会损害造血细胞，家庭服务员要提醒病人随访白血球。

②家庭服务员要及时给病人补充水分，以降低药物毒性并促使毒物尽快排出。

③根据不同肿瘤做不同的气功，如郭林气功等。

（5）对晚期病人的护理，临终关怀

从关怀理念的角度上来说，临终关怀是一种人性化的关怀理念，其希望通过提供临终关怀的人员对生命、对死亡及生活价值的认识，来协助患绝症的晚期病人，为垂死的病人及其家属提供缓和性和支持性照顾，为濒死的病人及其家属提供全面的照顾。同时还在病人死亡后提供对家属的心理辅导。使他们在生命的最后阶段得到支持、安慰及鼓舞，使病人能在濒死悲哀的过程中平静地度过。

临终关怀的基本流程：

①了解需求，提供服务；

②全面关怀，全心照顾：疼痛上的护理、生活上的护理、心理上的护理；

③家属护理；

④针对症状具体护理；

⑤保证患者选择医疗及后事的权利；

⑥开诚布公告知病情。

对于有宗教信仰的临终病患，可以从宗教上安慰患者使之能安详辞世，使其得到超脱。

适时的关怀劝勉，启发病患原有的信仰力量与信心，能更好地帮助其安详辞世。

第六节　家庭日常护理

一、日常护理16个怎么办

1. 有人吃错药了怎么办

在家里吃错药的事儿时有发生。万一碰上了，先不要慌，查清楚是吃错了什么药。如果错吃了解热止痛、维生素、健胃药之类，只要观察有无危害即可。如果误服了外用药、剧毒药、鼠药，就要尽快洗胃催吐（可以让病人用手指刺激咽部）。如果误服了有腐蚀作用的消毒剂或其他液体，应尽快让病人喝些生鸡蛋清、牛奶、豆浆等以保护胃黏膜。误服了碘酒，应迅速、反复喝一些稠米汤或浓面汤，并帮助病人催吐。误服了安眠药时，首先要保持患者呼吸道通畅，解开上衣领子，有条件时给氧。

以上情况在采取简易措施后应迅速请医生处置。

2. 怎样观察危重病人的生命体征

（1）体温的变化：休克和极度衰竭的人，体温会低于35摄氏度。体温突然升高，多是急性感染。高热41摄氏度以上，提示病情严重。

（2）脉搏的变化：可用手指按在病人腕部数脉搏。每分钟少于60次或多于110次，或跳动得不规则，属异常。

（3）呼吸变化：可用少许棉丝放在病人鼻孔处随呼吸摆动，数呼吸的次数。每分钟多于40次，少于8次都是不正常的。如果出现点头式呼吸或一会儿快一会儿慢的情况，表明呼吸受到严重阻碍。

（4）血压变化："高压"持续低于90毫米汞柱或"低压"持续超过95毫米汞柱以上，或血压时高时低都是不正常的现象。

3. 怎样给病人试体温

人的体内温度正常时在37摄氏度左右。体温计装水银的部分粗细不同，形状有别，用途也不一样。一种是口表，即放在口里舌头下面的，放置3分钟以上。当然，这种表不适合于儿童使用。一种是肛表，是放入肛门内试体温的。所得的结果会比口表高半度。第三种是最常用的腋表，是放置在病人腋窝下的。使用时要把腋窝的汗擦去，帮助病人夹紧上臂，时间应在5分钟以上，或者更长一些。

4. 怎样测量脉搏

老年人脉搏的变化：正常成人60~100次/分，老年人可慢至55~75次/分。

现代最方便的是用脉搏描记仪和血压脉搏监护仪等测量（具体使用方法可参看仪器说明书）。如果没有这种仪器，则用传统的脉搏计数法。选用桡动脉搏动处。先让被测者安静休息5~10分钟，然后手平放在适当位置，坐卧均可。测量者将右手食指、中指、无名指并齐按在被测者手腕段的桡动脉处，压力大小以能感到清楚的动脉搏动为宜，数半分钟的脉搏数，再乘以2即得1分钟脉搏次数。在桡动脉不便测脉搏时也可采用以下动脉：颈动脉——位于气管与胸锁乳突肌之间；肱动脉——位于臂内侧肱二头肌内侧沟处；股动脉——大腿上端，腹股沟中点稍下方的一个强大的搏动点。

5. 怎样测量血压

老年人血压变化：在40岁以后，收缩压可随年龄增长而升高。40~49岁收缩压<20千帕（150毫米汞柱），50~59岁<21千帕（160毫米汞柱），60岁以上<22.6千帕（170毫米汞柱）。

血压的正常值：正常成人收缩压为12~18.7千帕（90~140毫米汞柱），舒张压8~12千帕（60~90毫米汞柱）。

收缩压≥21千帕（160毫米汞柱）和舒张压≥12.6千帕（95毫米汞柱），称高血压。

收缩压18.6~21千帕（140~160毫米汞柱）和舒张压12~12.6千帕（90~95毫米汞柱），称临界性高血压。

收缩压≤18.6千帕（90毫米汞柱）和舒张压≤8千帕（60毫米汞柱），称低血压。

推动血液在血管内流动并作用于血管壁的压力称为血压，一般指动脉血压而言。心室收缩时，动脉内最高的压力称为收缩压；心室舒张时，动脉内最低的压力称为舒张压。收缩压与舒张压之差为脉压。一般选用上臂肱动脉为测量处，让被测者取坐位，暴露并伸直肘部，手掌心向上，打开血压计，平放，使被测者心脏的位置与被测量的动脉和血压计上的水银柱的零点在同一水平线上。测量者要放尽袖带内的气体，将袖带缚于上臂，不能过紧或过松，并塞好袖带末端，戴上听诊器，在肘窝内摸到动脉搏动后，将听诊器的头放在该处，并用手按住稍加压力。打开水银槽开关，手握所球，关闭气门后打气，一般使水银柱升到21~24千帕（160~180毫米汞柱）即可。然后微开气门，慢慢放出袖带中的气体，当听到第一个微弱声音时，水银柱上的刻度就是收缩压。继续放气，当声音突然变弱时水银柱上的刻度为舒张压。如未听清，将袖带内气体放完，使水银柱降至零位，稍停片刻，再重新测量。

老年护理人员需注意：应在不同时间进行多次测量，测量部位固定于一则肢体，通常选右上臂测量，以减少误差。剧烈运动后应将测量时间推至休息30分钟以后。吸烟、饮酒后暂不测量。测量血压时，测量肢体和身体不能动，连接袖带的橡皮管不能弯曲，因这几个因素可明显影响血压数值。

6. 怎样护理发烧的病人

（1）把家里的窗户打开，让空气尽量流通，保持新鲜。

（2）可能情况下多给病人喝些水，以补充水分消耗。

（3）给病人测体温并做好记录，还要记录与病情有关的变化，如呕吐。

（4）衣被要轻巧、保暖，别让高热无法散发。

（5）小儿降温还可以用温水洗浴。每洗浴或淋浴一次可降体温一度左右。

（6）可用冰袋敷于额头。或用凉湿的毛巾放于额部，使病人感觉舒适些。

（7）发烧是身体的警报系统，有一定的保护作用。给病人降温要遵照医护人员的指导进行，在病因不明的情况下不能轻易降温。发烧本身最危险的并发症就是抽搐，尤其是5岁以下的小儿比较常见，常伴有四肢抖动，翻白眼，吐白沫，持续数十秒至一两分钟的时间。一旦发生尽快送医院医治。

7. 发现有人触电怎么办

（1）紧急切断电源。如果电源开关就在附近，应迅速将其关闭；可以用不导电的东西把电线挑开或把电器分离开；也可以用干燥的带柄的利器把电线砍断。注意：千万不要盲目地上前拉触电者，以免自己也被电伤。

（2）如果触电者呼吸停止，可以马上施行口对口人工呼吸。

（3）病情较重者立即送往医院救治。

8. 烧伤（烫伤）了怎么办

（1）尽快脱离热源。如撤去火炉，关闭火源，扑灭明火等。

（2）把受伤部位的衣服去掉。如开水烫伤者，尽快去除衣服，可减轻损害。

（3）四肢或小面积烫伤者，可尽快用冷水冲洗或浸泡半小时，以消除残余热量对深层组织的侵害。

（4）皮肤表面红肿的轻度烫伤，可涂用外用烫伤药物。

（5）及时去医院救治。最好在 1 ~2 小时内送到医院。

9. 如何进行家庭热敷

软组织扭挫伤 1 ~2 天以后，外伤后出现血肿 1 ~2 天，关节炎，臀部打针后出现硬结、胃肠痉挛，慢性盆腔炎等情况下，在家里可以进行简易热敷。

方法：把 60 ~70 摄氏度热水灌入热水袋、玻璃瓶内，敷于患处；或把毛巾放入 50 ~60 摄氏度热水中浸透后取出，拧出多余的水后敷于患处。热敷时外包毛巾、毯子、棉垫保温，每次 20 ~30 分钟，每日 1 ~3 次。

10. 怎样保管家庭常备药品

（1）家庭常备药品要标明药名、含量、用法，还要特别注意把有效期限写在明显处。

（2）药品要放在干燥、通风、避光的地方。凡是散装的药片都必须放在瓶子里面保存，不要放在纸袋中。口服药和外用药品分开码放。

（3）家庭存药的种类不能过多，量也别太大。

（4）对常用药品要经常进行检查，如果发现变色、变质和超过了有效期的，马上废弃处理。

（5）夏天，应把药品放在冰箱里，至少要把液体的药品放进去。绝不要放入冷冻室。

11. 怎样煎煮中药

（1）煎药要用沙锅或搪瓷锅，绝不能用铁锅。煎之前先用清水浸泡药材 20 ~30分钟。

（2）一般先用大火煮开后再改用小火煎。煎煮过程中应经常翻动，防止煳锅底。一般煎 15 ~30 分钟，关火后把汤滤出，锅内再加水煮 10 ~15 分钟，滤出汤以后和第一次煎的药液混合后服用。

（3）有时药方中有些特殊要求，如“先煎”：先在锅内单煮 20 ~60 分钟，再放其他药。“后下”：快要煎好时再把这味药放入锅内煮 3 ~5 分钟。“包煎”：装入纱布袋中与其他药共煎。“另煎”：只把这味药单独煎煮，滤出药液后再与其他药液混合服用。

注意：中药饮液种类繁多，药方的要求不尽相同。对时间、用火大小等有特殊要求的，要按照药袋上标明的方法煎煮。

12. 怎样给病人喂药

用药方法很多，如口服、肌肉注射、静脉输液等。家庭用药以口服为最常用。

口服药品时身体以立位、坐位或半坐位为宜。对卧床的病人，应尽可能地扶他坐起来服药，服药后10～15分钟再躺下。对不能坐起的病人，把药放入嘴里以后要尽量多喝水，把药片冲下。

口服的药物要溶解在水里以后才能被身体吸收利用。对长期卧床的人或老年人，服药时应注意在服药前饮一口水，把口腔润湿，服药中还要多饮水。注意绝不可把药片干吞。服药应用温开水，不要用茶水。夜间服安眠药时，最好用热开水，可以使药效发生较快。

服药的时间要准确。每日3次的，应在早7时、下午3时、晚10时服用。促进食欲的药，如胃蛋白酶合剂应在饭前30分钟服。对胃有刺激作用的药饭后服。

对老人和小儿，服药的剂量要准确，不可超量。不能“恨病吃药”，急于治好病就自行增加药量。对年老、自理困难的人，应该把每日所服的药按次数分别包好，以免误服。有些药品是不能一起服用的，要按照医生的嘱咐区别开来。有特殊要求的药品要注意服用的方法。如服铁剂、酸类对牙有损害的，要用吸管，服后要漱口。有些药品还与食物有关，例如服用强力霉素时不要吃豆制品、蚌、蟹、海带等。这些事项，应该向医护人员问清楚。

为了防止服药出现差错，一定要事先认真核对清楚，搞不清楚的、失效的、变色的、变质的药，不能服用。服药期间一旦出现不良反应，如皮疹、呕吐，应尽快到医院就医。

13. 怎样护理老年患者的生活

在照料老人日常生活，满足老年人生理需要，促进老年人身体健康，促进疾病康复方面，应注意以下几个问题。

（1）保持营养：老年人热量需求随年龄增加而减少，但仍需要多种多样的营养成分。多吃些瘦肉、豆制品之类的含蛋白质多的食品；避免高脂肪、高胆固醇膳食，如动物油、肥肉等；应补充维生素和钙、铁、锌等；多吃新鲜蔬菜和水果；应适当多喝些水，少食盐。由于老年人消化吸收的功能比较差，还要少量多餐，但不宜多吃零食。吃饭时要保持食品温热，减少生冷刺激。

（2）保证睡眠：老年人最好要保持每天6小时以上的睡眠，1小时的午睡。要照顾老年人睡眠习惯，有的老年人有早睡早起的习惯，家庭服务员要调整自己的作息时间，适应老年人的需求。老年人睡时要避免声、光和寒冷的袭击，睡前忌饮咖啡、浓茶。

（3）保持活动：帮助老年人克服不爱动的习惯，对卧床患者要经常变换体位、活动四肢。患者自己不能活动时，家庭服务员可以替他活动肢体，以防止四肢废用。给患者做四肢及腹部按摩可以促进肢体恢复，提高消化功能，减少便秘。

（4）注意安全：由于老年人骨质疏松、运动功能差，视力和平衡能力差，扶持或跟随老年人走动时家庭服务员要格外当心，加强看护，防止跌伤、骨折。晚上通往卫生间的路上不要有障碍物，要有照明灯光。老年人皮肤一般都比较干燥，洗澡不必太勤，洗澡时水温在40摄氏度以下即可，也可涂油脂保护。卫生间最好有坐式的便器。吃了降压药的老年人，从坐着或躺着的姿势站立起来时，动作要慢一些，防止发生体位性低血压造成晕厥。

（5）搞好个人卫生：老年人常因牙龈萎缩、牙齿脱落而影响口腔卫生，应早晚两次清洁口腔，防止感染。

（6）加强用药监护：由于老年人胃肠道吸收功能差，肝功能降低，对药物的耐受性比较低。老年人用药量要比青壮年小，给老年人喂药要按照医师规定的剂量。另外，老年人服药后发生药物反应的要比中青年人多1～2倍。老年人用药期间要注意观察，特别是自己从药店买药吃，更应当心，一旦出现轻微药物反应，马上停用。

（7）老人洗澡的照顾

身体功能的退化总会带来诸多生活上的不便，据研究老年人在吃饭、穿衣、上厕所、上下床、洗澡、在室内走动这6项日常生活自理能力中，受损最严重的就是洗澡，人在洗澡的时候，浴室内的空气成分、室温以及洗澡水的温度、洗澡持续的时间、洗澡时的动作等，都会影响人体的血液循环系统。

①注意温差，老人洗澡的水温不能太高，以35～37摄氏度为宜。

②注意浴室的通风和大小。

③饭后不宜洗澡。

④洗澡时间不宜过长。

⑤不宜空腹洗澡。

⑥患病老人不宜单独洗澡。

⑦注意浴室防滑。

⑧洗澡后不要急于喝水。

⑨洗澡频率不可过于频繁。

14. 怎样防治长期卧床病人的褥疮

一些老年人患病后卧床不起，腰背部或臀部等长期受压，骨部比较突出，局部抵抗力差，皮下脂肪少，再加上受压部位感觉迟钝、血液循环缓慢，受压的软组织发炎溃烂而发生褥疮。这种情况容易发生在长期昏迷、中风、偏瘫病人身上。防治要点如下：

（1）鼓励和协助病人经常变换体位、翻身，使骨骼突出的地方交替受压。一般每2小时翻一次，必要时1小时翻一次。翻身时要把病人抬起以后再挪动位置，否则硬拉硬推容易擦伤皮肤。

(2) 对受压部位每天用温热的毛巾擦净皮肤，并进行按摩。背部按摩的方法是暴露全背皮肤，双手掌心沾适量乳液或50%酒精涂于背部，在全背按摩3～5分钟。先从病人骶尾部开始，沿脊柱两侧边缘向上按摩到肩部，手掌一边向上滑动，一边做环形的按摩动作。按摩后双手滑到骶尾部再重复按摩数次。用大拇指自下而上按摩脊柱正中线，每次3～5分钟，力量要能足够刺激肌肉组织。对受压的地方也要用手掌做环形按摩3～5分钟。如果皮肤已经红肿、发紫、有水疱，表明这块地方已经有轻度压伤，就不要再用力按摩了。按摩后要用干毛巾擦净背部，整理平衣服，帮助病人恢复舒适体位。

(3) 对长期卧床的病人要注意保持床铺的清洁干燥，避免潮湿。有食物残渣时及时清扫。对粪便尿液等要及时清除。做到勤翻身、勤擦洗、勤按摩、勤整理、勤更换。

(4) 对病人身体空隙处，如腰骶部、膝下等处，应垫软枕或海绵垫，使支撑体重的面积加宽而且均匀。

(5) 一旦受压部位发生破溃形成伤口，要配合医护人员进行清洗和换药。

15. 怎样带病人去医院看病

(1) 怎样选择医院看病

家庭服务员要了解本地区有些什么医院，各医院有什么特长。有了病最好先到什么病都能看、科室比较齐全的综合性医院去看。综合性医院有大、中、小之分，小病就去小医院，大病就去大医院。如果知道是哪方面的病，也可以直接去专科医院，例如传染病医院、肿瘤病院、妇产医院、老年病医院、儿童医院等。现在大多数市民及干部职工，都有定点医院，看病的费用可以报销，这就要弄清楚哪个医院是定点医院。如果是看急诊，就近看也可以。

看门诊前应该做好准备工作。例如，上午看病时，最好别吃早饭。许多项检查，例如抽血化验、做B超检查、做胃镜等都要求空腹，吃了早饭就不能做了，只好下次再来一次。查子宫、前列腺做B超，要求事先憋足尿。有些部位的病变，检查前应清洗局部。到口腔科看牙病时，别忘了先刷牙。

挂了号把病历交给医生之后要安静地等候，别错过了叫号。做两项以上的检查时，可以先到人少的地方去。两边人都多时，可以把两张检查单（化验单）都分别交上去，哪边先轮到了就先检查哪一项。

看完病回来，一定要先洗手，然后再吃东西。

(2) 怎样挂号

不同的医院有不同的挂号时间和规定。挂号的高峰一般在上午7点到9点钟。9点以后挂号的人减少，下午明显少于上午，一般比上午要少一半。家庭服

务员可以选择适合的时间，尽量避开高峰时间。有的医院开展电话预约挂号，可以查查电话号码，先打个电话问问能不能预约挂号。看病之前先对病情有所了解，看挂哪个科的号比较合适，也可以向挂号员、咨询台的工作人员问一问，让他帮你确定一下。如果身患几种病，可以一次分科挂几个号，然后先到号数较少的科去看病，可以节省时间。有时，可以事先到医院挂好号，再回来带病人上医院，减少病人等候的时间。

(3) 怎样看急诊

急诊是专门接待病情危重和必须进行抢救的病人，24 小时开放，方便病人随到随诊。看病前可先请值班护士帮助区别一下是否属急诊，属于哪个科的急诊，并提前做些检查。行走不便的病人可以向急诊室护士借用推床、推椅、担架，便于移送病人。如果经过医生处置，不需要住院治疗，就要问问医生，病人回家后应该注意些什么事情，以便回家后更好地照料病人，利于疾病的恢复。看过急诊后有时还需要去看专科的门诊，一定要把病历本、化验室检验单、报告单等收存好，复诊时带上。医生向病人询问病情时，别人最好不要过多地插话，不要代病人向医生讲病情。否则医生会反感，因为医生最需要了解的是病人自身的感受。当然，如果病人不能说话了，陪伴的人员可以尽其所知地如实地向医生介绍情况。

(4) 怎样带孩子看病

孩子有病，病人的家长最好能一起去医院看病。孩子的病史、发病的情况一般都是由家长或熟悉情况的人代叙述的，所以一定要尽可能地全面掌握孩子起病和病情发展的情况。向医生说明时，不要联想，不要猜测，不要夸张，一定要客观、全面。有些孩子一见到穿白大褂的人就吓得哭起来，怕去医院。平时就应该帮助孩子克服这些恐惧心理。

16. 家中有了急救病人怎么打急救电话叫救护车

家中任何成员若突然发生急重病、外伤等，需要紧急抢救时，要及早打 120 或 999，这是专门为急诊病人开通的报警电话线路。打电话时要注意，不管多急，都要把病人的主要病情或伤情说清楚些，让急救人员有针对性地带着医疗器具、药品来抢救。要把家庭住址说清楚，尽量说清大地名或大多数人都知道、别人好找的地名，可能的话要把行车线路讲清。如果住小胡同，就要说清等救护车的地点，赶快派人等候救护车。

二、家庭常用消毒方法

家庭环境亦存在疾病传播和交叉感染的可能，如呼吸道疾病感冒、肺炎等，消化道疾病、肠道感染等，因此普及消毒知识十分必要。

1. 空气消毒

（1）通风

采用湿式通风清扫法，搞好室内外环境卫生，可避免尘土飞扬。每天开窗通风两次以上，每次不少于30分钟，让空气流通。

（2）食醋熏蒸消毒法

采用食醋熏蒸消毒前先关闭门窗，按每立方米用食醋5~10毫升计，加等量水稀释后倒入盛器内，放在火上加热、熏蒸，待蒸干后30分钟，再打开门窗通风换气。

（3）中草药消毒法

采用中草药消毒法要关闭门窗，点燃苍术、艾叶或消毒卫生香进行烟熏，每日一次，每次30分钟，然后打开门窗通风换气。

（4）乳酸熏蒸法

采用乳酸熏蒸法要关闭门窗，按每立方米用乳酸0.12毫升计，加等量水稀释后加热熏蒸，蒸干后密闭门窗30~120分钟，再开窗通风换气。

2. 食具消毒

食具消毒是防止肠道传染病传播最重要的环节。一般情况下，餐具先洗涤后消毒，但传染病人用过的餐具应先煮沸30分钟后再洗涤，然后消毒。

（1）煮沸消毒

将水煮沸，经5~10分钟后可杀灭病原微生物的繁殖体，达到消毒效果。方法是先将物品刷洗干净，全部浸没在水中，然后加热煮沸，消毒时间从水沸后开始计算。玻璃、瓷器类应放在冷水中再加热；橡胶类应待水沸后再放入，这样可延长物品的使用时间。

（2）干热灭菌法

利用特制的烤箱，通电升温后进行灭菌，箱温120~140摄氏度，时间10~20分钟，可达到消毒目的；箱温180摄氏度，时间20~30分钟，可达到灭菌目的。

（3）微波消毒灭菌

利用电磁波，使物品中极性分子发生极化，并相互摩擦，使温度迅速升高达到消毒灭菌作用。

（4）84消毒液浸泡法

84消毒液起消毒作用的主要成分是有机氯，方法是将物品洗好泡在按使用说明稀释后的消毒液中3分钟后即可，但经营活动的物品用84消毒后，在使用前应用清水冲净方可使用。

3. 衣物被褥消毒

（1）衣物、被褥应勤洗勤晒，保持清洁干燥，阳光中的紫外线有杀菌作用。

（2）传染病人用过的被褥、衣物可先煮沸 5～10 分钟后再洗涤，不宜煮沸的可用 84 消毒液配制成 1∶200 的稀释液浸泡 30 分钟后洗涤消毒，不宜洗涤的如棉絮等，可在阳光下暴晒 6 小时消毒。

4. 便器及排泄物消毒

（1）平时用洁厕液清洗，去除便器污垢及异味。

（2）传染病人便器消毒。可按量加入含氯石灰（漂白粉）片，一般每 500 克加含氯石灰 0.5 克的含氯石灰片 1 片，搅拌后加盖放置 1 小时再弃去，然后洗净便器上的污垢，再用水冲洗，晾干备用。

（3）传染病排泄物消毒。按其性质分为干性排泄物消毒和湿性排泄物消毒。干性排泄物（如粪便、呕吐物等）可按 5 份水加 1 份漂白粉的比例配制的溶液搅拌，放置 2 小时再弃去。湿性排泄物（如尿液等）可与按 100 毫升水加 1 克漂白粉的比例配制的溶液混合，放置 1 小时再弃去。

第十章
家庭宠物、植物的养护

在现代家庭中，有许多用户会养宠物、植物，所以家庭服务员掌握必要的家庭宠物、植物养护知识是必不可少的。无论植物还是宠物，只要家庭服务员细心呵护，就能把它们养好，而它们给我们带来的不仅仅是成就感还有一份快乐。

第一节　家庭宠物养护

一、家庭宠物的驯养

1. 狗的基本动作训练

（1）训练狗不要随便叫

狗胡乱吠叫确实困扰人们。最开始训练时，当不要狗吠叫时，就对狗大喝："不要叫！"使狗立刻停止吠叫。若无效，就卷起报纸筒打它，此种训练方法效果较佳。

（2）训练狗坐下

把手放在狗腰上向下压，边压边说"坐下，坐下"，待狗坐好后，与狗拉开一定距离，发出"坐下"的命令，同时伸手呈水平放下，反复数次。狗熟练此动作后，只要用手势示意，不必发出命令即可奏效。

（3）训练"伸手"和"握手"

刚开始，喊声"伸手"，然后以一只手拿起它的左前脚，一只手拿起它的右前脚，一边说："好，好"，一边抽出一只手抚摸狗的喉咙或胸部，还可给它吃点食物，这样会学得更快。

（4）让狗学会"拜拜"和"转身"

把狗爱吃的食物置于狗头上方，诱惑狗以后脚站立采取"拜拜"的姿势，还可在此基础上训练它转圈，最后训练到一听"转身"的口令就会旋转。

（5）训练狗不乱奔扑

狗为了表示亲密，会以很快的速度向主人奔扑，这种行为有时会弄脏衣服，令人觉得困扰。有客人来访时，狗奔扑上去，令客人害怕，主人也觉得很难为情。矫正的方法是，对奔扑上来的狗，一边说“不行”，一边用手碰狗的鼻子。反复进行几次以后，狗就会因得到教训而不再奔扑。

2. 食物替换

食物替换主要用于纠正宠物的不良习惯。具体操作如下：

（1）逐步替换：对于不吃狗粮、猫粮的宠物，可将部分狗粮猫粮拌在饭中，最好硬度和饭一样，然后逐步加大狗粮、猫粮的比例。

（2）变换花样：一般情况下宠物对罐头、宠物妙鲜包都比较喜欢，先用罐头或妙鲜包喂食，让它适应专用食品的味道，然后逐渐增加犬粮、猫粮，直至全部用狗粮、猫粮喂食。

（3）饥饿：只给宠物准备狗粮、猫粮和足够的清水，它饿极了就会去吃的。

3. 定点排泄

（1）准备工作：选择一个方便清理的地方即可，在选好的地方铺好报纸或者其他垫纸以方便清理。

（2）定点工作：基本上进入家庭的宠物已经知道了排便的地方，对于幼年又是刚刚进入家庭的宠物，要进行诱导工作。将幼猫放在沙盘上，让它熟悉；对于狗，可购买定点排泄专用的喷雾剂，喷在纸上。看到幼年猫狗有排泄的动作，立即将它抱到排泄地点。

（3）便后处理：将一次性的垫纸和污染的猫沙扔掉即可，对于被污染的地面应该拖干净，若宠物身上沾上污物一定要及时处理。

二、家庭常见宠物

博美：具有警惕的性格、聪明的表情、轻快的举止和好奇的天性。博美的步态骄傲、庄重而且活泼。

京巴：比较娇气，抗病和抗御恶劣环境的能力不强。炎热的夏天，特别是闷热的天，它会出现呼吸困难，甚至害病。

贵宾犬：是很活跃、机警而且行动优雅的犬种，拥有很好的身体比例和矫健的动作，显示出一种自信的姿态。经过传统方式修剪和仔细的梳理后，贵宾犬会显示出与生俱来的独特而又高贵的气质。

哈士奇：性格多变，有的极端胆小，有的极端暴力，进入家庭的哈士奇都已经没有了野性，比较温顺，是一种流行于全球的宠物犬，也可以当做雪橇犬。

萨摩耶犬：原本是一种工作犬，机警、有力、非常活泼、高贵而文雅。因雪白的毛色博得人们的喜爱，具有充足的骨量和肌肉。对任何东西都好奇，特别老实，适合和孩子一起玩。

美国短毛猫：素以体格魁伟，骨骼粗壮，肌肉发达，生性聪明，温顺而著称，是短毛猫类中大型品种。有着独立、开朗、乐观、积极的个性，非常亲切友善，对小孩子充满耐性，不会胡乱吵闹。

狸猫：个性独立，活泼好动，对周围环境的改变非常敏感，对主人表现出万分的依赖，一旦饲主有了变更，会对它们的心理造成不同程度的伤害。狸猫很容易家庭饲养，只要有适口的粮食和干净的饮用水，就可以快乐地生活着。一般的小病小灾，根本难不倒它们。

三、家庭宠物的日常养护

1. 家庭宠物的喂食

（1）喂食前的准备：每天早上将食盆水盆清洗干净，夏季时幼猫幼狗的食盆水盆每餐前都要清洗一遍。在喂食前，在食盆底下垫一张报纸或塑料垫，防止宠物进食前把食物撒在盆外。给宠物放食时一次不要放太多，同时在旁边准备好凉白开水。

（2）进食：家庭服务员要召唤宠物用餐，例如“球球，快来吃饭了”。若在没有变更食谱的情况下，宠物连续两天没有食欲，就应该去医院进行检查。若宠物吃完饭后还急切地寻找就再添加一些食物，但一次性不要放太多。

（3）进食后处理：要把垫纸去掉，清理干净地板，宠物食完剩下的食物和饮用水不用取走，可方便宠物随时来吃。

2. 家庭宠物洗澡的注意事项

（1）洗澡间的温度不能过低，控制在 20 摄氏度左右，确保热水充足，水温控制在 35 摄氏度左右。

（2）一定要先给它把毛梳通，尤其打结的地方包裹了很多脏物及细菌，梳通后不仅能清洗干净，而且能有效防止皮肤病。

（3）准备好浴液（可按比例稀释后再使用）。一定要用宠物专用的浴液，因为人的洗发水碱性过高，会影响宠物的皮脂分泌。

（4）洗前要先挤肛门腺，这是宠物的特殊的留味器官，带有很重的臭味，经常清理不仅可祛除异味，最主要的是可以有效防止肛门腺发炎。

（5）冲洗时不能让水进入鼻腔，冲洗一定要彻底，残留的浴液会引起它皮肤的瘙痒。

（6）冲洗时避免水和浴液进入耳道和眼睛，吹干后及时清理耳道。这样不仅可以祛除异味，还可以有效防止耳螨等一些耳道疾病。

（7）洗完后要及时吹干，尤其是腋下和耳后部位，防止它着凉感冒。干燥的毛可以抑制细菌和寄生虫的繁衍。

3. 怎样给宠物剪趾甲

（1）用手抓住狗/猫爪子的趾甲根部，如果是长毛狗/猫，要把趾前的长毛捋上去，让趾甲完全露出来。

（2）用宠物专用的剪指甲刀，刀刃要锋利，垂直于趾甲修剪。剪的时候不能拖泥带水。

（3）一次别剪太多了，可以剪得勤点儿，以防一次剪太多，特别是剪到了血线就会出血，以后狗/猫就会害怕剪趾甲。

（4）剪完以后，如果你的狗/猫很有耐心，你还可以用指甲锉好好给它锉一下趾甲前端。

4. 遛狗时应注意什么

（1）小型犬早晚遛不超过20分钟为宜；

（2）中型犬和大型犬早晚遛不超过30分钟为宜；

（3）每天两次，自由活动时间不限；

（4）六个月以下的幼犬活动量要减少30%左右；

（5）不是说大型犬就一定要比中小型犬活动的时间长，遛狗时，要注意观察狗的反应，视其疲劳程度适当调整；

（6）牵引带注意松紧适度，既要拴劳，又要舒适。冬季还要穿上外衣、鞋子。

让狗自由活动时，要注意交通安全，避免狗受伤或者造成交通肇事（屡次有汽车为躲避狗造成交通事故），不要吓到路人，所以选一处僻静的地方让它撒欢最好。

另外，遛狗时要注意防止中暑，带点水以便随时补充；带上纸或者小铲，收拾好狗的粪便；不要让它乱闻乱吃，小心感染疾病；最重要的一点，居住在限养区的住户，带狗出门前必须同时带齐它的“户口本”和“狗牌”。

5. 宠物生病怎么办

宠物生病时要找专业医生给宠物看病，不要私自给宠物吃药、打针。当客户要求家庭服务员这样做时，要向客户讲明利害关系。宠物发烧时，给宠物喂百服宁，这样做是不对的，因为狗几乎是没有汗腺的，不能吃发热的药，不然会造成爱犬死亡。

6. 家庭宠物受伤后的紧急处理方法

（1）云南白药：如果小狗碰破并流血，可先为它止血，将药粉涂抹在伤口上即可。如果出血过多，可以适当地让小狗服用一些。

（2）紫药水：在伤口皮肤生长期使用。

（3）红霉素软膏：伤口恢复期可使用，还可以在小狗患化脓性皮肤病时使用。

特别提示：如果可能，还应该准备一些冰棍棒。如果小狗不幸发生了骨折，这时候，又轻又薄具有韧性的冰棍棒就能发挥作用了。因为小狗虽然受伤了，但它们活泼好动的性格容易使伤势更加严重，这时可以用冰棍棒作为夹板暂时固定骨折的肢体。这样一来，在将小狗送往医院的途中，骨折处的血管、神经、肌肉及皮肤就不容易再次损伤了。

第二节　植物养护

一、养花是一种休闲文化

家庭养花是一种休闲愉悦，是一种美的享受，是一种家庭修养和休闲文化。

自古以来，中国人就有爱花、种花、养花和赏花的传统，如晋朝的陶渊明爱菊花，唐朝人喜爱牡丹，宋朝人周敦颐爱莲花，诸多文人墨客或爱梅，或爱竹，或爱兰等。

对国家来说，也有各自喜爱的国花，如日本的国花是樱花，泰国的国花是睡莲，印度的国花是荷花，荷兰的国花是郁金香，丹麦的国花是冬青，俄罗斯的国花是葵花，英国的国花是玫瑰，德国的国花是矢车菊，比利时的国花是虞美人，埃及的国花是睡莲，坦桑尼亚的国花是丁香，美国的国花是玫瑰，加拿大的国花是枫叶，墨西哥的国花是仙人掌，五月兰是委内瑞拉的国花，毛蟹兰是巴西的国花，阿根廷的国花是赛波花，等等。

花的色彩和形状似跳动的音符，家里有一组鲜活的花草就像一曲生动的乐曲，供家人愉悦和欣赏。花的特性被喻为人的品性和修养，也被喻为国家和民族的品性和特点。因此，人们爱花、养花，不仅是一种休闲享受，更是一种人品的修养和心理与精神文化的反映。随着经济收入的增加，家庭消费结构改变与升级，家庭养花作为一种家庭美学的形态会越来越受欢迎，越来越表现出它的文化内涵。

二、花卉的含义与结构

（一）花卉的含义

花卉是一个词，实际上它有两层含义：其一是指花，即植物所开的花，也就是植物学上所说的被子植物所特有的生殖器官，在园艺学上指的是供人观赏的花类植物。其二是指卉，即草类的总称。

花卉有狭义和广义两种界定。就狭义的概念来说，花卉是指可供人们欣赏的花草；就广义的概念来说，花卉是指通过一定技艺进行栽培和养护的植物，它们或因色彩的艳丽，或因叶色斑斓，或因果实奇特，或因气味芬芳，或因形状怪异而让人愉悦，因而具有一定的观赏价值和审美价值。这里说的花卉已经超出了花与卉的范围，还包含有灌木、亚灌木、乔木和藤本植物，以及低等的蕨类植物等。

（二）花卉的结构

花是有结构的，一般来说，花的结构由五部分组成，即花梗、花托、花萼、花冠和花蕊（雌蕊和雄蕊）。若花梗、花托、花萼、花冠和花蕊（雌蕊和雄蕊）齐全的称完全花，缺少其中任何一部分或几部分则为不完全花。完全花有梅花、山茶花、菊花等，不完全花有白兰花、米兰花和百合花等。

1. 花梗

花梗又称花柄，是指生长在茎上的短柄。它是茎和花相连的通道，起着支撑花朵和输送水分与营养的作用。花梗的长短因花卉的种类不同而不同，如垂丝海棠的花梗很长，而茶花的花梗则很短。

2. 花托

花托是指花梗顶端膨大的部分，托盘似的由外至内呈轮状排列，将花萼、花冠、花蕊等托了起来。花托的形状、大小，因植物种类不同有所差异，如有的呈长圆锥形的，有的是中央部分凹陷而呈杯状或壶状形的，还有的呈倒圆锥形的，等等。

3. 花萼

花萼是由若干萼片组成的，位于花的最外轮，通常为绿色，但也有一些植物的花萼具有鲜艳的色彩。

4. 花冠

花冠在花萼的内轮，由花瓣组成。花瓣的形态千姿百态、色彩缤纷，是花的主要观赏部分。有些植物的花瓣是分离的，称离瓣花；有些植物的花瓣是从基部向上或多或少连接在一起，称合瓣花。

5. 花蕊

花蕊分为雄蕊和雌蕊。雄蕊位于花内部，由花丝和花药两部分组成。花丝细长呈柄状，起支撑花药的作用；花药呈囊状或两唇状，长在花蕊的顶端，是形成花粉粒的部分。

雌蕊位于花的中央部分，由柱头、花柱和子房三部分组成。柱头在雌蕊的先端，是接受花粉的部位。多数柱头能分泌黏液，具有粘连花粉粒和促进花粉粒萌发的作用。柱头与子房之间的部分叫做花柱，是花粉进入子房的通路。子房是雌蕊基部膨大呈囊状的部分，由子房壁、胎座和胚珠组成，是雌蕊的主要部分。子房内有一个或多个胚珠，当花粉粒落在柱头上之后，通过花柱将雄性生殖细胞送入子房的胚珠内，和胚珠内的卵细胞结合产生结合子，再由结合子继续发育而形成花的种子。

三、花卉分类

花卉因其特性、习性和功能不同，可分为多种类型。

（一）按形态特点和生长习惯进行分类

1. 草本花卉

草本，是具有草质茎的植物。草本花卉，就是有草质茎的花卉。也就是说，花卉的茎部为草质，茎、枝柔软如草。依据其生长发育周期的长短，草本花卉可分为一年生、两年生和多年生几种。

（1）一年生草花

此种草花是当年播种，当年开花结实，当年死亡，如一串红、鸡冠花、半枝莲、百日草、牵牛花、雁来红、紫茉莉等。

（2）两年生草花

此种草花秋季播种，第二年夏季开花，结实后死亡，如金鱼草、三色草、石竹、金盏菊、美女樱等。

（3）多年生草花

花卉的地下的茎物根属多年生，根据地下茎和根的形态，可分为宿根花卉和球根花卉两种。

①宿根花卉：地下的茎或根形态正常。在寒冷地区，地上部分冬季枯死，第二年春又从根部萌出新的茎叶，生长开花，连续生长多年，如菊花、玉簪、芍药等。当然，也有地上部分常青的，如万年青、兰花、吊兰和文竹等。

②球根花卉：其地下的茎或根，呈球形或块状，每年冬季地上部分枯萎，但地下的茎或根依然活着，次年再培植，仍能继续发芽、展叶，并能继续开出鲜艳的花朵。

根据地下部位的形态，球根花卉还可以分为鳞茎类，如郁金香、水仙、百合等；球茎类，如唐菖蒲、番红花等；块茎类，如银球秋海棠、仙客来、马蹄莲等；根茎类，如荷花、睡莲等；块茎类，如大丽花等。

2. 木本花卉

木本，即具有木质茎的植物。木本花卉的茎为木本，茎、干坚硬。依据树冠的高低和树冠的大小可分为乔木、灌木及藤本花卉。

乔木花卉植物高大，主干明显，长势健壮，如梅花、桃花、白玉兰等。灌木花卉植株较低矮，枝条是丛生状态，无明显的主干，如月季、牡丹、杜鹃、石榴、蜡梅等。藤本花卉茎叶细长，不能直立，常攀援于他物，向上生长，如金银花、木香等。

3. 多肉类植物

顾名思义，多肉类植物，其茎叶肥厚，肉质健壮。此类植物在园艺栽培中组成一类。它的科、属较多，常见的品种有仙人掌科的昙花、蟹爪兰；龙舌兰科的龙舌兰、虎尾兰；萝藦科的大花犀角、吊金钱；凤梨科的小雀、舌兰等。

4. 水生类植物

此类花喜水，常年生长在水中或沼泽湿地，大多属于多年生植物，常见的有荷花、睡莲、水葱、菖蒲等。

（二）按观赏器官分类

1. 观花类

以观赏花朵的色、形为主，如菊花、月季、杜鹃、山茶、牡丹、玉兰，等等。

2. 观叶类

以观赏叶子的色、形为主，如文竹、万年青、变叶木、龟背竹、橡皮树、常青藤、五针松、龙柏、罗汉松等。

3. 观茎类

以观赏枝茎的色、形为主，如佛肚竹、珊瑚林、山影拳、虎刺梅等。

（三）按经济用途分类

1. 用于香料

花卉有不同的芬芳气息和形成香味的特殊因子，所以很多花卉成了香料加工业中的重要原材料。如白玉兰、栀子、茉莉等都是重要的香料植物，是制作花香型化妆品的高级原料。再如水仙花，可提炼高级芳香油，墨红月季的鲜花可提取浸膏，玫瑰花瓣中可提取玫瑰油，香叶天竺葵的叶子可提取香精等。

2. 用于熏茶

有的人喜欢喝茉莉花茶，有的人喜欢品饮菊花茶等，这些茶就是用各种花卉窨制而成的。熏茶花朵有茉莉花、白兰花、桂花、栀子花、兰花、蜡梅花、米兰花等，这些花都有各自不同的芳香气味，用它们来窨制花茶，称为茶用香花。其中茉莉花用量最大，约占熏茶花总量的85%左右。

3. 用于医药

我们常说的药食同源，其实真正同源的是药草、药花。我国的中药的大部分原料就是草本花卉。《中国中草药汇编》一书中所列出的2200多种药材中，以花入药的约占1/3，如芍药、茉莉、牡丹、白兰、扶桑、金银花、蜡梅、月季、杜鹃、荷花等100多种花卉，都是常用的中药材。

4. 用于环保

许多花卉具有环保功能，是自然界天然的环保卫士，因为它们具有吸收有害物质、净化环境的作用。如夹竹桃、白兰、扶桑、桂花、大丽花、紫茉莉等很多花卉对二氧化硫、氯气具有很强的阻扰能力；一品红、倒挂金钟、天竺葵等，对氟化氢具有很大的抗性作用。

此外，有些花卉对于有害气体具有很强的敏感性，可以用来对空气的污染情况进行监测和“报警”。如百日草、波斯菊等对二氧化硫敏感，郁金香、唐菖蒲等对氟化氢敏感，丁香、藿香蓟等对臭氧敏感。

5. 用于饮食

很多花卉可食，而食花越来越成为一种时尚。如菊花、桂花、梅花、藤萝花等多种花卉可以入食、入肴、入饮。说不定将来会出现一种新的产业，即花卉饮食产业。

四、中国十大名花

家有家花，国有国花，花卉可以是一个人品格的象征，也可以是一个国家的文化征象。中国人自古爱花、种花、养花、赏花，已成为中华民族的文化传统。从古至今，中华民族最喜爱的花卉有十种，可称之为“十大名花”。

1. 牡丹

牡丹是中国十大名花之一，有“花王”、“天下真花”、“国色天香”之美誉。明朝李时珍在《本草纲目》里说：“鲜花之中，如牡丹为第一，芍药为第二，故世人谓牡丹为花王，芍药为花相。”据《群芳谱》统计，牡丹的品种多达180余种，有黄、白、紫、粉红等多种颜色；谷雨时节盛开，花朵大而艳，鲜而美，供观赏，亦可入药，号称国色天香，国人将其作为幸福、美好、繁荣、昌盛之象征。唐朝诗人刘禹锡《牡丹》诗赞：“庭前芍药妖无格，池上芙蓉净少情。唯有牡丹真国色，花开时节动京城。”

2. 芍药

古代，牡丹与芍药混称，到了秦汉才分开。芍药又名“红芍”、“娇客”。昔日，曾有“洛阳牡丹，扬州芍药”的佳话。如今，芍药以山东菏泽为盛。

3. 梅花

梅花是我国十大名花之一，有“王妃”之美称。梅的种类繁多，有三百余种，主要品类有：杏梅、蜡梅、照水梅、龙游梅花等。梅花开于冬而实熟于夏，果实可酿酒，花可入药，花色多淡粉、红色或白色，也有黄色或淡黄色，可观赏，可喻人之品德。宋朝诗人陆游有这样的诗句：“凌厉冰霜节愈坚，人间哪有此癯仙。”说的就是梅花的“凌厉冰霜”，喻人坚定之节操。

4. 菊花

菊花是原产于我国的多年生宿根草本花卉，栽培历史长达三千多年。菊花是我国十大名花之一，是极佳的观赏花卉，花朵可入药，亦可熏茶。诗人屈原的《离骚》诗里有：“朝饮木兰之坠落兮，夕餐秋菊之落英。”故有食菊花可长寿的说法。

5. 兰花

兰花，又称“兰”、“玉簪花”等，有“王者香”、“幽客”、“国香”的美誉。品种繁多，与松、竹、梅并称为“四君子”，具有极好的观赏价值。其根茎可入药，花朵可窨茶，经济用途广泛。

6. 水仙

水仙，又称“雅蒜”、“玉葱”，因其性好水，故名，属石蒜科，多年生单子叶草本植物，为我国十大名花之一。水仙叶片挺拔苍绿，花朵洁白芬芳，花、叶并茂，既可观赏，又能入药，价值不菲。水仙盛产于我国的福建、浙江。福建漳州的水仙名扬中外，每年都有批量出口。

7. 山茶花

山茶花，又名“海虹”、“海红花”，其叶似茶叶，可作饮品，故有此名。山茶花属常绿阔叶灌木或乔木，品种颇丰，多达三百余种，既可野生又可盆栽。其花或红或白，可供观赏，可入药，其粉可榨油，油质可与橄榄油媲美。山茶花多生于南方，如浙、赣、川、滇等省的野生山茶花分布很广。

8. 杜鹃花

杜鹃花，又称“映山红”、“山石榴”等，多年常绿或落叶灌木，花开于每年的二三月之间，恰是杜鹃鸟鸣之时，故得此名。春季盛开漏斗形红花，花冠内有深红色斑点，是花卉中供观赏的佳品。诗人李白有这样的诗句：“蜀国常闻子归鸟（杜鹃鸟），宣城还见杜鹃花。”他把四川的杜鹃鸟的啼鸣同安徽宣城的杜鹃花开联起来，时空广阔，想象丰满，诗意颇浓。

9. 桂花

桂花，又称“桂华”、“金粟”，属常绿灌木或小乔木，秋季开花，黄色或黄白色，为我国传统十大名花之一。它的主要品种有：金桂、银桂、丹桂、四季桂。古人有诗赞桂花："金粟（桂花）吹香万木秋，露华凝噎翠云稠。"桂花开洁白如玉女，是观赏的佳品，花可入药，入茶，入酒，亦可做香料。

10. 荷花

荷花，又称"芙蓉"、"莲花"等，属睡莲科，多年生宿根水生植物，地下茎肥大而长，有节。叶大而圆，花大而艳，花色有白、粉红、深红等色，可食。花可观赏，茎（即藕）可食用，节可入药，叶可包裹，用途很广。古人以莲自喻，赞美莲（荷花）的好品格："出淤泥而不染，濯清涟而不妖，中通外直，不蔓不枝，香远益清，亭亭净植，可远观而不可亵玩焉。"

我们种花、养花、赏花时，要自我修炼，学习花的好的品格，好的情操。

五、花卉生长发育的自然条件

花卉生长发育所需要的自然条件很多，最主要的条件是土壤。这是因为花卉的生长、发育需要不断地从土壤中吸收必需的营养元素、水分和氧气等，没有土壤或尘土壤（无土栽培）的营养液，花卉就无法生长。

（一）土壤

1. 家庭养花常用的土壤

（1）腐殖土

腐殖土，也称肥土，它是由家畜粪尿、垫料和饲料残渣的混合物经发酵而成，含有多种有机质和氮、磷、钾等成分，质地轻松，呈酸性反应，保肥保水性能好，但排水性差。

（2）腐叶土

腐叶土为林区地带的表土，是由落叶经多年堆积腐烂而成的，质地松软，多孔隙，呈酸性或微酸性，营养成分丰富，适于栽种喜酸性土壤的花卉。

（3）泥炭土

泥炭土又称草本土，出自泥炭沼泽地带，它是由有机物不断堆积后在淹水条件下形成的，呈酸性反应，富含有机质，可改良土壤的物理性能。泥炭土本身营养成分不多，但含有大量的纤维和腐殖酸，吸水和保肥性能好，是配置花卉生长土壤的好材料。

（4）草皮土

草皮土是由杂草、秸秆等掺入畜粪等堆积腐烂而成含腐殖质较多的肥料，且有较多的矿物质，呈弱碱性。

（5）针叶土

针叶土是由松科、柏科针叶树的落叶残枝和苔藓类堆积腐烂而成，呈强酸性反应，含腐殖质较多，适用于喜酸性植物花卉成长。

2. 土壤酸碱度测定

（1）酸碱度含义

土壤的酸碱度是指土壤中氢离子浓度指数，即我们常说的 pH 值。土壤的酸碱度的高低直接影响土壤的物理化学性能，也直接影响花卉的生长发育。

一般来说，土壤的化学反应有三种：酸性、中性和碱性。大多数花卉在 pH 值 6.1 ~ 7.1 的微酸性土壤环境中生长最为适宜，因为在此范围内花卉需要的养分在土壤中效能最佳，有利于花卉的吸收和利用。土壤过酸过碱不仅会影响矿物质元素的溶解度，使某些营养元素变得不可吸收，导致花卉营养缺乏，严重时，可导致花卉植株死亡。

花卉的种类不同，对酸碱度的要求也不一样，就花卉对土壤酸碱的要求来说大致可分为三类：

第一，喜酸性花卉。这类花卉要求土壤的 pH 值在 6.7 以下，如杜鹃、栀子、山茶花、兰科花卉和观赏凤梨等。

第二，喜中性花卉。这类花卉要求土壤的 pH 值在 6.6 ~ 7.6，绝大多数花卉都属于这种类型。

第三，喜碱性花卉。这类花卉要求土壤的 pH 值在 7.6 以上，如石竹、玫瑰、香豌豆、天竺葵、迎香、夹竹桃、榆树梅、黄杨等。

（2）土壤酸碱度测定

测定土壤酸碱度的方法很多，最简便易行的方法就是：备一盒石蕊试纸和一个标准比色板。测定时取少许土壤放入干净的玻璃杯中，按土比水 = 1∶2 的比例放入杯中，经充分搅拌沉淀后，将石蕊试纸放入溶液内，两秒钟后取出与标准比色板比较，找出与试纸颜色相近似的色板号，即为这种土壤的 pH 值。根据测定的结果，对酸碱度不适宜的土壤进行调整，如酸性过高，可在盆土中加少量石灰粉；碱性过高，可在盆土中加少量硫黄粉等。

（3）土壤的消毒

对盆栽花卉的土壤要进行消毒，以达到消灭病菌、病虫和杂草的目的。消毒的方法有三种：加热消毒、日光消毒和药剂消毒。

（4）盆栽花卉的盆土配方

盆栽花卉盆土的总要求是：土质肥沃、物理化学性状优良，质地疏松，有较好的吸水和排水能力。土壤的有机质量为 2% ~ 3%，pH 值为 6 ~ 7，不含有害物质和盐类，不含病虫草籽，氮的含量为 0.8% ~ 1.2%，速效氮为 100 ~ 150 毫克/千克，速效磷为 200 毫克/千克，配土的总空隙度为 15% ~ 20%，小孔隙度为 35% ~ 40%。盆土的原料为园土、塘泥、河沙、腐叶土、山泥、砻糠灰、煤渣等。不同的花卉，不同的生长发育阶段，对盆土的要求不同。具体的培土的比例如下：

①草本花卉播种盆土比例为：腐质土5份，园土3份，河沙2份；定植用土比例：腐叶土4份，园土4.5份，河沙1份，骨粉0.5份。

②常绿木本花卉的培土比例是：腐叶土4份，园土4份，河沙2份。

③喜酸性观赏花卉用土比例是：泥炭土5.5份，粗沙4份，骨粉0.5份。

④观花观果类花卉的用土比例是：细沙5份，泥炭藓5份，还要补充磷肥、钾肥。

（二）肥料

家庭盆栽花卉的营养供应仅限于花盆中的一小盆土壤，盆中的氮、磷、钾的供应量远远不够花卉生长发育的需要。因此，就要通过施肥来为盆栽花卉补充营养。

养花常用的肥料有两种：一是有机肥，二是无机肥。

1. 有机肥

有机肥料是指含有有机物质的肥料，如厩肥、堆肥和饼肥等。有机肥可分为两类：一是动物性的有机肥，二是植物性的有机肥。动物性有机肥，指人粪尿，禽兽性的蹄角、骨粉，如鱼、肉、蛋类等。植物性有机肥是指饼肥及其他肥料，如芝麻酱渣、杂草、树叶、中草药渣、酒糟等。这些肥料均含有丰富的氮、磷、钾及微量元素，是高效性肥料，营养较全，肥效较长，但用前必须经过充分的发酵腐熟，成为熟肥才能使用，否则会损坏花卉的根系。

2. 无机肥

无机肥就是指常用的化肥，使用化学合成方法制成的。无机肥具有成分单纯、易溶于水、肥效较快的特点，所以称其为“速效肥料”。无机肥可分为氮肥、磷肥和钾肥。

氮肥有尿素、碳酸铵、碳酸氢铵、氨水、氯化铵、硝酸钙等。氮肥可起到促进花卉叶茎繁荣、花芽分化的作用。磷肥有过磷酸钙、钙镁磷等，多用作基肥添加剂，肥效较慢。钾肥有氯化钾、硫酸钾、磷酸二氢钾、硝酸钾等，均为速效肥，可作追肥使用，有促使花卉茎枝粗壮，根芽发达，花香花艳，果实肥大的作用，还可增强抗病、抗寒、抗旱能力。磷酸二氢钾、磷酸铵等为高浓度极效肥，可促使花卉花色鲜艳、果实肥大。

无机肥，肥效快，但肥效不持久。除磷肥外，一般化肥都作追肥使用。使用化肥要适量，浓度应控制在0.1%～0.3%，不可过浓，否则容易损伤花卉根苗。使用化肥后要立即浇水，以保证花卉及时吸收。

此外，钙、铁、硫、镁、硼、锰、锌、钴、碳、氢、氧等，也是花卉生长发育不可缺少的生长元素。其中碳、氢、氧可以从水和空气中得到，其余的元素则要从土壤中吸收。

3. 家庭自制花卉肥料

（1）豆渣

豆渣是家庭磨豆浆得到的残渣。这种残渣含有大量的蛋白质和多种维生素，以及碳水化合物等，是上等的有机肥料。

（2）醋溶液

在北方种南方的花卉时，浇花时在水中掺入少许醋，可以促进磷、铁等元素的吸收，防止叶片发黄。花期时，将醋与水按 2∶3 的比例混合制成醋溶液，喷洒花朵和枝叶，可以使花朵肥硕鲜艳，枝叶更绿。施过有机肥后，在盆中适当喷一些醋水，可除掉腥臭味。喷洒碱性药物后，如发生药害，可在枝叶上喷洒适量醋水，以减轻药害。

（3）啤酒肥

啤酒里含有丰富的二氧化碳、糖、蛋白质、氨基酸和磷酸盐等营养素，用啤酒浇花可促进花卉生长，花朵鲜艳；用啤酒喷洒叶片，可使花卉枝叶浓绿，肥厚，有光泽。使用时将啤酒与水按 1∶10 的比例混合后即可使用。

（4）小苏打溶液

盆栽花卉开花时，可用万分之一的小苏打溶液浇花，能促进花卉开花，开出的花朵繁多肥大。

4. 施肥的原则

（1）季节性施肥

一年四季，花卉经历了一个生长周期。冬季气温低，植株生长缓慢，大多数花卉处于生长停滞期。此时，一般不施肥。春秋季节，是花卉生长旺盛时期，根、茎、叶增多，花芽分化，幼果膨胀，均需较多肥料。此时应多施一些追肥。夏季气温高，水分蒸发快，又恰是花卉生长旺盛期，施肥的浓度要小些，但次数要多一些。

（2）依据花卉不同种类施肥

花卉种类不同，对施肥的要求也不同。一般来说，喜酸性土壤的花卉，如杜鹃、山茶、栀子等，宜施酸性肥料，如硫酸铵、硝酸钾、过磷酸钙等，忌施碱性肥料。观叶花卉需氮肥量大，施肥时，氮、磷、钾的比例以 2∶1∶1 为宜。观赏花卉在开花期需施适量的完全肥料，使花朵形美色艳。观花观果花卉需磷肥较多，在孕蕾时施氮、磷、钾肥的比例以 2∶3∶1 为宜，这样可使花多果硕。球根花卉需钾肥较多，氮、磷、钾的比例以 1∶1∶2 为宜，这样有利于球根充实。

对于一年内多次开花的花卉，如月季、茉莉、米兰等，一般可分四个阶段施肥：第一次施催芽催花肥，在萌芽前15天或新叶初展施用；第二次施催蕾催花肥，在花芽分化前十天左右施用，通常以施磷肥为主的速效肥；第三次施花后补肥，此时应施氮、磷、钾复合肥；第四次施过冬肥，在霜冻前半个月左右施用，主要施有机肥和磷、钾肥。施肥的总原则是看长势，定用量，同时要注意“四多、四少、四不”。

所谓“四多”，是指花卉黄瘦时多施，发芽前多施，孕蕾时多施，花后多施。

所谓“四少”，是指肥壮时少施，发芽时少施，开花时少施，雨季少施。

所谓“四不”，是指新栽时不施（只用基肥即可），盛暑时不施，健长时不施，寒冬时不施。

（三）水分

1. 水分对花卉生长发育的重要作用

水分是花卉生存的必需条件。花卉的一切生理生化活动都离不开水分的供应。花卉需要水分同人类需要水分一样，都是维持生命的必需条件。

（1）水是花卉体的重要组成部分

我们知道，水是人体中最重要的组成部分，占人体总重量的55%～75%，对花卉来讲，水分更为重要，占花卉植物体总重量的75%～90%。通常花卉体内日必须保持80%左右的水，才能维持细胞的正常生活。低于这个水平，花卉就会打蔫、干枯或死亡。

（2）水是花卉生命活动的必要条件

花卉体内的一切活动都是在水的参与下进行的，如花卉的光合作用、呼吸作用、蒸腾作用，营养物的吸收、运转与合成等，都需要水的参与。

（3）固定形状与调节体温

水具有维持细胞的膨压功能，能使细胞和组织保持紧张状态，这样才能使花卉植物的枝条挺直，叶片开展，花朵丰满。此外花卉还要依靠叶片水分的蒸腾和根系对水分的吸收来调节本身的体温，没有水分，体温就很难保持。

2. 浇水的原则

土壤里的水可分为三种：一是吸附水；二是毛管水；三是重力水。所谓吸附水，就是指在土壤团粒结构之中的水，吸附力很强，主要作用是保持土壤的团粒结构，对植物本身来说，是无效水。所谓毛管水，也称毛细管水，是土壤团粒结构外团粒与团粒之间的水，是植物能够吸收的有效水。所谓重力水，为暂时有效水，哪里干了，水就往哪里渗。

给花卉植物浇水就是补充毛管水，使土壤保持一定的水分。如果土壤缺水，过于干燥，植物就会产生分离层，落叶或枯萎；水过多了，土壤太湿，植株也会产生分离层，导致根条窒息，出现烂根现象。因此，给花卉浇水要适当，要遵循以下原则：

第一，根据气温浇水。

气温高或大风天气，水的蒸发量大，要多浇水；相反，气温低或阴天，蒸发量下降，可少浇水；雨天则不浇水，有时雨水多，还要遮盖或排水，以免花卉过涝而导致烂根或死亡。

第二，根据季节浇水。

季节不同，光照不同，水的蒸发量也不同。此外，水温和土温也因季节的变化而变化，因而花卉浇水的时间和次数也应有所不同。

一般来说，春季每天浇水一次，时间是上午8:30~10:00。夏季每天两次，上午6:30左右，下午15:30左右。冬季，每2~3天一次或每周浇一次，时间是上午9:30~11:00。

第三，根据习性浇水。

植物的原产地不同，习性也不一样，有的喜阴，有的耐旱。喜阴的植物可以多浇水，耐旱的植物可少浇水。有的花卉植物叶小，与阳光接触面积少，水的蒸发量也少，可少浇水；相反，叶大的植物，水的蒸发量大，可多浇水。花卉植物在结果时或在休眠期，可少浇水。

第四，水质要好，水温与土壤温度要接近。

所谓水质好，是指水的质量好。浇花的水以软水为宜，雨水、雪花、河水或池塘水，均为软水，不含矿物质，氧气含量较多，易于花卉生长发育。自来水一般为硬质水，且含有氯气，不能用来直接浇花，需要贮放1~2天，待水中的氯气散失后才能用来浇花。此外，含有碱性的洗衣水或洗碗的油污水都不能用来浇花。

所谓水温与土壤温度适宜，是指浇花水的温度要与花盆里土壤的温度接近。如果花卉盆土在烈日暴晒下直接浇冷水使土壤温度突然降低，使植物的根毛受到刺激，会阻碍水分的吸收，导致“生理干旱”现象出现。从而引起叶片枯萎，严重时会导致植物死亡。

第五，喷水的好处更多。

浇水是直接向花盆的土壤里灌水，而喷水则是向花卉的枝叶喷水。

喷水对花卉的生长至少有五种好处：一是可增加空气的湿度；二是可降低气温；三是可洗去枝叶上的灰尘；四是可冲掉一些害虫；五是能避免嫩叶枯焦和花朵早谢，能保持植物植株健壮。

（四）光照

1. 光照对花卉生长的影响

花卉的生长离不开阳光的照射，因为绿色植物只有在光照后，通过光合作用才能把吸收的二氧化碳和水转化为富有能量的有机化合物，供植物生长使用。没有光照，花卉的一切生理活动就会停止。常识告诉我们，在一株花卉上，能充分接受阳光的枝条，形成的花芽就多，将来开花也多，受光不足的部分，花芽就少，将来开花也少。在满足光照的同时，日照时间的长短也对花卉开花有很大的影响。这是因为花卉进行花芽分化时要求一定的光照长度，只有满足了这个条件，花卉才能顺利地开花。如长日照的花卉，每天的日照时间必须在11个小时以上才能形成花芽，否则就不能开花。正因为如此，人们常常利用光照对花卉的影响，人为地改变光照条件和时间来控制花开的日期，花期或提前或推迟，都可以办到。

2. 不同花卉对光照强度要求不同

光照强度是指太阳光在植物叶片表面照射的强度。由于受花卉原产地光照条件和遗传因素影响，不同花卉对光照强度的要求是不同的。

（1）阳性花卉

阳性花卉的生长需要充足的光照强度，适宜于在全光照的环境中生长，如月季、石榴、茉莉、紫兰、五针松、三角花、扶桑等。这些花卉对阳光有着特殊的敏感性，不能忍受显著的遮阴，若受光不足，会因营养不良而衰弱，花芽形成困难，开花时花少色淡，香味不浓郁。

（2）阴性花卉

阴性花卉要在阳光荫蔽的条件下才能生长发育，不能直接受强光的照射。若受到强烈的阳光照射，其叶绿素就遭到破坏，植株生长不良，会出现叶色变黄，叶片与叶缘焦枯现象。

喜阴花卉根据其喜阴程度不同，又可分为强阴性花卉和阴性花卉。强阴性花卉荫蔽率为78%左右，如蕨类、天南星科花卉等。阴性花卉要求荫蔽率为48%左右，如竹芋类、杜鹃、土竹和兰花等。

（3）中性花卉

中性花卉对光的适应程度较高，要使花卉长势良好，还是要求光照充足。当然，这类花卉有一定的耐阴能力，但过于荫蔽造成光照过弱时会造成生长发育不良，如白兰花、牡丹、菊花、龙舌兰、虎尾兰等。

3. 不同花卉对光周期的适应性不同

光照对花卉生长发育的影响，有两层含义：一是光照的强度；二是光照的长度。光周期概念就是指光照的长度来说的。具体来说，光周期就是指一日之中，昼夜长度即光照的长度的周期性变化。简单地说，就是花卉对日照时间长短的反应。许多花卉的开花与光周期有着密切的关系，当不能满足光周期变化，花卉就不能开花。

（1）长日照花卉

长日照花卉是指花卉芽分化时需要的日照时间为 12 小时以上的花卉植物，如紫茉莉、米兰、唐菖蒲等。如果白天日照不足 12 小时，可在晚上进行人工补光。

（2）短日照花卉

短日照花卉是指花卉芽分化时需要日照 12 小时以下，才能完成花芽分化的植物，如芍药、一串红、象牙红等。

（3）中日照花卉

中日照花卉是指光照时间的长短对花芽分化没有什么大的影响的植物，如月季、香石竹等。这些花卉，不管日照时间长或日照时间短，花卉的花芽分化和开花都可正常进行。

需要特别指出的是，有些花卉，特别喜欢强光，可称其为喜强光花卉，如半枝莲、三色堇、紫茉莉、金盏菊、一串红、紫罗兰、牵牛花、金黄菊、美女樱、香豌豆、荷兰菊、凤仙花、波斯菊、牡丹、茉莉、玫瑰、变叶木、月季、米兰、香石竹、虎皮掌、仙人掌、仙人球、美人蕉、凤尾兰、叶子花、龙舌兰、晚玉香、唐菖蒲、荷花、蜡梅、梅花、苏铁、无花果、石榴、金橘、睡莲、蜀葵、夹竹桃，等等。

有些花卉相反，不喜强光而特别喜欢弱光，如铁线蕨、天冬草、酢浆草、水竹草、吊竹梅、文竹、鸭趾草、一叶兰、龟背竹、海芋、合果芋、发财树、花叶竹芋、斑马竹芋、瑞典常春藤、棕竹、花叶万年青、富贵竹、八角金盘、白鹤芋、袖珍椰子、白粉藤、孔雀木、红果万年青等。这些阴性花卉都能在室内较明亮的散射光条件下生长。

（五）空气

1. 空气是花卉生长的必需条件

空气中的氧气和二氧化碳是花卉进行光合作用不可缺少的原料，没有空气，花卉植物就不能进行正常的生理代谢活动。不能代谢就意味着生命的枯竭和死亡。

另外，花卉同人一样，它需要新鲜空气，若空气恶浊或通风不良，会造成花盆里的土壤缺氧，进而引起花卉的根茎发生腐烂，乃至整个植株死亡。若空气受到污染，有些花卉能抵抗有害气体，但有些花卉会因抵抗力弱而出现中毒现象，叶片出现斑块，严重时花卉也会死亡。

2. 空气中有哪些对花卉生长有害的气体

对于花卉来说，对其生长发育产生不良影响的有害气体主要有氯气、氟化物、二氧化碳、一氧化碳和臭氧，以及居室内的家具、装修材料、家用电器等散发出的有害气体，如甲醛、硫化氢、氟化氢、苯、苯酚等。

（1）二氧化硫

二氧化硫从花卉植物的气孔进入叶片后，会破坏细胞内的叶绿素，进而引起组织脱水而死亡。受害严重时，叶脉会退变成黄绿色或白色，叶片逐渐枯黄。但有些花卉对二氧化硫有较强的抗阻能力，如冬青、白兰、海桐、桂花、山茶、夹桃竹、罗汉桃、大萌花和茉莉花等。

（2）氯气

氯气是一种有强烈刺激性臭味的有害物质。花卉受氯气伤害，叶脉间会产生不规则的白色或浅褐色的坏死斑点、斑块，严重时变成褐色，叶子卷缩，逐渐脱落。对氯气有较强抵抗力的花卉有苏铁、大叶黄杨、夹竹桃、海桐、扶桑和朱蕉等。

（3）氟化物

氟化物中毒性最强的是氟化氢，它侵入植物体内几小时后会出现叶片萎蔫现象，绿色消褪，变成黄褐色。对氟化物有较强抵抗力的花卉有矮牵牛、夹竹桃、大叶黄杨、罗汉桃、一串红、凤尾兰、棕榈等。

3. 空气湿度对花卉的影响

空气中含水分的多少为湿度，空气湿度对花卉生长发育影响很大，盆栽花卉因种类不同，对空气湿度的要求也不一样。

（1）喜湿花卉

有些花卉对空气湿度要求较多，其湿度保持在58%～78%为宜，如蕨类、南天星科花卉、兰花、玉簪、秋海棠、杜鹃等。这些花卉若长期处于干燥环境中，叶子就会发红、发黄、变薄且卷缩，或叶缘干焦，影响开花结果。这类花卉称喜湿花卉。

（2）喜阳花卉

喜阳植物叶子和喜阴植物叶片的构造恰恰相反，叶大而薄，叶内细胞和气孔比较少。

（3）耐干花卉

耐干花卉很多，如仙人掌、龙舌兰、芦荟、生石花等。这些花卉对空气湿度要求不高，一般室内的空气湿度即可满足其生长发育。相反，如果它们长期处在潮湿的环境中，会引起植物根、茎发生腐烂。

（4）中性花卉

植物花卉大部分属于中性花卉。这类植物花卉对空气湿度的要求介于喜湿、喜干类植物之间，如白兰花、米兰、桂花、茉莉、含笑、扶桑、叶子龙、棕榈等。

北方地区，降雨量较少，春秋两季空气湿度较低，不宜于南方花卉的生长发育，冬季用火炉或暖气取暖，空气更为干燥。为了利用花卉莳养，可用塑料薄膜做成罩子，把喜湿花卉罩起来，这样便于保持一定的温度和湿度，利于花卉生长。夏季可以把喜湿的花放在荫处，以免阳光直接照射，还可以在花盆的周围和花卉叶片上经常洒水，增加空气湿度，改善室内的物理环境，利于花卉的生长发育。

六、养花美化家庭居室

从花卉文化的视角来审视，花卉的文化功能很多，如传递爱情、联络友情、烘托气氛、表达祝福等。如果从花卉的家庭文化功能来审视，花的功能也很多，如修身养性、美化家居、愉悦心情等。下面我们主要讲述一下花卉美化家居的功能。

（一）美化阳台

人们居住的楼房，每户都有独立的阳台。阳台是突出室外的小平台，有栏杆，主要功能是乘凉、晒太阳或远眺室外风光等。阳台养花，美化了阳台，增添了它的文化气氛。阳台可以摆放主人喜爱的各种盆花，亦可以设置花槽莳种主人喜爱的各种喜阳花草。

阳台的侧面，可栽植一些藤蔓花卉植物，如牵牛花、茑蔓、金银花等。可以用绳索、细竹竿或细木条做成支架，让它们沿绳索或支架攀爬，起到美化环境和遮阴的作用。如有阴面阳台，可以摆放一些喜阴的花卉植物。

（二）美化客厅

客厅是家人休息和接待客人的地方，是展示主人性格和家庭修养的橱窗，面积较大且敞亮，是家庭养花的重要场所。客厅摆放花卉的总要求是，与客厅的“性格”相契合，以高雅大方为基准。在进门的两旁空间或墙壁的转弯处，可摆放鱼尾葵或榕树等植物；在沙发两边或背后的花架上，可摆放龟背竹或花叶万年青等；在冰箱顶上可放置一盆苏铁或君子兰等。如此，整个客厅就会显得四季如春，美观大方。

七、插花艺术

插花就是把花插在瓶、盘、盆等容器里，而不是栽在这些容器中。所插的花材，或枝、或花、或叶，均不带根，只是植物体上的一部分，并且不是随便乱插的，而是根据一定的构思来选材，遵循一定的创作法则，插成一个优美的形体(造型)，借此表达一种主题，传递一种感情和情趣，使人看后赏心悦目，获得精神上的美感和愉快。

插花是一门艺术，同雕塑、盆景、造园、建筑等一样，均属于造型艺术的范畴。

插花即指将剪切下来的植物之枝、叶、花、果作为素材，经过一定的技术（修剪、整枝、弯曲等）和艺术（构思、造型设色等）加工，重新配置成一件精致美丽、富有诗情画意、能再现大自然美和生活美的花卉艺术品，故称其为插花艺术。

插花看似简单容易，然而要真正插成一件好的作品却并非易事。因为它既不是单纯的各种花材的组合，也不是简单的造型，而是要求以形传神，形神兼备，以情动人，融生活、知识、艺术为一体。

国内外插花界认为，插花是用心来创作花型，用花型来表达心态的一门造型艺术。

插花有三大原则，即境物和谐、色彩协调、构图完善。

1. 境物和谐

即要求插花作品与环境条件相和谐。插花作品多是放在室内，因此室内光线、家具形色、背景色调、空间大小、欣赏对象、插花用途等都要与插花本身的色彩、构图等相协调。一般来说，如果是哀悼性插花，则要求用花朴素清淡，并根据被纪念者的性格及生前喜好，选取适当的品种，务必做到肃穆端庄，忌插得枝繁花艳。相反，大喜节日插花，以轻松、热闹为主，可插得红火一些。平时作为摆设欣赏之用的插花可以插得新颖些，以富有艺术创新的作品为佳。

2. 色彩协调

即要求插花所用的花材间色彩协调。既要有鲜明的反差，又要有和谐的统一。插花的色彩搭配有各种方式，有的以一种为主色，其他的为辅色，起点缀和加强主色的作用，有的两种色无主次之分，还有的把几种融为一体，各种颜色好像繁星一样，但整体上形成新的色彩视觉。插花材料色彩间的配合应根据插花的形式而定。东方式插花色彩整体效果以“雅”为佳，西方式插花则以“繁”为佳。

3. 构图完善

构图很大程度上决定着插花的成败。尤其是东方式插花更要注意枝条、叶片的布置。既要做到重心稳重，又要有险枝突出，有节奏感。西方式插花构图讲究均衡，重心稳重，以四面皆可观赏为佳。插花构图常见的有垂直形、四角形、散开形、L字形、椭圆形、水平形、零星形、三角形、眉目形、环状形等。插花构图形式尽管多种多样，千姿百态，但总的来说表现方式主要有：

①对称与非对称构图：对称的构图左右结构较相同，较匀称，多见于西方式插花。这种构图显得端庄、严肃；非对称构图左右结构相差较大，多见于东方式

插花，显得生动、活泼。

②集中与放射构图：集中构图是形状上积聚，整体结构内敛，显得沉稳、凝重；放射构图即以中心为核心，线条向四周呈辐射状，显得遒劲、轻松。

③独立与重复构图：独立构图即以单一的枝或叶为主，其他小枝衬托，显得灵巧、秀丽；重复构图，由几个大致相同的枝叶并列或重叠而成，富有节奏感。

附录一：家庭服务员培训实施方案

随着我国经济社会发展和人民生活水平提高，家庭服务业快速发展，成为改善民生、提高人民生活质量的重要行业之一。为加快推进家庭服务体系建设，帮助下岗工人、进城农民工实现就业，提高社会就业率，规范家庭服务行为，提高家庭服务质量，现结合国家有关部门的总体要求和目前家庭服务员的实际状况，制订本公司及连锁系统的培训实施方案。

一、培训任务

家庭服务员培训旨在使没有家庭服务知识的人通过培训，初步掌握家庭服务基本理论知识和服务本领，较快胜任一般家庭的服务工作。

二、培训对象

男性年龄16周岁以上、55周岁以下，女性年龄16周岁以上、50周岁以下，身体健康，准备从事家庭服务工作的中国公民，可参加家庭服务员培训。

三、培训方式与时数

采用集中培训与实操、统一考试相结合的培训方式，集中培训与实操时数比例见表1。

表1　家庭服务员的培训方式与比例分配

集中培训			实　操		总学时
理论知识培训学时	专业技能培训学时	百分比	学时	百分比	
24	56	53.33%	70	46.67%	150

备注："理论知识培训"主要完成理论知识部分培训的任务；"专业技能培训"主要完成专业职业技术培训的任务。

四、师资队伍

由公司总部的资深家政专业人士、优秀家庭服务员、家政学相关专业讲师以上职称（专职或兼职）人员组成。各加盟机构的培训工作由总部师资和加盟机构共同完成。

庞大春：男，45 岁，高级教师，创业培训师，律师，经济师；
李福芝：男，72 岁，教授，编审，家政行业资深专家；
朱　雷：男，37 岁，硕士导师，MBA，工程师；
蔡淑云：女，55 岁，政工师，家政培训师；
周胜荣：女，48 岁，护理师，初级教师，乡村医生；
张艳玲：女，37 岁，人力资源管理师，中级教师；
吕玉环：女，48 岁，高级家政培训讲师；
王红玲：女，29 岁，资深家政员，家政培训师；
王锦秀：女，27 岁，人力资源管理师，初级教师，家政培训师；
侯爱军：女，47 岁，家政培训师，幼师，保健按摩师；
周胜钦：男，29 岁，电工，资深家政员，初级教师；
焦　艳：女，44 岁，家政培训师，烹饪教师；
王雪梅：女，36 岁，家政培训师，营养师，心理辅导教师；
张　凯：男，36 岁，高级厨师，高级家政培训师；
张国兰：女，23 岁，家政培训师，健康调理师；
王琴琴：女，23 岁，家政培训师，保健按摩师；
谢　娟：女，26 岁，家政培训师，护士，亚健康咨询师；
庞安然：女，23 岁，家政培训师，药剂员，亚健康咨询师；
谢宗兴：男，31 岁，家政培训师，三级厨师；
庞梅芳：女，37 岁，家政培训师，初级教师；
周胜梅：女，28 岁，资深家政员，初级教师；
王晨光：男，26 岁，初级教师；
刘　姣：女，23 岁，家政培训师。

五、考核要求

（一）考核内容和比例

满分为 100 分，其中：基础理论部分 25 分，采用笔试（选择题、正误题、论述题）方式考核；专业技能部分 75 分，考核方式按照考核标准设定，由 2 ~ 3 人组成考评小组进行技能操作考试，取平均分为最后得分。总分 60 分以上，且基础理论成绩不少于 15 分，专业技能成绩不少于 45 分为合格。

（二）考核标准

家庭服务员培训合格考核标准有如下两条：

1. 基础理论考核标准（根据试卷的答题标准给予评分）

掌握家庭服务的定义和主要内容；家庭服务员的职业操守；了解家庭服务相关法律常识；掌握相关安全和卫生常识。

2. 专业技能考核标准

会使用日常礼貌用语、会讲普通话；会制作 5 种以上主食、10 种以上的家常菜；懂得家庭居室清洁卫生的基本要求和工作步骤，能使居室整齐清洁、厨房与卫生间整洁无异味；会鉴别服装面料，并科学合理地予以分类洗涤（按照衣物特性用洗衣机或手工洗涤）、晾晒、收藏。

会使用一般的家用电器（电视机、电冰箱、电风扇、电饭锅、吸尘器、电热水器）及燃气具（燃气热水器、煤气灶）；懂得常见花卉养护、一般家庭宠物的饲养；掌握有害生物防治的基本常识（如灭蟑螂、苍蝇、老鼠）；掌握基本的护理产妇、新生儿的技能；掌握婴幼儿生理心理特点，能安全看护婴幼儿；能对老年人进行饮食起居护理；能对病人进行简单的生活护理。

六、培训工作的原则与要求

（一）培训工作的基本原则

1. 实用性原则

根据各级家庭服务员的实际需要，解决学员应知应会的问题。

2. 实效性原则

注重理论知识与实践相结合，加强能力培养，克服纯学术性教学的倾向。

3. 灵活性原则

形式多样，方法灵活，除采用课堂讲授外，可适当采用参观考察、研讨等方式，使学员开阔思路和眼界。

4. 规范性原则

认真执行本大纲，突出培训工作的规范性和科学性；加强教学管理，严格考核纪律和考勤制度，提高培训工作的质量。

5. 培训与调研相结合原则

在培训过程中，应对有关培训内容和效果进行调查研究，不断改进完善培训工作。

（二）培训工作的要求

1. 组织师资力量并进行培训

任课教师应了解培训的教学要求以及学员特点，编写必要的教学参考资料，做好培训的各项准备工作。

2. 根据本大纲制订相关培训计划

培训计划应包括以下几部分：前言；目的与任务；培训对象与人数；培训时间与地点；培训内容与时数；考核与结业；专题讲授要点和有关注意事项等。

3. 培训结束后，上报家庭服务员培训班培训资料

培训班培训资料包括：培训班计划、教学参考资料、任课教师情况（包括单位、姓名、年龄、性别、职务或职称）、学员情况（包括姓名、性别、年龄、民族、职业、文化程度、从事家庭服务时间等）、培训工作总结以及其他有关资料等。

七、培训内容纲要与要求

家庭服务员一般应具有与家庭服务工作相适应的人文社会知识、自然科学知识、医疗保健知识以及职业道德基本知识等。培训时数、具体教学内容纲要、教学要求见表2。

表2　家庭服务员岗前培训教学内容纲要、要求及时数

教学内容纲要	教学要求				学时
	了解	掌握	应用	综合	
基础理论知识——集中培训部分					
一、家庭服务概述 （一）家庭服务行业的定义 （二）家庭服务分类 （三）发展家庭服务的意义	√				1
二、家庭服务员职业操守 （一）家庭服务员道德修养 （二）家庭服务员行为准则 （三）家庭服务员职业心态 （四）家庭人际关系基本知识				√	4

（续表）

教学内容纲要	教学要求				学时
	了解	掌握	应用	综合	
三、家庭服务相关法律常识 （一）《民法》常识 （二）《劳动法》常识 （三）《妇女权益保障法》常识 （四）《未成年人保护法》常识 （五）《消费者权益保护法》常识 （六）《老年人权益保护法》常识 （七）《食品卫生法》常识				√	6
四、安全与卫生知识 （一）人身安全与自我保护 （二）家庭防火防盗防意外 （三）交通安全知识 （四）安全用电用气用水知识 （五）家庭服务员个人卫生 （六）公共场所环境卫生准则 （七）饮食卫生常识			√		7
基础理论知识——辅导自学部分					
1. 家庭服务员职业操守 2.《劳动法》、《消费者权益保护法》等	√				30
专项技能——集中培训部分					
五、礼仪习俗 （一）家庭服务员仪表仪容 （二）家庭服务员言谈举止 （三）日常生活礼节 （四）社会习俗简介					4

（续表）

教学内容纲要	教学要求				学时
	了解	掌握	应用	综合	
六、家庭清洁卫生 （一）家居常规保洁 1. 常规保洁的质量要求 2. 家居保洁的流程 （二）专项保洁 1. 打蜡流程 2. 家具保洁 3. 厨房保洁 4. 卫生间保洁 （三）日常消毒 1. 餐具消毒 2. 居室消毒 3. 居室杀虫、灭鼠的流程			√		8
七、家庭烹饪 （一）烹饪质量标准 （二）一般烹饪流程 （三）原料选择与采购 （四）日常采买记账 （五）刀工和配菜 （六）主食制作方法 （七）家常菜烹制			√		12
八、衣物洗涤收藏 （一）洗涤织物的分类鉴别 （二）洗涤的步骤和质量标准 （三）洗涤的方法 （四）服装的熨烫 （五）衣物的收藏 （六）高档衣物、皮草修补			√		8

（续表）

教学内容纲要	教学要求				学时
	了解	掌握	应用	综合	
九、家用电器使用常识 （一）洗衣机的使用与维护 （二）电冰箱的使用与维护 （三）电视机的使用与维护 （四）空调器的使用与维护 （五）其他家用电器的使用			√		6
十、家庭宠物植物养护 （一）家庭宠物饲养 （二）花卉树木养护 （三）家庭插花知识			√		6
十一、家庭护理 （一）照料老人 （二）婴幼儿护理 （三）孕产妇护理 （四）病人护理				√	22
专项技能——实操部分					
烹饪技巧			√		10
服装织物洗涤收藏			√		10
一般家用电器的使用			√		10
家庭宠物植物养护			√		10
学时总计	154				

八、其他

本实施方案根据商务部商贸服务管理司组织制定的培训大纲要求制订。在本培训教程的编写中，已经涵盖了上述培训大纲要求的绝大部分的基础理论知识和专项技能，只是在编写体例上尚未按顺序调整。我们认为并不影响该教材的正常使用，但建议在实施教学培训时以本大纲为线索，分别将各章节的排序作适当的调整，以利本教材和培训大纲更好地接轨。

附录二：相关法律法规

一、《宪法》的有关规定

宪法是国家的根本大法，是一个国家的总章程。宪法适应国家内一切领域，在各个地区和各个民族，具有最高的法律效力，全国所有地区的地方性法规，地方各级政府的法规，国家各个部门制定的政策、条例、命令、制度都必须符合宪法的规定和要求，凡是和宪法规定的精神不符的均无效。所以，公民必须遵守宪法的各款条例。

宪法规定了公民在法律面前一律平等的原则；公民的人格尊严不受侵犯。公民通信自由和通信秘密受法律保护。劳动者有休息的权利，妇女享有和男子平等的权利。国家保护婚姻、家庭、妇女和儿童。这一切为家庭服务员在现实生活中界定了应该干什么不应干什么。如果雇主私拆、私扣服务员的信件，服务员可以和他据理力争，如果没有按约定给服务员休息的权利，服务员也可以申诉。但是服务员对用户的家庭、婚姻要尊重，不可涉足用户的家庭和婚姻，更不能充当第三者。如果服务员虐待儿童和老人，法律也是不允许的。服务员必须知法、守法。

第三十三条　中华人民共和国公民在法律面前一律平等。任何公民享有宪法和法律规定的权利，同时必须履行宪法和法律规定的义务。

第三十四条　中华人民共和国年满18周岁的公民，不分民族、种族、职业、性别、家庭出身、宗教信仰、教育程度、财产状况、居住期限，都有选举权和被选举权；但是依照法律被剥夺政治权利的人除外。

第三十六条　国家保护正常的宗教活动。任何人不得利用宗教进行破坏社会秩序、损害公民身体健康、妨碍国家教育制度的活动。

第三十七条　中华人民共和国公民的人身自由不受侵犯。禁止非法拘禁和以其他方法非法剥夺或者限制公民的人身自由，禁止非法搜查公民的身体。

第三十八条　中华人民共和国公民的人格尊严不受侵犯。禁止用任何方式对公民进行侮辱、诽谤和诬告陷害。

第三十九条　中华人民共和国公民的住宅不受侵犯。

第四十条　中华人民共和国公民的通信自由和通信秘密受法律保护。

第四十二条　中华人民共和国公民有劳动的权利和义务。

国家通过各种途径，创造劳动就业条件，加强劳动保护，改善劳动条件，并在发展生产的基础上，提高劳动报酬和福利待遇。

国家对就业前的公民进行必要的劳动就业训练。

第四十三条　中华人民共和国劳动者有休息的权利。规定职工的工作时间和休假制度。

第四十六条　中华人民共和国公民有受教育的权利和义务。国家培养青年、少年、儿童在品德、智力、体质等方面全面发展。

第四十八条　中华人民共和国妇女在政治的、经济的、文化的、社会的和家庭的生活等各方面享有同男子平等的权利。国家保护妇女的权利和利益，实行男女同工同酬，培养和选拔妇女干部。

第四十九条　婚姻、家庭、母亲和儿童受国家的保护。夫妻双方有实行计划生育的义务。父母有抚养教育未成年子女的义务，成年子女有赡养父母的义务。禁止破坏婚姻自由，禁止虐待老人、妇女和儿童。

第五十一条　中华人民共和国公民在行使自由和权利的时候，不得损害国家的、社会的、集体的利益和其他公民的合法的自由和权利。

第五十三条　中华人民共和国公民必须遵守宪法和法律，保守国家秘密，爱护公共财产，遵守劳动纪律，遵守公共秩序，尊重社会公德。

第五十四条　中华人民共和国公民有维护祖国的安全、荣誉和利益的义务，不得有危害祖国的安全、荣誉和利益的行为。

第五十六条　中华人民共和国公民有依据法律纳税的义务。

二、《劳动法》的有关规定

家庭服务员目前还不适用新的《劳动合同法》，该法只适用于单位用工，而家庭不具备单位的特征。但《劳动法》的基本原则和诸多有关劳动者的权利义务的规范是必须遵循的。《劳动法》对用人单位、劳动者规定了各自的责任、权利和义务，不论单位、个人都必须严格遵守、坚决执行。《劳动法》对劳动者签订劳动合同、劳动者的劳动时间、休息时间、劳动报酬等作出了具体的规定，对用人单位规定了处罚措施。由于家庭服务员是比较特殊的行业，所以，一些劳动时间、休息的时间有待于用户和服务员之间经过协商达成一致。国家通过《劳动法》保护劳动者的合法权利和利益。

第十二条　劳动者就业，不因民族、种族、性别、宗教信仰不同而受歧视。

第十三条　妇女享有与男子平等的就业权利。在录用职工时，除国家规定的不适合妇女的工种或者岗位外，不得以性别为由拒绝录用妇女或者提高对妇女的录用标准。

第十五条　禁止用人单位招用未满十六周岁的未成年人。

第十六条　劳动合同是劳动者与用人单位确立劳动关系、明确双方权利和义务的协议。建立劳动关系应当订立劳动合同。

第十七条　订立和变更劳动合同，应当遵循平等自愿、协商一致的原则，不得违反法律、行政法规的规定。劳动合同依法订立即具有法律约束力，当事人必须履行劳动合同规定的义务。

第十九条　劳动合同应当以书面形式订立，并具备以下条款：

（一）劳动合同期限；

（二）工作内容；

（三）劳动保护和劳动条件；

（四）劳动报酬；

（五）劳动纪律；

（六）劳动合同禁止的条件；

（七）违反劳动合同的责任。

第二十一条　劳动合同可以约定试用期。试用期最长不得超过六个月。

第二十三条　劳动合同期满或者当事人约定的劳动合同终止条件出现，劳动合同即行终止。

第二十四条　经劳动合同当事人协商一致，劳动合同可以解除。

第二十五条　劳动者有下列情形之一的，用人单位可以解除劳动合同：

（一）在试用期间被证明不符合录用条件的；

（二）严重违反劳动纪律或者用人单位规章制度的；

（三）严重失职，营私舞弊，对用人单位利益造成重大损害的；

（四）被依法追究刑事责任的。

第三十二条　有下列情形之一的，劳动者可以随时通知用人单位解除劳动合同：

（一）在试用期内的；

（二）用人单位以暴力、威胁或者非法限制人身自由的手段强迫劳动的；

（三）用人单位未按照劳动合同约定支付劳动报酬或者提供劳动条件的。

第四十条　用人单位在下列节日期间应当依法安排劳动者休假：

（一）元旦；

（二）春节；

（三）国际劳动节；

（四）国庆节；

（五）法律、法规规定的其他休假节日。

第四十八条　国家实行最低工资保障制度。最低工资的具体标准由省、自治区、直辖市人民政府规定，报国务院备案。用人单位支付劳动者的工资不得低于当地最低工资标准。

第五十条　工资应当以货币形式按月支付给劳动者本人。不得克扣或者无故拖欠劳动者的工资。

第五十一条　劳动者在法定休假日和婚丧假期间以及依法参加社会活动期间，用人单位应当依法支付工资。

第六十六条　国家通过各种途径，采取各种措施，发展职业培训事业，开发劳动者的职业技能，提高劳动者素质，增强劳动者的就业能力和工作能力。

第六十七条　各级人民政府应当把发展职业培训纳入社会经济发展的规划，鼓励和支持有条件的企业、事业组织、社会团体和个人进行各种形式的职业培训。

第六十九条　国家确定职业分类，对规定的职业制定职业技能标准，实行职业资格证书制度，由经过政府批准的考核鉴定机构负责对劳动者实施职业技能考核鉴定。

第七十七条　用人单位与劳动者发生劳动争议，当事人可以依法申请调解、仲裁、提起诉讼，也可以协商解决。调解原则适用于仲裁和诉讼程序。

第七十八条　解决劳动争议，应当根据合法、公正、及时处理的原则，依法维护劳动争议当事人的合法权益。

第七十九条　劳动争议发生后，当事人可以向本单位劳动争议调解委员会申请调解；调解不成，当事人一方要求仲裁的，可以向劳动争议仲裁委员会申请仲裁。当事人一方也可以直接向劳动争议仲裁委员会申请仲裁。对仲裁裁决不服的，可以向人民法院提起诉讼。

第八十三条　劳动争议当事人对仲裁裁决不服的，可以自收到仲裁裁决书之日起十五日内向人民法院提起诉讼。一方当事人在法定期限内不起诉又不履行仲裁裁决的，另一方当事人可以申请人民法院强制执行。

第八十五条　县级以上各级人民政府劳动行政部门依法对用人单位遵守劳动法律、法规的情况进行监督检查，对违反劳动法律、法规的行为有权制止，并责令改正。

第八十七条　县级以上各级人民政府有关部门，在各自职责范围内，对用人单位遵守劳动法律、法规的情况进行监督。

第九十六条　用人单位有下列行为之一，由公安机关对责任人员处以十五日

以下拘留、罚款或者警告；构成犯罪的，对责任人员依法追究刑事责任：

（一）以暴力、威胁或者非法限制人身自由的手段强迫劳动的；

（二）侮辱、体罚、殴打、非法搜查和拘禁劳动者的。

三、《妇女权益保护法》的有关规定

妇女在社会生活中，属于弱势群体，国家制定了对妇女保护的法律法规。妇女在劳动、休息、报酬、文化教育方面都享有与男子一样平等的权利。妇女要通过法律，保护自己的合法权益，同时要自尊、自重、自爱、自强，不要参与违法活动，包括卖淫、嫖娼、充当第三者，破坏他人的家庭等等。国家对违法行为制定了强有力的惩罚措施。广大家庭服务员要认真学习，领会《妇女权益保护法》，树立社会主义时代新型的妇女形象。

第六条　国家鼓励妇女自尊、自信、自立、自强，运用法律维护自身合法权益。妇女应当遵守国家法律，尊重社会公德，履行法律所规定的义务。

第十四条　国家保障妇女享有与男子平等的文化教育权利。

第二十一条　国家保障妇女享有与男子平等的劳动权利。

第三十七条　禁止卖淫、嫖娼。禁止组织、强迫、引诱、容留、介绍妇女卖淫或者雇用、容留妇女与他人进行猥亵活动。

第三十八条　妇女的肖像权受法律保护。未经本人同意，不得以营利为目的，通过广告、商标、展览橱窗、书刊、杂志等形式使用妇女肖像。

第三十九条　妇女的名誉权和人格尊严受法律保护。禁止用侮辱、诽谤、宣扬隐私等方式损害妇女的名誉和人格。

第四十条　国家保障妇女享有与男子平等的婚姻家庭权利。

第四十一条　国家保护妇女的婚姻自主权。禁止干涉妇女的结婚、离婚自由。

四、《未成年人保护法》的有关规定

1. 生命健康权

生命健康权是公民最重要最基本的权利。生命健康权包括生命权和健康权两部分，未成年人享有生命安全、身体健康、受法律保护的权利，任何组织和个人不得非法侵害。

2. 姓名权

未成年人的姓名禁止他人干涉、盗用、假冒。

3. 肖像权

肖像权是指未成年人对以各种形式反映自己容貌特征的个人形象享有的专有

权。任何人不得以营利为目的使用未成年人肖像所有权，禁止他人非法毁坏、侮辱、玷污未成年人肖像。

4. 荣誉权

《未成年人保护法》规定，国家依法保护未成年人智能成果和荣誉权，对于歪曲事实，造谣诽谤，恶意中伤，侵害未成年人荣誉权的行为，可以要求停止侵害，恢复名誉，消除影响，赔礼道歉，以致要求赔偿。

5. 名誉权

名誉权是指未成年人的名誉、人格尊严不受侵犯的权利，禁止用污辱、诽谤方式损害未成年人的名誉。

6. 隐私权

未成年人享有个人生活不被公众知晓的隐私权，任何组织和个人不得披露未成年人的个人隐私。

另外，未成年人还享有受抚养权、财产所有权、受赠权、继承权、受教育权、劳动权、诉讼权，等等。

五、《消费者权益保护法》的有关规定

1. 人身财产安全权

《消费者权益保护法》规定，消费者在购买使用接受服务时享有人身财产安全不受侵害的权利。如果消费者在接受服务过程中受到人身财产损失有权要求赔偿。

2. 知悉真情权

《消费者权益保护法》规定，消费者享有购买和使用服务的真实情况和权利。

（1）有权询问有关提供服务方面的情况。

（2）有权索取有关服务方面的真实资料。

（3）有权获得真实的广告信息。

3. 自主选择权

《消费者权益保护法》规定，消费者有权享有自主选择商品或服务的权利。

4. 公平交易权

《消费者权益保护法》规定，消费者在购买商品或接受服务时，有权获得质量保证、价格合理、计量正确等公平交易的条件，有权拒绝经营者强行交易行为。

5. 损害求偿权

《消费者权益保护法》规定，消费者在购买商品或接受服务受到人身损害

时，享有依法获得赔偿的权利。

6. 受尊重权

《消费者权益保护法》规定，消费者在购买商品或接受服务时享有其人格尊严、民族风俗习惯得到尊重的权利。非法搜身、侮辱谩骂、拳打脚踢以及严重造谣诬陷都是侵害人格尊严的行为。

7. 监督权

《消费者权益保护法》规定，消费者享有对商品和服务及保护消费者权益工作进行监督的权利。

六、《食品卫生法》的有关规定

《食品卫生法》的制定和实施是为了保证食品卫生，防止食品污染和有害因素对人体的危害、保证人民身体健康、增强人民体质。

第六条　食品应当无毒、无害，符合应当有的营养要求，具有相应的色、香、味等感官性状。

第七条　专供婴幼儿的主辅食品，必须符合国务院卫生行政部门制定的营养卫生标准。

第八条　（一）保持内外环境整洁，采取消除苍蝇、老鼠、蟑螂和其他有害昆虫及其孳生条件的措施，与有毒、有害场所保持规定距离。

（三）应当有相应的消毒、更衣、盥洗、采光、照明、通风、防腐、防尘、防蝇、防鼠、洗涤、污水排放、存放垃圾和废弃物的设施。

（四）防止待加工食品与直接入口食品、原料与成品交叉污染，食品不得接触有毒、不洁物。

（五）餐具、饮具和盛放直接入口食品的容器，使用前必须洗净、消毒，炊具、用具用后必须洗净，保持清洁。

（八）应当经常保持个人卫生，（制作食品时）必须将手洗净，穿戴清洁的工作衣、帽。

（九）用水必须符合国家规定的城乡生活饮用水卫生标准。

（十）使用的洗涤剂、消毒剂应当对人体安全、无害。

第九条　（一）腐败变质、油脂酸败、霉变、生虫、污秽不洁、混有异物或者其他感官性状异常，可能对人体健康有害的食品禁止食用。

第四十八条　违反本规定造成食物中毒事故，或者其他食源性疾患的，或者因其他违反本法行为给他人造成损害的应当依法承担民事赔偿责任。

七、公司与家庭服务员签订的合同参考文本

甲方：	乙方：
家庭服务公司名称：	家庭服务员姓名：
法定代表人：	性别：
或委托代理人：	身份证号码：
公司地址：	家庭地址：
邮政编码：	

甲乙双方经过平等协商，自愿签订本合同，共同遵守以下条款。

一、合同期限

第一条　本合同生效日期___年___月___日，本合同___年___月___日终止。其中试用期___个月。

二、工作内容和条件

第二条　乙方同意根据甲方要求按时、保质地完成服务工作。

第三条　甲方保证乙方每周至少休息___日，每日工作___小时，或在保证完成工作任务的情况下由双方与用户协商安排。

第四条　甲方按国家规定对乙方进行思想道德、业务技术、安全卫生等岗前培训，经考核合格，颁发证书。此外，甲方要组织安排乙方进行健康检查，乙方应主动接受检查。

三、报酬和保险待遇

第五条　甲方每月___日以货币形式支付乙方工资___元，其中试用期工资为___元（执行不定时工作制的工资支付按___执行）。

第六条　由于甲方任务不足，在乙方待工期间，甲方支付乙方月生活费不低于___元。

第七条　甲乙双方应按有关规定交纳保险费用。

第八条　乙方因病或因工伤的工资和医疗保险待遇，国家有规定的按国家有关规定执行。

四、合同的变更、解除、终止和续订

第九条　订立本合同所依据的客观情况发生重大变化，致使本合同无法执行，经双方协商同意，本合同可以解除或变更。

第十条　经甲乙双方协商一致可以解除本合同。

第十一条　乙方有下列情况之一，甲方可以解除本合同。

1. 严重违反劳动纪律或甲方规章制度的。

2. 严重失职对甲方利益造成重大损失的。

3. 依法追究刑事责任的。

第十二条 乙方有下列情形之一，甲方可以解除本合同，并提前30天以书面形式通知乙方。

1. 因乙方患病或非因工负伤，医疗期满后，不能从事原工作，也不能从事由甲方另行安排的工作的。

2. 乙方不能胜任工作，经培训或调整工作岗位，仍不能胜任工作的。

3. 甲方与用户终止合同，乙方不能接受甲方另行安排的工作的。

第十三条 有下列情形之一，乙方可以随时通知甲方解除本合同。

1. 在试用期内的。

2. 甲方以暴力、威胁或非法限制人身自由的手段强迫劳动的。

3. 甲方不按合同规定支付劳动报酬或提供劳动条件的。

合同届满，甲乙双方经协商同意可以续订合同。

第十四条 乙方解除合同，应当提前30日以书面形式通知甲方。

五、经济补偿与赔偿

第十五条 有下列情形之一，甲方应发给相应经济补偿。

1. 乙方患病或者非因工负伤，经劳动鉴定部门确认不能从事原工作，也不能从事甲方另行安排工作而解除本合同的。

2. 因客观情况发生变化，致使本合同无法执行，经当事人协商不能就变更劳动合同达成协议，由甲方解除劳动合同的。

3. 由于甲方经营发生严重困难，必须裁减人员的。

第十六条 乙方在合同期间给用户造成严重损失，责任自负，并给用户合理赔偿。

六、争议处理

第十七条 因履行本合同发生的争议，当事人可以向上级单位劳动争议调解委员会申请调解；调解不成，要求仲裁的应在争议发生之日起60日内，向所在市、县、区劳动争议仲裁委员会申请仲裁。对仲裁结果不服的，可向人民法院提起诉讼。

七、其他

第十八条 本合同未尽事宜，甲乙双方可另行协商补充合同附件。

第十九条 本合同内容与国家有关规定相抵触的，按有关规定执行。

第二十条 本合同一式两份，甲乙双方各执一份。

甲方（盖章）　　　　　　　　　　乙方（签字）

法定代表人

或委托代理人（签字）

签订日期：　　　年　　月　　日

八、家庭服务员受到侵害后，如何维权

家庭服务员维护自身的合法权益，同违法犯罪行为作斗争，还要注意方式，掌握受侵害的证据如证人、证言、证物等，及时投诉、起诉和报案，使自已的合法权益通过法律的途径，得到切实的保障。

1. 属于违反劳动法规的不法行为侵害的，如被无故克扣、拖欠工资等，应到劳动部门投诉解决。

2. 属于违反治安管理规定的不法行为侵害的，如受到虐待、被殴打等，但尚不够刑事处罚的，应到公安机关投诉解决。

3. 属于民事权益受到不法行为侵害的，如经济纠纷，损害赔偿等，应按照诉讼程序，到人民法院提起诉讼，通过诉讼途径解决。

4. 属于依据刑法规定的自诉案件，如侮辱、诽谤、虐待等构成刑事处罚的，应到人民法院提请申诉，由人民法院直接受理解决。

5. 属于依据刑法规定的公诉案件，如强奸、杀人等应到公安机关报案，由公安机关负责侦察、拘留、预审，由人民检察院批准逮捕和检察（包括侦查），提起公诉，由人民法院审判。

附录三：家庭服务员国家职业标准

中华人民共和国劳动和社会保障部制定

（2006 年版）

1. 职业概况

1.1　职业名称

家族服务员。

1.2　职业定义

进入家庭并根据合同约定为所服务家庭提供家务服务的人员。

1.3　职业等级

本职业共设三个等级，分为初级（国家职业资格五级）、中级（国家职业资格四级）、高级（国家职业资格三级）。

1.4　职业环境条件

室内、外，常温。

1.5　职业能力特征

具有一定的动手能力、学习能力、语言表达能力和人际交往能力。

1.6　基本文化程度

初中毕业。

1.7　培训要求

1.7.1　培训期限

全日制职业学校教育根据其培养目标和教学计划确定。晋级培训期限：初级不少于 150 标准学时，中级不少于 240 标准学时，高级不少于 360 标准学时。

1.7.2　培训教师

培训初级、中级家族服务员的教师应具有本职业高级职业资格证书或相关专业中级以上专业技术职务任职资格。培训高级家政服务员的教师应具有本职业高级职业资格证书 2 年以上或相关专业高级专业技术职务任职资格。

1.7.3　培训场地设备

满足教学需要的标准教室，具备相关的教学用具和设施。

1.8　鉴定要求

1.8.1　适用对象

从事或准备从事本职业的人员。

1.8.2　申报条件

——初级（具备以下条件之一者）

（1）经本职业初级正规培训达规定标准学时数，并取得结业证书。

（2）在本职业连续工作半年以上。

——中级（具备以下条件之一者）

（1）取得本职业初级职业资格证书后，连续从事本职业工作半年以上，经本职业中级正规培训达规定标准学时数，并取得结业证书。

（2）取得本职业初级职业资格证书后，连续从事本职业工作1年以上。

（3）取得经劳动保障行政部门审核认定的、以中级技能为培养目标的中等职业学校本职业毕业证书。

（4）连续从事本职业工作3年以上。

——高级（具备以下条件之一者）

（1）取得本职业中级职业资格证书后，连续从事本职业工作1年以上，经本职业高级正规培训达规定标准学时数，并取得结业证书。

（2）取得本职业中级职业资格证书后，连续从事本职业工作2年以上。

（3）大专以上相关专业毕业生，经本职业高级正规培训达规定标准学时数，并取得结业证书。

（4）连续从事本职业工作5年以上。

1.8.3　鉴定方式

分为理论知识考试和技能操作考核。理论知识考试采用闭卷笔试方式，技能操作考核采用现场实际操作方式。理论知识考试和技能操作考核均实行百分制，成绩皆达60分及以上者为合格。

其中，对于初级家族服务员，制作家庭餐、家居清洁、洗涤摆放衣物为必考项目，照料孕、产妇，照料婴幼儿，照料老年人，护理病人为选考项目，考生必须选考其中一项；对于中级家族服务员，制作家庭餐、洗烫保管衣物为必考项目，照料孕、产妇与新生儿，照料婴幼儿，照料老年人，护理病人为选考项目，考生必须选考其中一项。

1.8.4　考评人员与考生配比

理论知识考试考评人员与考生配比为1∶20，且每个标准教室不少于2名考评人员；技能操作考核考评人员与考生配比为1∶5，且每个考场不少于3名考评员。

1.8.5　鉴定时间

理论知识考试时间不少于90分钟。技能操作考核时间：初级、中级不少于120分钟，高级不少于150分钟。

1.8.6　鉴定场所设备

理论知识考试在标准教室中进行。技能操作考核在具备相关的用具和设施的场所进行。

2. 基本要求

2.1　职业道德

2.1.1　职业道德基本知识

2.1.2　职业守则

（1）遵纪守法，维护社会公德。

（2）自尊、自信、自强、自立。

（3）文明礼貌，守时守信，勤劳节俭。

（4）尊老爱幼，忠厚诚实，不涉家私。

2.2　择业与就业

2.2.1　择业常识

（1）择业方法。

（2）择业注意事项。

2.2.2　就业常识

（1）职业心态与服务意识。

（2）工作注意事项。

2.3　安全与卫生常识

2.3.1　安全常识

（1）防火、防盗、防意外的常识。

（2）出行常识。

（3）自我保护常识。

（4）紧急呼救常识。

2.3.2　卫生常识

（1）个人卫生常识

（2）环境卫生常识。

（3）饮食卫生常识。

（4）家庭消毒方法。

2.4　社交礼仪

2.4.1　言谈举止

（1）文明用语。

（2）行为举止。

（3）仪容仪表。

2.4.2　人际交往常识

(1) 人际交往礼仪。

(2) 待客常识。

(3) 接打电话基本方法。

(4) 生活习俗。

2.4.3　家庭人际关系

(1) 家庭人际关系特点。

(2) 家庭人际关系的处理。

2.5　相关法律、法规知识

2.5.1　中华人民共和国公民的基本权利与义务的相关知识

2.5.2　《中华人民共和国劳动法》的相关知识

2.5.3　《中华人民共和国妇女权益保障法》的相关知识

2.5.4　《中华人民共和国民事诉讼法》的相关知识

2.5.5　《中华人民共和国治安管理处罚法》的相关知识

3. 工作要求

本标准对初级、中级、高级的技能要求依次递进，高级别涵盖低级别的要求。

3.1　初级

职业功能	工作内容	技能要求	相关知识
一、制作家庭餐	(一) 制作主食	1. 能分别运用蒸、煮、烤 3 技法制作 2 种主食。 2. 能清洁、使用燃气灶具、高压锅、电饭煲、电冰箱和微波炉。	1. 馅料调拌常识。 2. 主食成熟性状鉴别常识。 3. 燃气灶具、高压锅、电饭煲、电冰箱和微波炉的使用方法。 4. 煤、煤气、液化气、天然气的使用常识。
	(二) 烹制菜肴	1. 能购买烹饪原料和食品。 2. 能选、削、择、洗常见蔬菜。 3. 能将烹饪原料加工成丁、片、块、段、条、丝、茸状。 4. 能配制肉片炒扁豆、炖排骨等一般菜肴。 5. 能分别运用蒸、炒、炖、拌、煎、煮、炸技能制作 2 种菜肴。	1. 采买记账基本知识。 2. 家庭常用刀工技法。 3. 菜肴成熟性状鉴别常识。 4. 常见调味品的使用方法。 5. 菜肴原料搭配常识。 6. 蒸、炒、炖、拌、煎、煮、炸烹制菜肴的技术方法。

（续表）

职业功能	工作内容	技能要求	相关知识
二、家居清洁	（一）清洁家居	1. 能清扫、擦拭、清洁地面。 2. 能清扫墙壁灰尘。 3. 能清洁卧室、书房、起居室。 4. 能清洁厨房、卫生间及其附属设施。	1. 家庭常见清洁用品和用具知识。 2. 家用电器的使用方法。 3. 常见清洁剂、消毒剂的使用方法。
	（二）清洁家具及用品	1. 能擦拭、清洁家具、门窗。 2. 能擦拭灯具。	1. 家具擦拭、清洁常识。 2. 灯具清洁常识。
三、洗涤摆放衣物	（一）洗涤衣物	1. 能识别衣物洗涤标识。 2. 能依据衣物的质地选用洗涤剂。 3. 能手工洗涤常见衣物。 4. 能用洗衣机洗涤常见衣物。 5. 能晾晒常见衣物。 6. 能清洁鞋帽。	1. 服装面料鉴别常识。 2. 常见洗涤剂的性能与用途。 3. 洗衣机使用方法。
	（二）衣物摆放	1. 能折叠常见衣物。 2. 能分类摆放常见衣物。	常见衣物折叠与摆放常识
四、照料孕、产妇	（一）照料孕妇	1. 能照料孕妇日常盥洗和洗澡。 2. 能按要求制作孕妇饮食。 3. 能为孕妇换洗衣物。	1. 孕妇生理变化基本特点。 2. 孕期饮食常识。 3. 孕妇起居、外出注意事项。
	（二）照料产妇	1. 能为产妇制作常见饮食。 2. 能照料产妇盥洗、沐浴。 3. 能给产妇换洗衣物。	1. 产妇饮食基本要求。 2. 产妇日常生活注意事项。

（续表）

职业功能	工作内容	技能要求	相关知识
五、照料婴幼儿	（一）饮食料理	1. 能为婴幼儿调配奶粉。 2. 能给婴幼儿喂奶、喂饭和喂水。 3. 能清洁婴幼儿餐具。	1. 婴幼儿人工喂养方法。 2. 婴幼儿进食、进水的基本方法。 3. 婴幼儿餐具清洁方法。
	（二）生活料理	1. 能给婴幼儿进行日常盥洗。 2. 能给婴幼儿穿、脱衣服。 3. 能抱、领婴幼儿。 4. 能给婴幼儿换洗尿布。 5. 能照料婴幼儿便溺。 6. 能清洁婴幼儿玩具。	1. 婴幼儿盥洗基本方法。 2. 抱、领婴幼儿的基本方法。 3. 婴幼儿看护常识。 4. 婴幼儿衣物的洗涤方法。 5. 照料婴幼儿便溺的基本方法。
	（三）异常情况应对	1. 能在发现婴幼儿异常情况时及时报告。 2. 能处理轻微外伤和烫伤。	1. 紧急呼救常识。 2. 外伤和烫伤紧急处理常识。
六、照料老年人	（一）饮食料理	1. 能给老年人制作常见主副食品。 2. 能给老年人喂食、喂水。	1. 老年人饮食特点。 2. 老年人进食、进水注意事项。
	（二）生活料理	1. 能照料老年人日常盥洗和洗澡。 2. 能给老年人穿、脱衣物。 3. 能陪伴老年人出行。	1. 老年人的生活特点。 2. 老年人的性格特点。 3. 老年人居家、外出注意事项。 4. 与老年人相处的基本方法。
	（三）异常情况应对	1. 能在发现老年人的异常情况时及时报告。 2. 能处理老年人的轻微外伤和烫伤。	1. 老年人常见的意外情况。 2. 外伤和烫伤紧急处理常识。

（续表）

职业功能	工作内容	技能要求	相关知识
七、护理病人	（一）饮食料理	1. 能为病人制作基本饮食。 2. 能给卧床病人喂水、喂饭。	1. 病人饮食特点。 2. 给卧床病人喂水、喂饭的基本方法。
	（二）生活料理	1. 能给病人盥洗。 2. 能照料卧床病人便溺。 3. 能为病人测体温。 4. 能给卧床病人洗头、擦澡。	1. 卧床病人盥洗方法。 2. 卧床病人便溺护理方法。 3. 体温测量基本常识。 4. 给卧床病人洗头、擦澡的基本方法。
	（三）异常情况应对	能在发现病人的异常情况时及时呼救	1. 常见病人的异常情况。 2. 紧急呼救常识。

3.2　中级

职业功能	工作内容	技能要求	相关知识
一、制作家庭餐	（一）制作主食	能分别运用蒸、煮、烤、烙技法制作4种主食。	烤制、烙制主食的基本方法。
	（二）制作菜肴	1. 能分别运用蒸、炒、炖、拌、煎、煮、炸技法制作4种菜肴。 2. 能宰杀禽类和鱼类。 3. 能对干货进行涨发处理。	1. 营养配餐常识。 2. 常见调味技术方法。 3. 食品的质量鉴别与保存。 4. 火候与火力常识。 5. 鲜活原料的初加工方法。 6. 干货涨发的基本方法。
二、洗烫保管衣物	（一）洗烫衣物	1. 能清洁羽绒类制品。 2. 能清除衣物上的常见污渍。 3. 能熨烫衬衫、裤子、裙子。	1. 电熨斗的使用方法。 2. 绢丝类、刺绣类衣物的洗烫方法。
	（二）保管衣物	1. 能保管不同种类的衣物。 2. 能对衣物进行防霉、防虫处理。	1. 防虫剂种类与选择。 2. 皮革和毛制品的特点。

（续表）

职业功能	工作内容	技能要求	相关知识
三、照料孕、产妇与新生儿	（一）照料孕妇	1. 能根据孕期营养需求为孕妇制作主、副食。 2. 发现孕妇的异常情况能采取相应措施。	1. 孕期营养常识。 2. 孕期的心理特点。 3. 胎儿教育的基本方法。 4. 孕期常见病知识。
	（二）照料产妇	1. 能制作3种适合产妇营养需要的汤。 2. 能帮助产妇做形体恢复操。 3. 能对产妇乳头凹陷和皲裂进行护理。	1. 产妇的营养配餐常识。 2. 母乳喂养方法。 3. 形体恢复锻炼的基本方法。 4. 产妇常见病知识。
	（三）照料新生儿	1. 能包裹新生儿。 2. 能给新生儿喂水、喂奶。 3. 能处理新生儿便溺。 4. 能给新生儿洗澡。 5. 能为新生儿做抚触。 6. 能对新生儿脐带进行护理。	1. 新生儿的生理特点。 2. 新生儿饮食常识。 3. 新生儿常见异常情况。 4. 新生儿便溺的特点。 5. 新生儿喂养方法。
四、照料婴幼儿	（一）饮食料理	1. 能为婴幼儿制作主食。 2. 能为婴幼儿制作辅食。	1. 婴幼儿饮食特点。 2. 婴幼儿辅食添加原则。
	（二）生活料理	1. 能安排婴幼儿的日常生活。 2. 能给婴幼儿洗澡。 3. 能培养婴幼儿的卫生与睡眠习惯。 4. 能对婴幼儿常见病进行生活护理。	1. 婴幼儿生理特点。 2. 婴幼儿日常生活安排方法。 3. 婴幼儿卫生与睡眠习惯的培养方法。 4. 婴幼儿常见的症状特点。 5. 婴幼儿计划免疫常识。
	（三）启蒙教育	1. 能使用普通话与婴幼儿进行语言交流。 2. 能给婴幼儿讲故事、说儿歌。 3. 能陪婴幼儿玩游戏。	1. 婴幼儿身心发展的基本特点。 2. 婴幼儿游戏的基本特点。 3. 婴幼儿基本游戏与玩具的选择。

（续表）

职业功能	工作内容	技能要求	相关知识
五、照料老年人	（一）饮食料理	1. 能为老年人制订饮食计划。 2. 能根据老年人的生理特点制作菜肴。	1. 老年人营养需要常识。 2. 老年人膳食调配常识。
	（二）生活料理	1. 能为老年人测血压。 2. 能陪伴老年人进行户外活动。 3. 能陪伴老年人就医。	1. 老年人的生理特点。 2. 老年人的心理特点。 3. 老年人保健常识。 4. 老年常见病知识。 5. 运动安全护理常识。
六、护理病人	（一）饮食料理	能为病人制作流食和半流食	流食的营养配餐常识
	（二）生活护理	1. 能给病人测量血压。 2. 能给卧床病人做口腔护理。 3. 能给病人做冷敷护理。 4. 能给病人做热敷护理。 5. 能给卧床病人做晨、晚间护理。 6. 能煎制中草药。	1. 血压表的使用方法。 2. 口腔护理常识。 3. 冷、热敷护理常识。 4. 褥疮的防护常识。 5. 晨、晚间护理常识。 6. 常见传染病的预防知识。

3.3 高级

职业功能	工作内容	技能要求	相关知识
一、家宴设计制作	（一）家宴设计	能设计并制作家庭便宴便餐。	1. 宴会礼仪知识。 2. 便餐菜单设计原则。
	（二）家宴制作	1. 能制作2种不同菜系的菜肴。 2. 能制作5道西餐。 3. 能制作3种以上便餐点心。 4. 能制作水果拼盘。 5. 能煮咖啡。	1. 中国传统菜系常识。 2. 常见西餐的制作方法。 3. 点心的制作方法。 4. 水果拼盘的制作方法。 5. 咖啡的煮制方法。 6. 西餐礼仪常识。

（续表）

职业功能	工作内容	技能要求	相关知识
二、家务料理	（一）料理家务	1. 能制订并完成日常生活用品、食品的月采买计划。 2. 能制订并完成家务工作月计划。	1. 日常生活用品、食品采买常识。 2. 家务工作计划制订方法。 3. 日常英语知识。
	（二）家居美化	1. 能布置居室。 2. 能插摆常见花卉。 3. 能修剪家庭盆栽花草。	1. 家居美化常识。 2. 常见花卉插摆常识。 3. 花草修剪常识。
三、家庭办公设备使用	（一）网络应用	1. 能按要求收发并处理网络邮件。 2. 能使用计算机进行上网搜索并下载文件。	互联网应用常识。
	（二）家用办公设备的使用	1. 能使用计算机进行文字录入。 2. 能使用计算机进行文本编辑。 3. 能使用传真机收发文件。 4. 能使用数码摄像设备。	1. 计算机文字录入基本方法。 2. 文本编辑的基本方法。 3. 数码照相机、摄像机的使用常识。
四、儿童教育	（一）婴幼儿教育	1. 能培养婴幼儿的语言表达能力。 2. 能训练婴幼儿的生活自理能力。 3. 能培养婴幼儿的社会交往能力。 4. 能培养婴幼儿认识事物的能力。 5. 能给婴幼儿选择和设计动作训练游戏。	1. 婴幼儿早期教育基本原则。 2. 婴幼儿动作发展的特点和培养方法。 3. 婴幼儿生活自理能力培养的生理和心理基础。 4. 婴幼儿社会交往能力发展规律、特点和培养方法。 5. 婴幼儿认知能力发展的特点与培养方法。

（续表）

职业功能	工作内容	技能要求	相关知识
	（二）学龄儿童教育	1. 能培养学龄儿童的言行习惯。 2. 能培养学龄儿童的社会交往能力。 3. 能辅导小学生学习。	1. 学龄儿童身心发展基本规律。 2. 学龄儿童社会交往特点。 3. 学龄儿童的基本学习方法。
五、培训指导	（一）职业培训	1. 能培训初级、中级家族服务员。 2. 能评估初级、中级家族服务员的工作绩效。	1. 职业培训的内容与方法。 2. 职业评估报告的编写方法。
	（二）职业指导	1. 能指导初级、中级家族服务员择业。 2. 能指导初级、中级家族服务员工作。	职业指导的内容与方法。

4. 比重表

4.1 理论知识

项目		初级（%）	中级（%）	高级（%）
基本要求	职业道德	5	5	5
	择业与就业	5	5	2
	安全与卫生常识	5	5	5
	社交礼仪	5	5	5
	法律常识	5	5	5

（续表）

<table>
<tr><th colspan="2">项目</th><th>初级（%）</th><th>中级（%）</th><th>高级（%）</th></tr>
<tr><td rowspan="14">相关知识</td><td>制作家庭餐</td><td>25</td><td>30</td><td>—</td></tr>
<tr><td>家宴设计制作</td><td>—</td><td>—</td><td>20</td></tr>
<tr><td>家居清洁</td><td>15</td><td>—</td><td>—</td></tr>
<tr><td>洗涤摆放衣物</td><td>10</td><td>—</td><td>—</td></tr>
<tr><td>洗烫保管衣物</td><td>—</td><td>15</td><td>—</td></tr>
<tr><td>照料孕、产妇</td><td rowspan="4">25①</td><td>—</td><td>—</td></tr>
<tr><td>照料婴幼儿</td><td rowspan="4">30②</td><td>—</td></tr>
<tr><td>照料老年人</td><td>—</td></tr>
<tr><td>护理病人</td><td>—</td></tr>
<tr><td>照料孕、产妇与新生儿</td><td>—</td><td>—</td></tr>
<tr><td>家务料理</td><td>—</td><td>—</td><td>15</td></tr>
<tr><td>家庭办公设备使用</td><td>—</td><td>—</td><td>15</td></tr>
<tr><td>儿童教育</td><td>—</td><td>—</td><td>20</td></tr>
<tr><td>培训指导</td><td>—</td><td>—</td><td>8</td></tr>
<tr><td colspan="2">合　计</td><td>100</td><td>100</td><td>100</td></tr>
</table>

①初级要求从“照料孕、产妇”、“照料婴幼儿”、“照料老年人”和“护理病人”四项中任选一项，所占比重为25%。

②中级要求从“照料婴幼儿”、“照料老年人”、“护理病人”和“照料孕、产妇与新生儿”四项中任选一项，所占比重为30%。

4.2 技能操作

<table>
<tr><th colspan="2">项目</th><th>初级(%)</th><th>中级(%)</th><th>高级(%)</th></tr>
<tr><td rowspan="15">技能要求</td><td>社交礼仪</td><td>5</td><td>5</td><td>10</td></tr>
<tr><td>制作家庭餐</td><td>30</td><td>35</td><td>—</td></tr>
<tr><td>家宴设计制作</td><td>—</td><td>—</td><td>20</td></tr>
<tr><td>家居清洁</td><td>20</td><td>—</td><td>—</td></tr>
<tr><td>洗涤摆放衣物</td><td>15</td><td>—</td><td>—</td></tr>
<tr><td>洗烫保管衣物</td><td>—</td><td>25</td><td>—</td></tr>
<tr><td>照料孕、产妇</td><td rowspan="4">30①</td><td>—</td><td>—</td></tr>
<tr><td>照料婴幼儿</td><td rowspan="4">35②</td><td>—</td></tr>
<tr><td>照料老年人</td><td>—</td></tr>
<tr><td>护理病人</td><td>—</td></tr>
<tr><td>照料孕、产妇与新生儿</td><td>—</td><td>—</td></tr>
<tr><td>家务料理</td><td>—</td><td>—</td><td>15</td></tr>
<tr><td>家庭办公设备使用</td><td>—</td><td>—</td><td>15</td></tr>
<tr><td>儿童教育</td><td>—</td><td>—</td><td>25</td></tr>
<tr><td>培训指导</td><td>—</td><td>—</td><td>15</td></tr>
<tr><td colspan="2">合　计</td><td>100</td><td>100</td><td>100</td></tr>
</table>

①初级要求从“照料孕、产妇”、“照料婴幼儿”、“照料老年人”和“护理病人”四项中任选一项，所占比重为30%。

②中级要求从“照料婴幼儿”、“照料老年人”、“护理病人”和“照料孕、产妇与新生儿”四项中任选一项，所占比重为35%。

附录四：北京家政服务员行为规范

（家政员必读）

家政服务员行为规范是家政服务员在工作、生活和学习过程中必须遵守的行为准则；是维护行业形象、整肃行业秩序、提高企业形象、员工素质和工作效率的重要手段，是每一位家政服务员均应履行的义务。

第一条　家政服务员是指：根据要求为所服务的家庭操持家政、照顾儿童、老人、病人，管理家庭有关事物的人员。按照家政服务员的技能水平划分为初、中、高三个等级；凡年满 16 周岁，具有民事行为能力和专业技能的中国公民，均可应聘家政服务员工作。

第二条　从事家政服务工作必备条件

1. 年满 16 周岁，具有民事行为能力和专业技能的中国公民；

2. 具有初中文化程度或受过同等学力教育；

3. 具有合法有效的身份证明文件；

4. 身份健康，无传染病、慢性病、腋臭、皮肤病、文身和精神病史；持有县级（含）以上医院的体检合格证明。

第三条　行为准则

1. 遵守国家各项法律、法规和社会公德；贯彻执行《公民道德建设实施纲要》；维护社会的安定和团结。遵守企业的各项规章制度，维护企业和用户的合法权益。

2. 积极主动地完成经营者和用户安排的工作任务；对用户的贵重物品及不会使用的器具，未经公司指导和用户允许严禁使用，确保用户的财产安全；不乱翻用户的东西；未经用户同意禁止使用其通讯工具、音响和电脑设备，不许穿戴其服装及首饰等。

3. 保证自身和用户的安全。禁止与异性成、青年人同居一室；不与不相识的人乱拉关系，严禁带亲朋好友在用户家中食宿或停留；严禁擅自外出，禁止夜不归宿。

4. 禁止盗窃、赌博或打架斗殴；禁止打骂或虐待老、幼、病、残、孕人员；热忱周到地为用户服务，视用户如亲人。

5. 遵守合同条款，严禁无故毁约；禁止无故要求换户或不辞而别；禁止主动或暗示性向用户索取财物；禁止向用户借钱或物。家政服务员与用户解除劳务关系、在离开用户家庭前，要主动打开自己的行李让用户检查，以示尊重。

6. 尊重用户的生活习俗，禁止泄露其隐私；若用户有违法乱纪行为应及时主动和有关部门举报。禁止在用户成员之间传闲话，避免激化矛盾。

7. 要入乡随俗，不刻意要求用户改变其传统生活习惯，要主动适应用户，但对他们的不良习惯可予以提示；家政服务人员要举止文雅，语言文明；不要浓妆艳抹、留长指甲、涂指甲油，禁止着装过于暴露。

8. 工作期间若与用户发生意见分歧，无论何种原因均应告知经营者，并等待单位予以解决。

9. 用户出现侵犯服务人员人身安全及合法权益；无居住条件；服务地址和服务工种变更；服务人员应向经营者反映，并予以解决，禁止擅自处理。

第四条　仪态仪表

1. 着装要整洁大方，不能过于随意；不穿紧身衣裤、过于暴露的服装。

2. 佩戴饰物要适当，不能影响工作；化淡妆，不要浓妆艳抹；不要留长指甲和涂指甲油。

3. 言谈举止要大方得体，与用户交流时要正视对方，不要左顾右盼；不要一边谈话一边打哈欠，严禁双臂交叉或双手插在兜里，出现懒散行为。

4. 进入用户卧室前应先行敲门，以示礼貌和尊重。

第五条　家政服务员禁忌

1. 忌自以为是。

2. 忌怕吃苦、懒惰。

3. 忌无尊严。

4. 忌无目标。

5. 忌斤斤计较或贪图小便宜。

6. 忌仪表仪容不整。

7. 忌和经营者、雇主耍小聪明。

8. 忌在雇主家经常打电话聊天，乱翻用户物品。

9. 忌在雇主不在家时，邀请老乡、朋友在雇主家聚会。

10. 忌与他人谈论雇主的隐私。

11. 忌未经经营者和雇主同意就私自离岗。

12. 忌在受到雇主伤害或与雇主发生矛盾时，不通过经营者或法律途径解决，而采取报复手段。

13. 忌随意毁约，不按合同办事，一切以自己的利益为上。

附录五：家庭服务员入户工作规范手册

一般家务入户工作规范

一、制作一日三餐（能合理安排家庭饮食）

掌握蒸、煮主食制作和炒、炖、拌、烹调方法。

1. 早餐：面包、包子、馒头、鸡蛋，适量的小凉菜，牛奶、豆浆、粥、馄饨（根据客户的口味选择）；

2. 中餐：主食米饭、馒头、饼、面条，菜要荤素搭配，四菜一汤（根据客户的口味选择）；

3. 晚餐：主食米饭、馒头、豆包、面条，菜要荤素搭配，四菜一汤（粥）（根据客户的口味选择）。

二、居室保洁（每天一小搞，一周一大搞）

1. 桌面：干净、整洁、无灰尘；

2. 沙发：干净、平整、无杂物；

3. 卧室：整洁干净、无异味、无灰尘，床单、被罩、枕套平整干净；

4. 家具：干净、光亮、无灰尘；

5. 地面：干净、无毛发、无灰尘；

6. 每周一大搞：沙发、卧室、家具等各卫生死角，彻底清理，做到无灰尘、无毛发、无杂物。

三、洗涤衣物

按照不同的面料，选用不同的洗涤用品、分类洗涤衣物，洗涤后干净、平整。

四、清洁厨房

1. 灶台、洗菜池光洁无油污；

2. 餐具干净、无水印不黏手，消毒后归放原位；

3. 油烟机、灶具无污渍、无油渍、不黏手，橱柜里面干净，物品码放整齐；

4. 橱柜表面光洁、无污渍、不黏手，橱柜里面干净，物品码放整齐；

5. 墙面：光洁、无污渍。

五、定期清理冰箱

1. 每天整理冰箱里物品，分类摆放整齐；

2. 定期清洁，无异味。

六、卫生间的清洁与用具的消毒

1. 洗脸池、浴池，无污渍、无水迹；

2. 镜子：干净明亮，无水迹；

3. 便器：干净、无污渍、无异味。

4. 地漏：无污渍、无毛发等堵塞物；

5. 对毛巾、浴巾，要定期消毒，做到干净柔软、无异味。

计时服务家居保洁入户工作规范

一、卧室、客厅、书房保洁

1. 阳台：四壁无灰尘、无蜘蛛网；

2. 墙壁：四壁无灰尘、无蜘蛛网，暖器罩内外无灰尘；

3. 玻璃：干净、明亮、无任何残留污渍；

4. 门窗：玻璃洁净明亮，窗框、窗槽、窗台等洁净无灰尘，门面内外、门把手、门框洁净无污渍；

5. 空调：表面干净、无灰尘（只做表面除尘）；

6. 家具：内外无尘无污渍，桌面物品归类整理（包括：壁柜、写字台、沙发、椅子等，柜子内部及物品整理需根据客户的要求）；

7. 书柜：干净、无灰尘；

8. 多宝格展柜：干净、无灰尘（擦拭高档物品之前要征询客户的意见）；

9. 沙发：无灰尘、无污渍；

10. 电器：外壳无尘、无污渍（只做表面除尘）；

11. 地板：无灰尘、无污渍、无杂物（包括：床底下、桌底下、茶几和沙发底下等）；

12. 天花板：无灰尘、无污渍；

13. 灯、壁灯：无灰尘、无污渍（只做表面除尘，擦拭之前征询客户的意见）。

二、厨房保洁

1. 天花板：无油污、无水迹；

2. 墙壁：光洁无油污、无水迹；

3. 窗户：玻璃干净无油污、无水迹，窗框、窗槽和窗台干净，纱窗透亮、无油污；

4. 房门：门面内外、门框和门把手洁净，纱窗透亮、无油渍；

5. 燃气灶：无油污、无污渍、无划痕、表面光洁不黏手（只做表面清洁）；

6. 橱柜：无油污、无污渍、无划痕、表面光洁不黏手（只做表面清洁）；

7. 微波炉：无油污、无污渍、无划痕、表面光洁不黏手（只做表面清洁）；

8. 洗刷池：干净、明亮、无油渍、无水迹；

9. 地面：无油污、无污渍、无水迹；

10. 地漏：干净、无污渍、无异味；

11. 抽油烟机：无油污、无污渍、无划痕、表面光洁不黏手（只做表面清洁）。

12. 冰箱：无油污、无污渍、无划痕、表面光洁不黏手（只做表面清洁）。

三、卫生间的保洁

1. 天花板：无尘土、无水迹；

2. 墙壁：清洁无水迹、暖器罩内外无灰尘；

3. 玻璃：玻璃干净、明亮，玻璃窗、窗框、窗台、窗槽等洁净，纱窗干净、无灰尘；

4. 门：门面内外、门框和门把手洁净、无污渍；

5. 沐浴设施：无污渍、无水迹；

6. 仪容镜：干净明亮、无污渍、无水迹；

7. 洗脸池：干净、无污渍、无水迹；

8. 便器：干净、无污渍、无水迹、无异味；

9. 地漏：干净、无污渍、无异味；

10. 地面：洁净无水迹、无污渍、无毛发；

11. 纸篓：垃圾桶洁净无垃圾。

照料老人的工作规范

一、老人居室保洁

1. 厨房：墙面、地面、灶台、灶具，无油渍、无水渍、无污物；油烟机无油渍、内外光亮洁净不沾手；橱柜内外洁净、无油渍、无水迹，餐具码放整齐，厨房垃圾及时清理。

2. 卫生间：墙面、台面、镜面，无污物、无水渍；地面，无污物、无毛发；便器、墩布池，内外洁净、无污渍、无异物；门窗内外洁净；卫生、洗涤用品码放整齐；垃圾及时清理。

3. 卧室：家具无尘土，物品码放整齐，室内无塔灰；地面无毛发、无水渍，床铺干净、整齐。

4. 客厅：室内无塔灰、地面无污物、无水渍、无毛发；家具无尘土，物品码放整齐。

二、老人家庭餐制作

根据老人身体状况及饮食禁忌，食物应软、烂，应多煮、炖、熬、蒸，安排一日三餐。

1. 早餐：流食 + 主食 + 副食；

2. 中餐：三菜一汤，主食 + 荤 + 素 + 凉菜 + 汤；

3. 晚餐：三菜一汤，主食 + 荤 + 素 + 凉菜 + 汤；

三、协助老人脱、穿衣服

协助老人脱、穿衣服时必须注意老人的安全，穿、脱有顺序。

四、为老人铺床、叠被

床垫干净、平整、舒适，被子根据老人要求叠好放于柜内或床上。

五、为老人晾晒被褥

根据老人的要求晾晒被褥。

六、为老人洗涤衣物、床上用品

根据老人的要求洗涤衣物，内外衣分开洗，深色、浅色要分开洗，衣物无污渍、无汗渍、无异味。

定期为老人换洗床上用品，干净整洁，无污渍，无异味。

七、为老人沏茶倒水

根据老人喝茶习惯，掌握好水温、茶叶浓度为老人沏茶。

八、协助老人洗脚、同性洗澡

1. 洗脚：按照老人的需要掌握洗脚的水温、水量，让脚干净，洗完脚后要保温；

2. 洗澡：室温 26 ~ 28 摄氏度，水温根据老人的舒适度调整，洗浴时注意防滑，洗完澡后注意保暖。

九、陪老人散步、购物

按照老人的生活习惯陪老人散步、购物，出行时必须注意老人的安全。

十、陪老人去医院看病、取药

根据老人的病情及需要，陪老人去医院看病、取药。

十一、提醒老人按医嘱吃药

根据老人的病情按医嘱提醒老人按药品、按量、按次、按时吃药。

十二、陪老人聊天、读书、读报

按照老人的生活习惯及感兴趣的话题，陪老人聊天、读书、读报。

照料半自理病人工作规范

一、协助病人起床、穿衣、盥洗

1. 协助病人脱、穿衣服时注意其安全，要穿、脱有顺序，力量均匀，不能生拉硬拽；

2. 根据病人的卫生习惯，进行面部清洁和梳头；

3. 指导病人用正确的漱口方法；

4. 操作中避免清洁、污染物的交叉混淆。

二、为病人准备一日三餐

1. 根据病情需求制定一日三餐餐谱，要主、副、流食合理搭配；

2. 协助半自理病人进食、进水；

3. 进餐完毕，协助清洁口腔。

三、协助病人按照医嘱服药

1. 提醒并协助半自理病人吃药；

2. 要熟记病人所吃药物名称和剂量。

四、协助病人外出活动

1. 备齐所需物品，注意病人安全；

2. 根据天气情况，选择适宜地点；

3. 搀扶或推着病人在洁净区域进行休息。

五、清洁病人房间

1. 家具无尘土，物品码放整齐，室内无塔灰；

2. 地面无污物、无水渍、无毛发；

3. 床铺干净、整齐；

4. 定时对居室通风；

5. 定期对居室消毒。

六、清洁病人厨房

1. 墙面、地面、灶台、灶具，无油渍、无污物；

2. 油烟机内外光亮洁净不沾手；

3. 餐具、茶具内外洁净、无水迹，厨房垃圾及时清理。

七、给病人换洗衣物及床上用品，晾晒被褥

1. 定期清洗病人衣物及床上用品，保持干净整洁；

2. 采用湿扫法整理床上用品；

3. 根据病人的要求晾晒被褥。

八、给病人洗脚、修剪指甲、同性洗澡

1. 水温根据病人的要求适度调整，洗澡时注意防滑，洗完澡后要注意保暖；

2. 按照病人的需要掌握洗脚的水温和水量，将脚洗干净，洗完脚后要保温；

3. 根据病人的卫生习惯，清洁、修剪指甲。

九、陪病人购物

1. 按照病人的需求，将所购物品了解清楚；

2. 所购物品清点清楚，记账明确；

3. 陪病人购物，出行时要注意安全。

十、陪病人看病、取药

1. 按照要求陪同病人去医院看病；

2. 尽快取药，记清用法；

3. 安全陪同病人回家。

十一、陪病人聊天、读书、看报

1. 根据要求，帮助病人读书、读报；

2. 陪病人聊天、与对方沟通，切忌用争论、说教责问式的语言。

照料完全不能自理病人的工作规范

一、接大小便、换尿垫

1. 给病人接大小便，大小便后及时为病人擦洗，并注意水温适宜；

2. 换尿垫时要轻抬轻放，尿垫要平整、不褶皱，以免伤害皮肤；

3. 病人会阴部有伤口、有失禁和留置尿管的，应注意会阴的护理；

4. 保持便器、尿垫清洁，按时清洗消毒，不留污渍。

二、帮助病人翻身、擦洗

1. 帮助病人翻身，移位时不可拖、拉、推，托起病人后再翻转，一般应不少于2小时翻身一次；

2. 帮助病人擦洗，用柔软毛巾、温水擦洗，动作轻、稳，不能擦伤皮肤。

三、给病人盥洗、洗头、洗脚、剪指甲、穿衣服、简单按摩

1. 给病人洗脸，使病人面部清洁；
2. 给病人刷牙或漱口，去除口腔异味和残留物质；
3. 给病人洗头，力量适中，避免抓伤头发，要将头发擦干或吹干；
4. 给病人洗脚水温要适宜，清洗后穿上袜子或盖上被子；
5. 给病人温水擦身；
6. 给病人修剪指甲；
7. 给病人脱、穿衣服要用力均匀，不能生拉硬拽，穿着平整、不褶皱；
8. 给病人简单按摩，要动作协调、轻、稳。

四、整理床铺、晾晒被褥

1. 用湿扫法清洁并整理床铺；
2. 经常清洗、更换床上用品，晾晒被褥。

五、清洁居室、保持室内干净

1. 每天清洁病人居室、擦拭室内各类家具；
2. 地面擦拭干净，无污物；
3. 室内经常通风，定期消毒，居室干净、无异味。

六、病人活动、晒太阳

1. 根据天气情况、病人身体情况，帮助病人外出活动；
2. 选择地面平整、阳光充足、空气新鲜的地方。

七、为病人制作膳食

1. 根据病人要求或病情需求制作每日食谱；
2. 病人膳食要定时定量。

八、喂饭、喝水，并遵医嘱给病人服药

1. 帮助病人按时进食、进水；
2. 根据医嘱，按时给病人吃药。

九、陪病人聊天，给病人读书、读报

1. 陪病人聊天，切忌用劝告式、争论式的语言；
2. 根据病人的需求，给病人读书、读报。

十、协助家属陪病人看病、取药

1. 协助家属陪病人到医院看病；
2. 记清药的用法。

产妇和新生儿护理工作规范

一、新生儿科学喂养、生活料理

1. 冲调奶粉：水温在38～40摄氏度，冲调浓度按产品要求和新生儿具体情况配比数量；

2. 人工喂养水量：两次喂奶之间加一次水；

3. 奶具消毒：通过高温消毒，使奶具、用具达到无奶渍、无水痕；

4. 洗澡：在喂奶前半小时左右为宜，水温37～38摄氏度，室温28～30摄氏度，时间5～10分钟，动作轻、速度快；

5. 洗衣物：用合适洗涤用品单独清洗，衣物达到清洁柔软。

二、新生儿生理现象与护理

1. 测量体温：了解新生儿正常体温，会用不同的体温计，正确给新生儿量体温；

2. 脐带护理：掌握脐带护理方法；

3. 五官：掌握正确的清洁方法；

4. 睡眠：了解新生儿睡眠规律，帮助新生儿养成良好睡眠习惯；

5. 意外伤害：了解意外伤害的种类，预防意外伤害的发生。

三、产妇护理

1. 与产妇沟通：按照产妇的生活习惯及感兴趣的话题，用温和的语言陪产妇聊天；

2. 营养配餐、煲汤：根据产妇的口味，合理安排月子餐，制作营业配餐和煲汤；

3. 乳房护理：掌握按摩乳房的技能，帮助产妇清洗按摩乳房，指导产妇正确哺乳，合理安排喂奶时间；

4. 伤口护理：帮助清洗消毒伤口，发现问题及时提醒治疗；

5. 产妇衣物：定期单独清洗晾晒，保持衣物干净整洁；

6. 母婴室卫生：室内无灰尘，衣物、物品摆放整齐，室内清洁；

7. 恶露观察：观察恶露分泌情况，提醒产妇正确处理。

四、新生儿行为训练

1. 抚触：按抚触动作要领，依照次序进行；

2. 俯卧抬头：将婴儿放置俯卧位，双手放在前面或爬行状，练习抬头；

3. 追视物体：用深红色物体，距离婴儿20公分进行移动；

4. 听力训练：用带响的物品，距离婴儿15公分进行；

5. 语言训练：用温和的语言和婴儿进行交流；

6. 触觉训练：用不同材质的物品，触觉肌肤，增强婴儿感知。

育婴员工作规范

一、婴儿的生活护理

1. 冲调奶粉：按月龄和实际需求冲调奶粉，水温在38～41摄氏度，奶的浓度按照具体产品要求冲调；

2. 定时喂奶喂水：两次奶之间喂一次水，水量根据实际需求，三个月以内的小婴儿按新生儿要求做，喂奶喂水要姿势正确；

3. 制作辅食：按月龄制作婴儿的各类辅食，合理添加辅食；

4. 喂饭：根据婴儿月龄，选择辅食的次数，定时喂饭，用餐环境安静整洁；

5. 乳具、餐具消毒：高温消毒，奶具、餐具无奶渍、无水痕；

6. 玩具清洗消毒：定期用恰当的方式清洗消毒玩具，并归类整理摆放；

7. 大小便护理：随时关注婴儿大小便情况，及时更换尿布或纸尿裤，大便后要用温水清洗肛门；

8. 尿布清洗消毒：用婴儿专用的洗涤用品，专盆专用，及时清洁烫洗尿布或按雇主提供的消毒条件进行消毒；

9. 婴儿衣物清洗：专盆专用，内外衣分类清洗；

10. 婴儿洗澡：定时为婴儿洗澡，水温38～41摄氏度，室温26摄氏度左右，达到清洁皮肤的目的；

11. 做被动操：按被动操要求进行训练，力度要适度。

二、简单家务

1. 婴儿房间清洁：地面清洁，窗台、桌面等处无灰尘，开窗通风；

2. 床上卫生：视情况清洗、更换床上用品，晾晒被褥；

3. 简单饭菜：在婴儿安全状态下，做简单饭菜。

三、早期益智教育

1. 唱儿歌：根据不同月龄婴儿的听觉发育情况，唱适当儿歌，配合动作与婴儿进行交流；

2. 讲故事、说歌谣：可采用口述、诵读、看图想象等形式，说适合婴儿月龄的故事和歌谣；

3. 写工作日志，记录婴儿的生活规律，培养良好的饮食、睡眠等习惯。

四、婴儿保健

1. 坚持户外活动，多晒太阳，提高婴儿抵抗力，注意婴儿安全；

2. 合理安排膳食，适当增减衣服，观察大小便情况等。